Guía Visual de PowerPoint 2007

Rosario Gómez del Castillo

GUIAS VISUALES

Responsable editorial:
Víctor Manuel Ruiz Calderón
Susana Krahe Pérez-Rubín

Ilustración de cubierta:
Pattodis diseño e imagen S.L.U.

Realización de cubierta:
Cecilia Poza Melero

Juan Ignacio Luca de Tena, 15. 28027 Madrid
Depósito legal: M. 17. 962 - 2007
ISBN: 978-84-415-2203-9
Printed in Spain
Imprime: Peñalara, S.A.
Fuenlabrada (Madrid)

Con Microsoft Office PowerPoint 2007, podrá crear presentaciones de aspecto profesional de una forma rápida y sencilla. Esta nueva versión de PowerPoint incorpora todas las mejoras de la nueva interfaz del paquete integrado de Office, convirtiendo al programa en una herramienta mucho más intuitiva, potente y fácil de manejar.
Esta guía está orientada tanto a los lectores que ya conocen el funcionamiento de versiones anteriores de PowerPoint como a aquellos que desean iniciarse por primera vez en el manejo de la aplicación. Su estructura está organizada tanto como guía de aprendizaje paso a paso como para realizar una consulta puntual de cualquier función.
Para el correcto seguimiento del libro, daremos por sentado que el lector ha realizado una instalación completa del paquete integrado de Office 2007.
Este libro se encuentra organizado en ocho capítulos que engloban operaciones relacionadas entre sí o con características comunes.
En el capítulo 1, "Fundamentos básicos de PowerPoint 2007", encontrará toda la información que necesita para familiarizarse con la interfaz de trabajo del programa: crear, abrir y guardar presentaciones, manejar vistas y obtener ayuda del sistema.
En el capítulo 2, "Creación de presentaciones", estudiaremos las funciones básicas para crear nuevas presentaciones y diapositivas. Aprenderá a crear nuevas diapositivas utilizando diferentes diseños y a introducir distintos elementos en sus diapositivas.
El capítulo 3, "Trabajar con diapositivas", profundiza en los procedimientos para manejar diapositivas en PowerPoint 2007. En este capítulo, aprenderá a insertar, copiar, mover y eliminar diapositivas y a trabajar con los elementos que contienen.
En el capítulo 4, "Formato", estudiaremos todas las opciones de formato de PowerPoint, tanto a nivel de diapositiva (configuración de página, temas, efectos, etc.) como a nivel de objetos (rellenos, contornos, formatos de texto, etc.).
En el capítulo 5, "Objetos complejos", abordaremos el estudio de otros objetos especiales de PowerPoint 2007. Aprenderemos a trabajar con tablas, diagramas SmartArt, gráficos, álbumes de fotografías, etc.
En el capítulo 6, "Animaciones", aprenderemos a animar los objetos de nuestras presentaciones, aplicando distintos efectos de animación que darán vida a nuestras diapositivas.
El capítulo 7, "Presentaciones", cubre todos los aspectos que necesita conocer para controlar la reproducción de sus presentaciones. Aprenderá a iniciar una presentación, a crear presentaciones personalizadas, a ensayar intervalos de tiempo, etc.
Finalmente, en el capítulo 8, "Otras operaciones especiales", hemos creado una recopilación de otros aspectos para sacar el máximo provecho de PowerPoint 2007. En este capítulo, verá cómo enviar copias de sus presentaciones a otros usuarios, cómo realizar operaciones de preparación para dar una presentación por finalizada, cómo utilizar las herramientas de revisión, cómo insertar comentarios en sus diapositivas, etc.

Capítulo 1
Fundamentos básicos de PowerPoint 2007

La interfaz de PowerPoint 2007

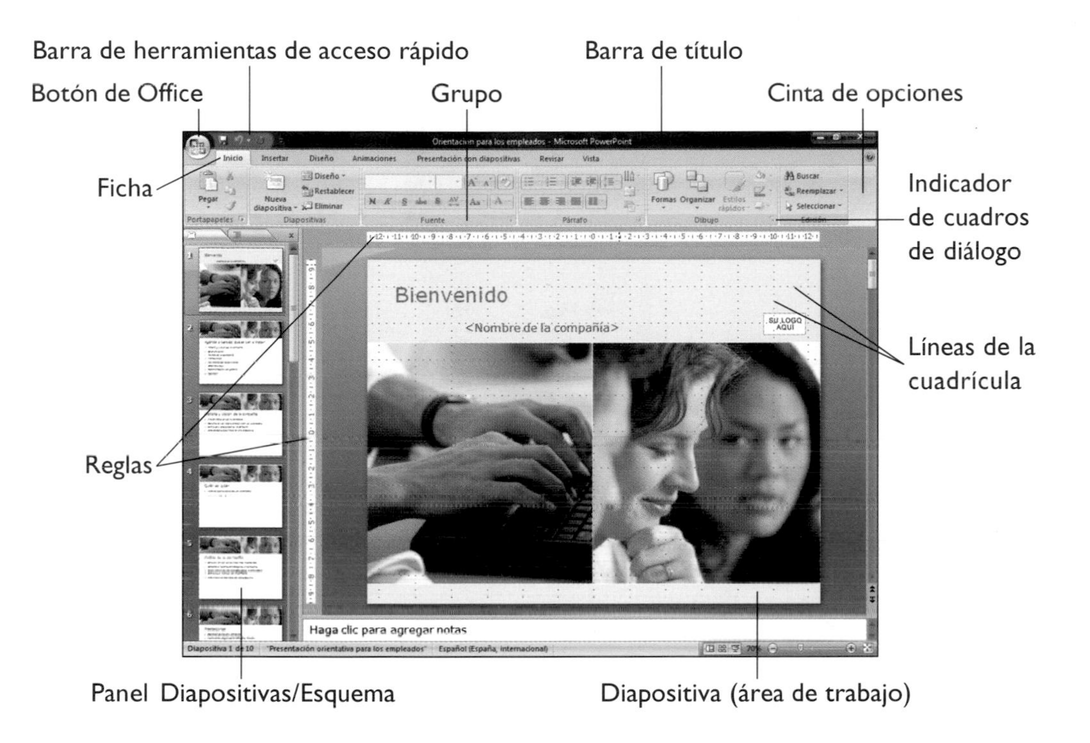

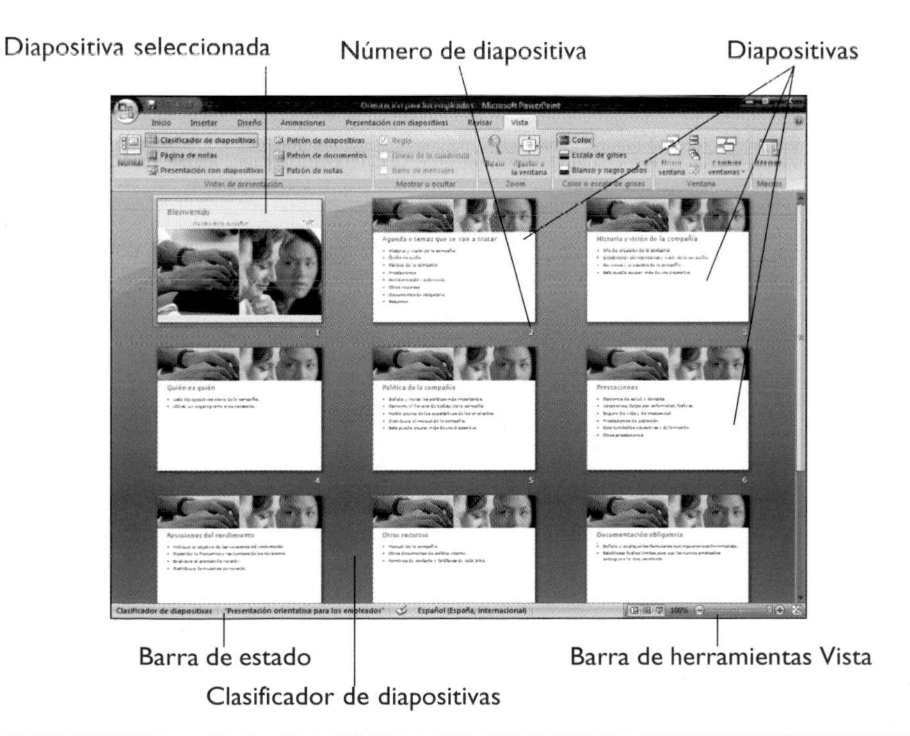

El Botón de Office

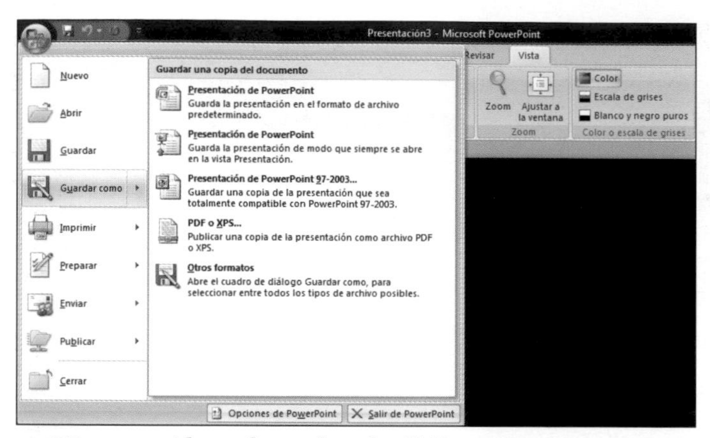

El **Botón de Office** es un acceso rápido a las opciones de gestión más importantes de PowerPoint 2007. Al hacer clic sobre dicho botón, se abrirá un menú desplegable mediante el que podremos acceder a las siguientes funciones:

- **Nuevo.** Abre el cuadro de diálogo Nueva presentación de PowerPoint 2007, donde podremos crear una nueva presentación en blanco o iniciar la creación de una nueva presentación con una plantilla.
- **Abrir.** Abre una presentación existente.
- **Guardar** y **Guardar como.** Permite almacenar los cambios en la presentación actual o almacenar la presentación en una ubicación diferente o con un nombre distinto. También nos permite almacenar la presentación con distintos formatos.
- **Imprimir.** Recoge las opciones de impresión y vista preliminar de la presentación.
- **Preparar.** Incluye distintas opciones de preparación y administración de una presentación: protección con una contraseña, restricción de permisos, comprobación de compatibilidad, etc.

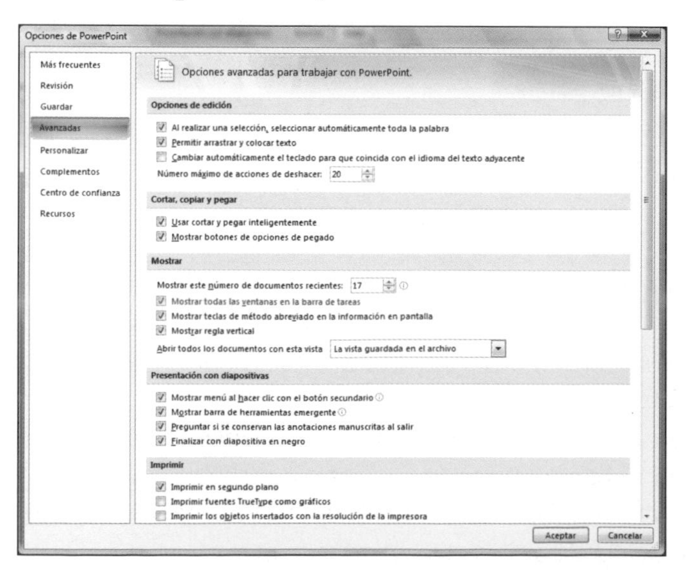

- **Enviar.** Envía una presentación a otro usuario mediante un mensaje de correo electrónico.
- **Publicar.** Incluye opciones para la distribución de una presentación a otros usuarios.
- **Cerrar.** Cierra la presentación actualmente abierta en el programa.

Además, en el borde inferior del menú del **Botón de Office**, se encuentra el botón **Opciones de PowerPoint**, mediante el que podemos personalizar el comportamiento del programa.

La barra de herramientas de acceso rápido

Esta barra de herramientas, ubicada en la esquina superior izquierda de la ventana de la aplicación, nos ofrece un acceso directo a algunas de las operaciones de gestión más comunes del programa. Por defecto, esta barra de herramientas incluye las opciones de guardar, deshacer y rehacer cambios en la base de datos. Para personalizar el contenido de esta barra de herramientas:

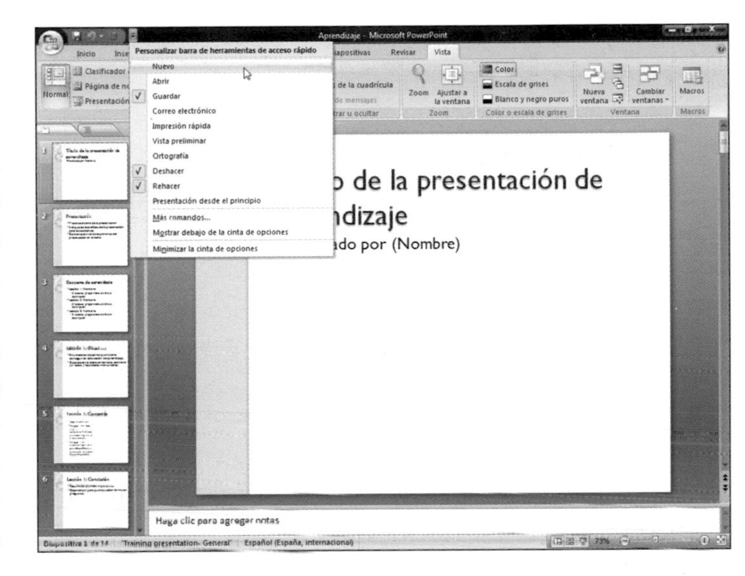

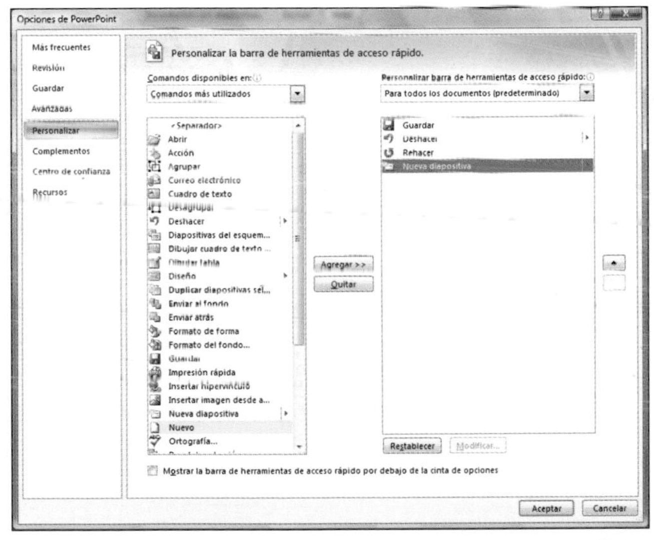

1. Haga clic sobre el botón **Personalizar barra de herramientas de acceso rápido** [icono].

2. En el menú desplegable, seleccione cualquiera de las herramientas estándar que desee agregar a la barra de herramientas de acceso rápido haciendo clic sobre su nombre.

O bien:

2. Ejecute el comando Más comandos haciendo clic sobre su nombre.

3. En la lista desplegable Comandos disponibles en, seleccione la categoría de comandos que contiene la herramienta que desea añadir a la barra.

4. En la lista situada bajo la lista desplegable Comandos disponibles en, seleccione la herramienta que desea incorporar a la barra y haga clic sobre el botón **Agregar**.

5. En la lista desplegable Personalizar barra de herramientas de acceso rápido, elija si desea establecer el nuevo cambio en la barra de herramientas para todos los documentos con los que trabaje en el programa o aplicarlo solamente a la presentación actual.

6. Haga clic sobre el botón **Aceptar** para completar el proceso.

La Cinta de opciones

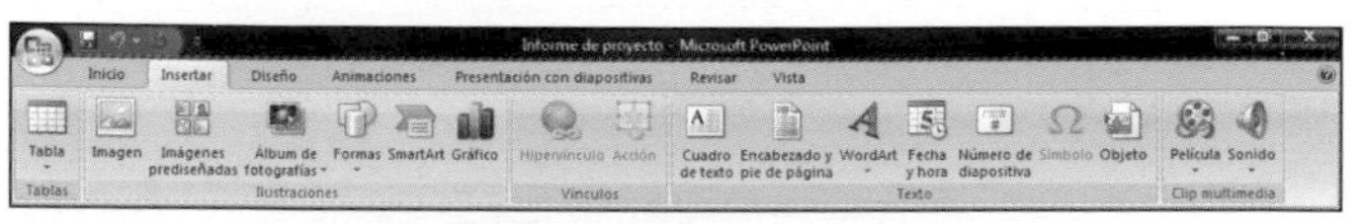

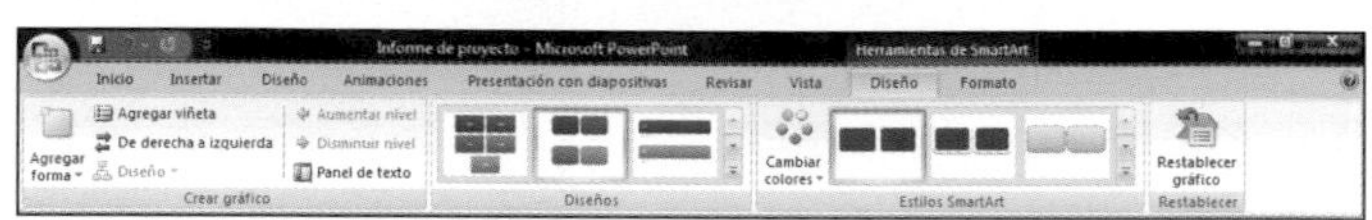

En la Cinta de opciones de PowerPoint 2007, encontramos todas las herramientas con las que podemos trabajar en el programa. Dependiendo del objeto seleccionado y de la vista con la que estemos trabajando en cada momento, la Cinta de opciones puede mostrar grupos y comandos diferentes.

Para cambiar la ficha activa en cada momento en la Cinta de opciones, haga clic sobre su etiqueta. Observe que las fichas específicas del objeto con el que se está trabajando en un momento dado en la presentación, aparecen bajo el epígrafe Herramientas de Nombre de objeto en la barra de título de la aplicación.

Dentro de cada ficha, las herramientas se organizan en categorías o grupos con características similares. Si una herramienta dispone de opciones adicionales, un icono en forma de punta de flecha aparecerá junto a su imagen. Para desplegar el menú correspondiente, haga clic sobre este icono.

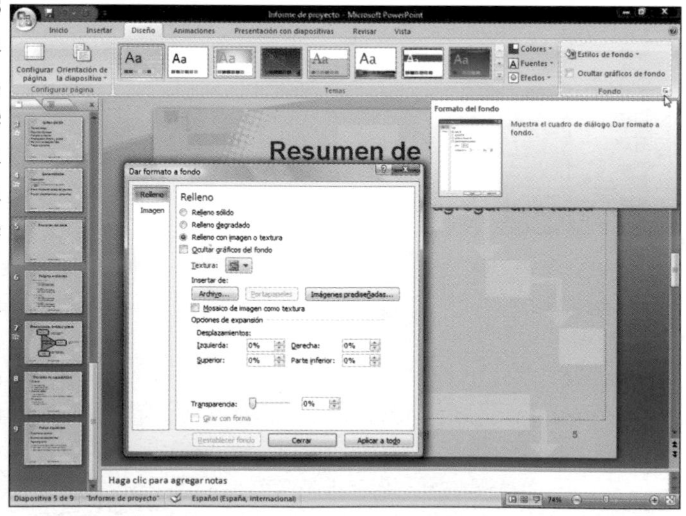

Si un grupo de opciones muestra el icono junto a su nombre, nos permitirá abrir un cuadro de diálogo que controla o amplía las opciones disponibles en la categoría de herramientas correspondiente.

Crear una presentación en blanco

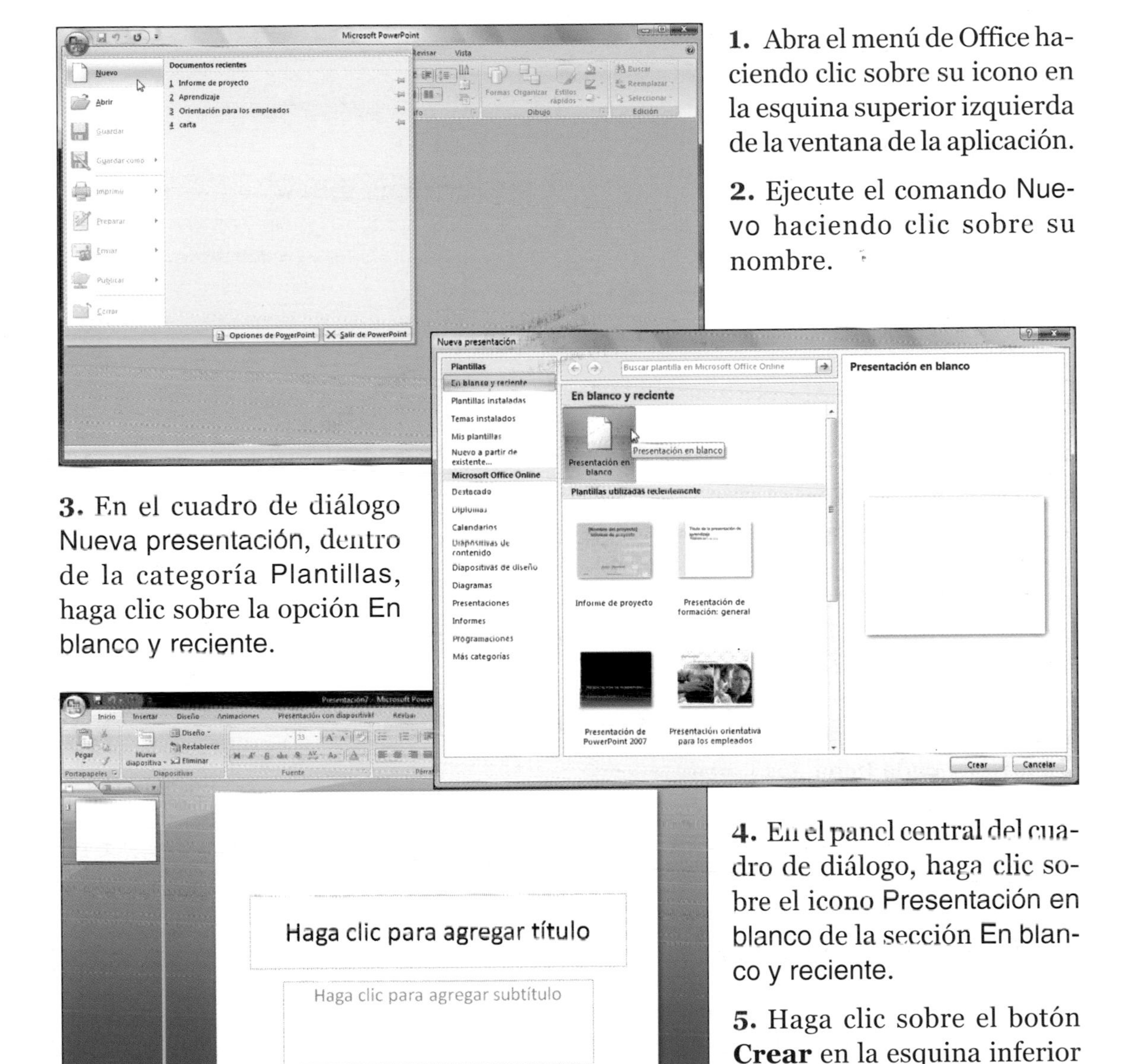

1. Abra el menú de Office haciendo clic sobre su icono en la esquina superior izquierda de la ventana de la aplicación.

2. Ejecute el comando Nuevo haciendo clic sobre su nombre.

3. En el cuadro de diálogo Nueva presentación, dentro de la categoría Plantillas, haga clic sobre la opción En blanco y reciente.

4. En el panel central del cuadro de diálogo, haga clic sobre el icono Presentación en blanco de la sección En blanco y reciente.

5. Haga clic sobre el botón **Crear** en la esquina inferior derecha del cuadro de diálogo para crear la nueva presentación.

El panel situado en el lateral derecho del cuadro de diálogo Nueva presentación, muestra una vista preliminar del aspecto de la plantilla seleccionada en cada momento.

Crear una presentación con una plantilla local

1. Abra el menú de Office haciendo clic sobre su icono en la esquina superior izquierda de la ventana de la aplicación.

2. Ejecute el comando Nuevo haciendo clic sobre su nombre.

3. En el cuadro de diálogo Nueva presentación, dentro de la categoría Plantillas, haga clic sobre la opción Plantillas instaladas.

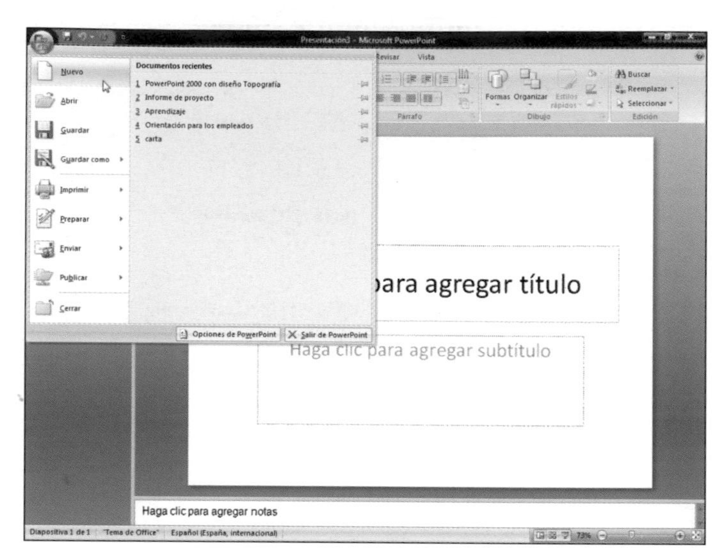

4. En el panel central del cuadro de diálogo, haga clic sobre el icono de la plantilla que desee utilizar para crear su nueva presentación dentro de la sección Plantillas instaladas.

5. Haga clic sobre el botón **Crear** en la esquina inferior derecha del cuadro de diálogo para crear la nueva presentación.

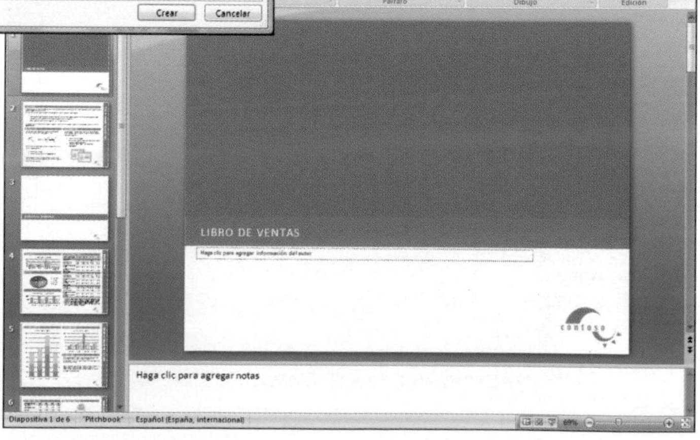

Crear una presentación con una plantilla personalizada

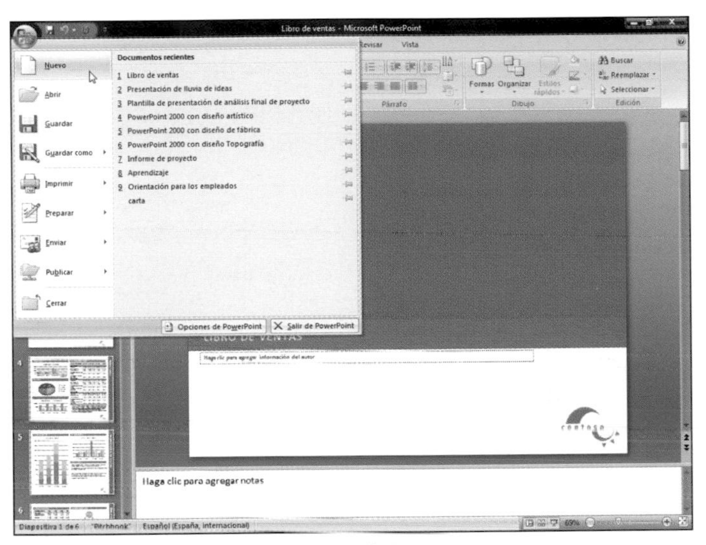

1. Abra el menú de Office haciendo clic sobre su icono en la esquina superior izquierda de la ventana de la aplicación.

2. Ejecute el comando Nuevo haciendo clic sobre su nombre.

3. En el cuadro de diálogo Nueva presentación, dentro de la categoría Plantillas, haga clic sobre la opción Mis plantillas.

4. En la ficha Mis plantillas del cuadro de diálogo Nueva presentación, seleccione la plantilla que desee utilizar haciendo clic sobre su nombre en la lista. El lateral derecho del cuadro de diálogo muestra una vista preliminar del aspecto de la plantilla seleccionada en cada momento.

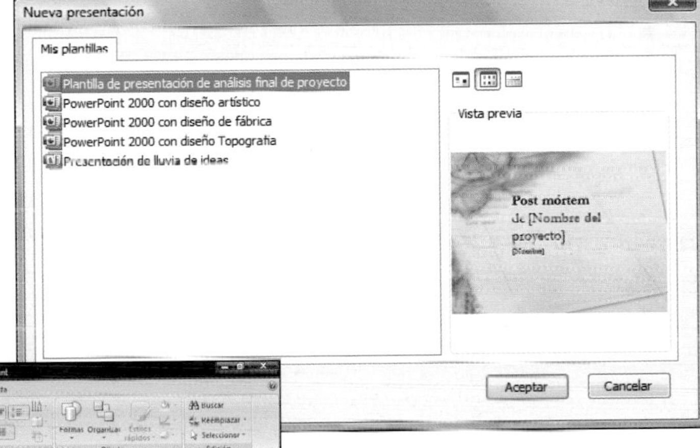

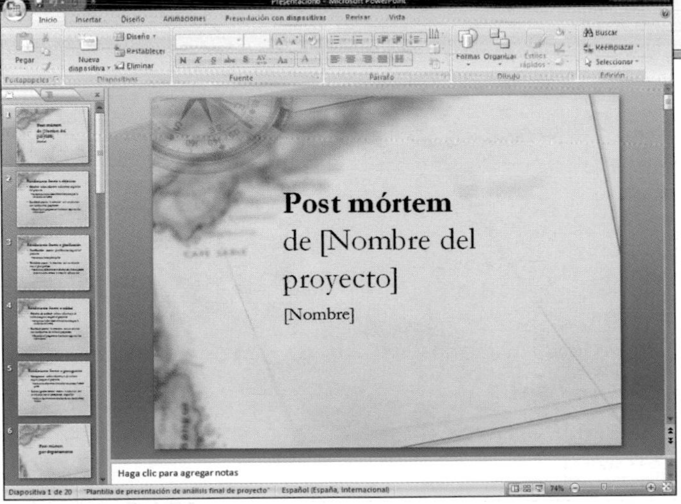

5. Para finalizar, haga clic sobre el botón **Aceptar** en la esquina inferior derecha del cuadro de diálogo para crear la nueva presentación.

Crear una presentación a partir de otra existente

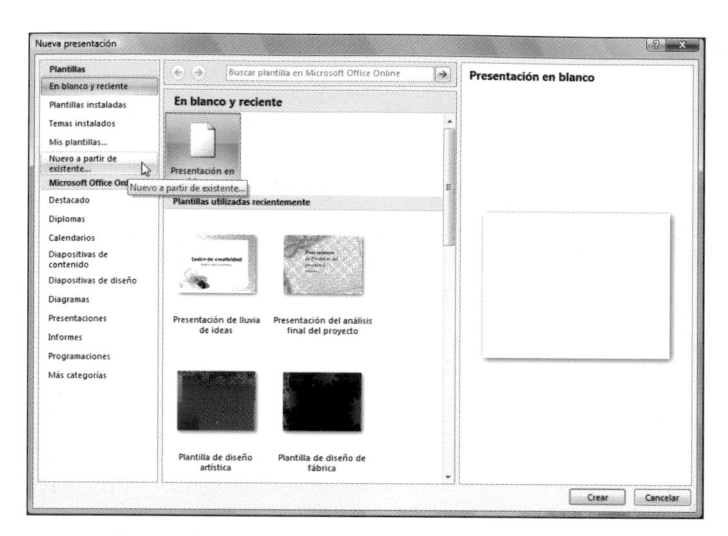

1. Abra el menú de Office haciendo clic sobre su icono en la esquina superior izquierda de la ventana de la aplicación.

2. Ejecute el comando Nuevo haciendo clic sobre su nombre.

3. En el cuadro de diálogo Nueva presentación, dentro de la categoría Plantillas, haga clic sobre la opción Nuevo a partir de existente.

4. En el cuadro de diálogo Nuevo a partir de una presentación existente, localice la carpeta que contiene la presentación en la que desea basar su nueva presentación.

5. En la lista central del cuadro de diálogo, seleccione la presentación que desee haciendo clic sobre su nombre.

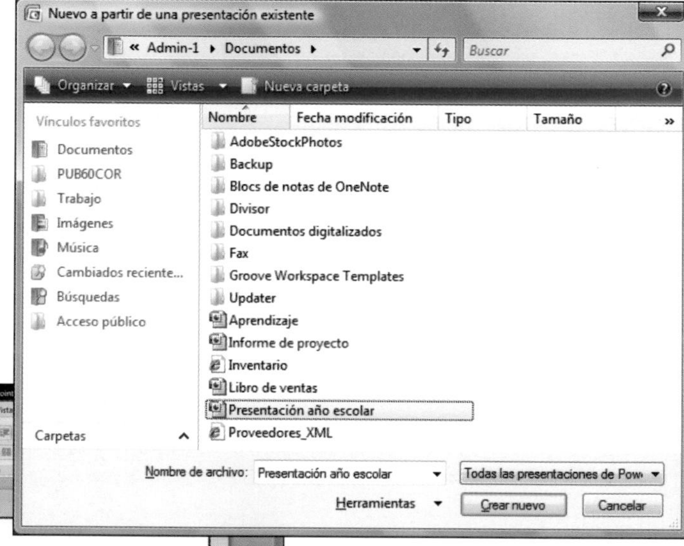

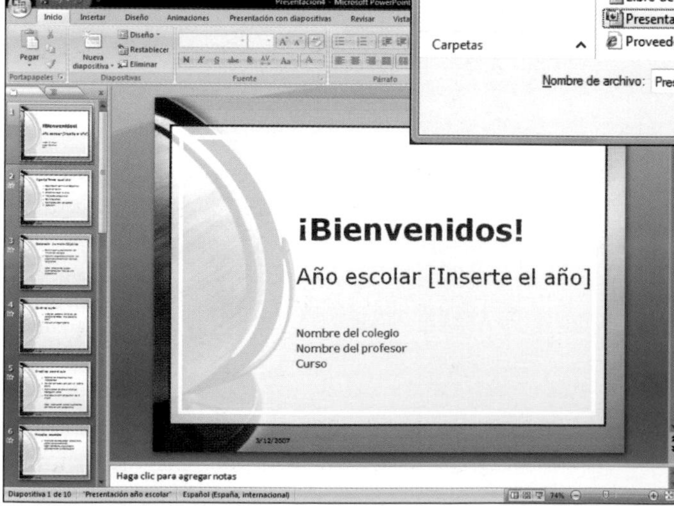

6. Haga clic sobre el botón **Crear nuevo** en la esquina inferior derecha del cuadro de diálogo para crear la nueva presentación.

Crear una presentación desde Microsoft Office Online

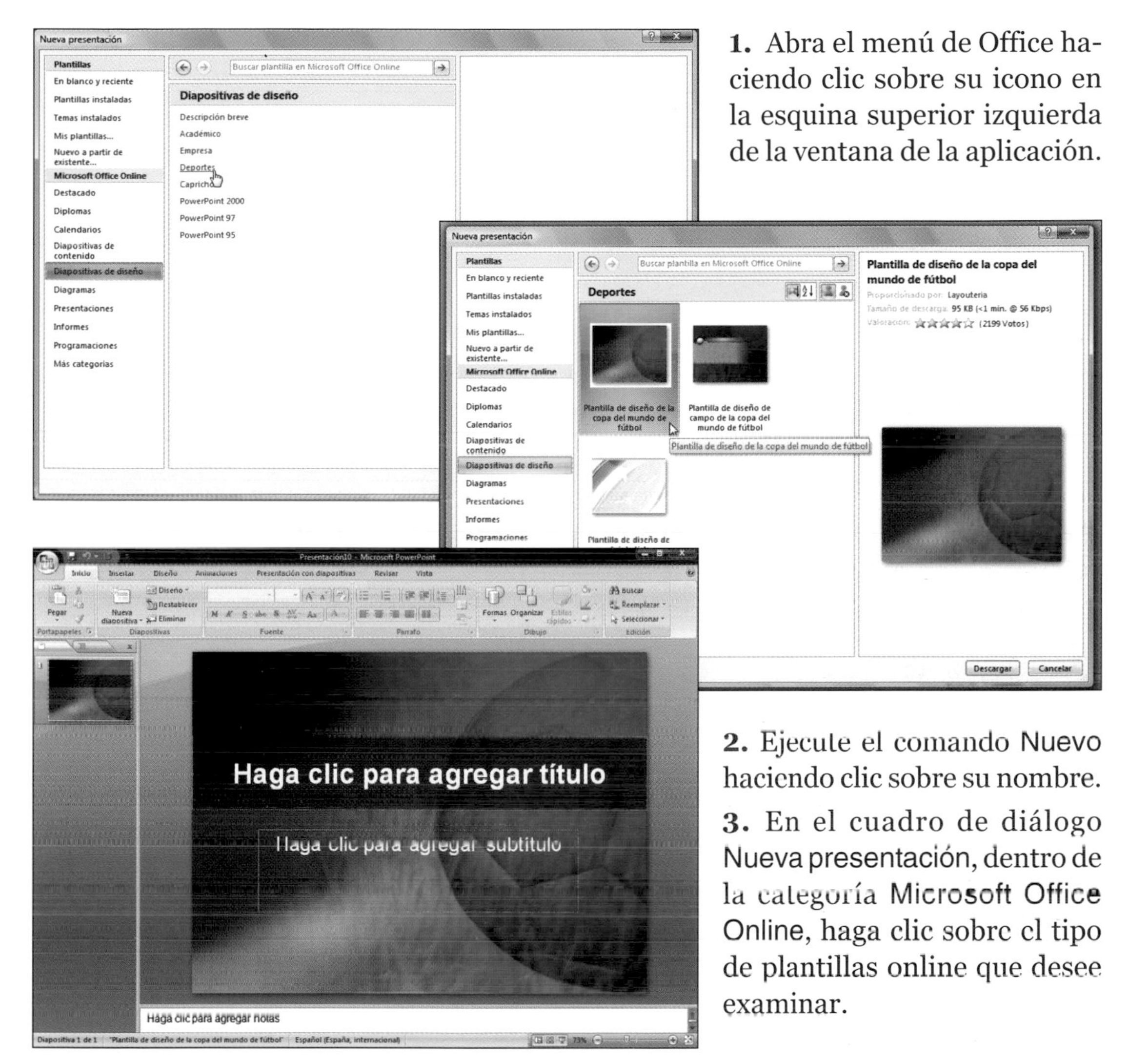

1. Abra el menú de Office haciendo clic sobre su icono en la esquina superior izquierda de la ventana de la aplicación.

2. Ejecute el comando Nuevo haciendo clic sobre su nombre.

3. En el cuadro de diálogo Nueva presentación, dentro de la categoría Microsoft Office Online, haga clic sobre el tipo de plantillas online que desee examinar.

4. Si existen varias subcategorías de plantillas disponibles para la categoría de plantillas de Microsoft Office Online seleccionada, haga clic sobre el vínculo correspondiente al tipo de plantillas que desee examinar.

5. Una vez descargada la lista de plantillas disponibles en la categoría de Microsoft Office Online seleccionada, haga clic sobre la plantilla que desee en la lista central del cuadro de diálogo.

6. Para iniciar la descarga de la plantilla seleccionada y la creación de la presentación correspondiente, haga clic sobre el botón **Descargar** situado en la esquina inferior derecha del cuadro de diálogo.

Buscar una plantilla en Microsoft Office Online

1. Abra el menú de Office haciendo clic sobre su icono en la esquina superior izquierda de la ventana de la aplicación.

2. Ejecute el comando Nuevo haciendo clic sobre su nombre.

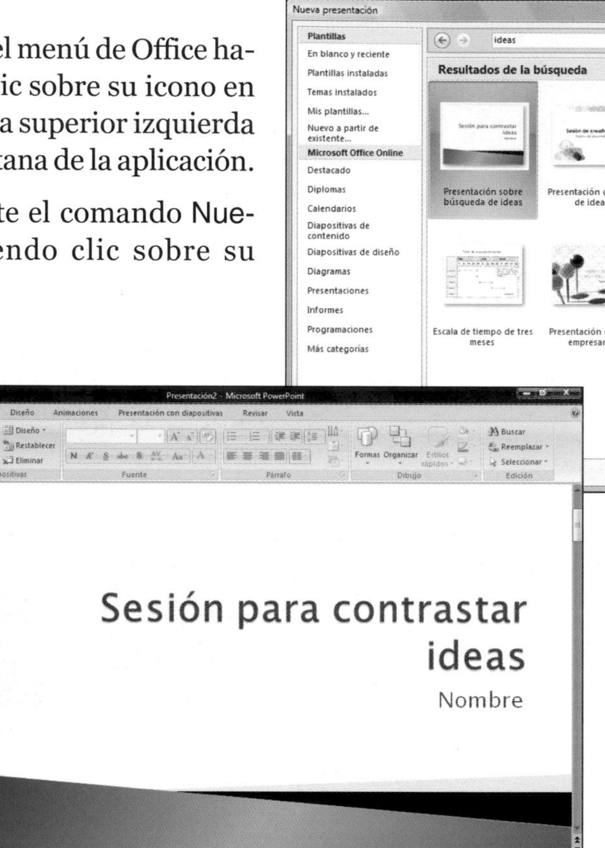

3. En el panel central del cuadro de diálogo Nueva presentación, busque el cuadro de texto Buscar plantilla en Microsoft Office Online.

4. Escriba el criterio de búsqueda del tipo de plantilla que desee localizar.

5. Pulse la tecla **Intro** o haga clic sobre el icono [→] para iniciar la búsqueda de las plantillas.

PowerPoint ofrece tres tipos diferentes de ordenación de las plantillas localizadas en Microsoft Office Online: por relevancia, por valoración de los clientes y por orden alfabético de nombres.

6. Seleccione la plantilla que desee utilizar haciendo clic sobre su icono en la zona central del cuadro de diálogo.

7. Haga clic sobre el botón **Descargar** situado en la esquina inferior derecha del cuadro de diálogo para iniciar la descarga de la plantilla y la creación de la presentación correspondiente.

Abrir una presentación existente

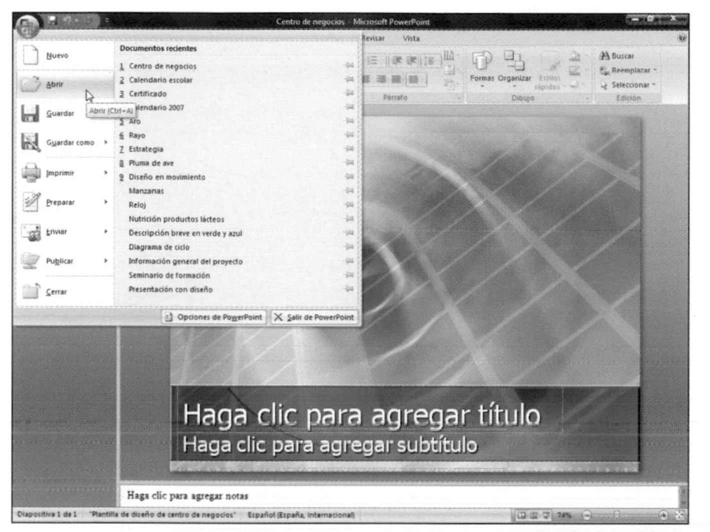

1. Abra el menú de Office haciendo clic sobre su icono en la esquina superior izquierda de la ventana de la aplicación.

2. A continuación, ejecute el comando Abrir haciendo clic sobre su nombre.

3. En el cuadro de diálogo Abrir, localice la carpeta que contiene la presentación que desea abrir.

El botón **Vistas** de la barra de comandos del cuadro de diálogo Abrir, permite seleccionar distintos tipos de presentaciones en el cuadro de diálogo, para poder conocer el contenido de los archivos disponibles en la carpeta seleccionada en cada momento.

4. En la lista central del cuadro de diálogo, seleccione el archivo de presentación que desea abrir haciendo clic sobre su icono.

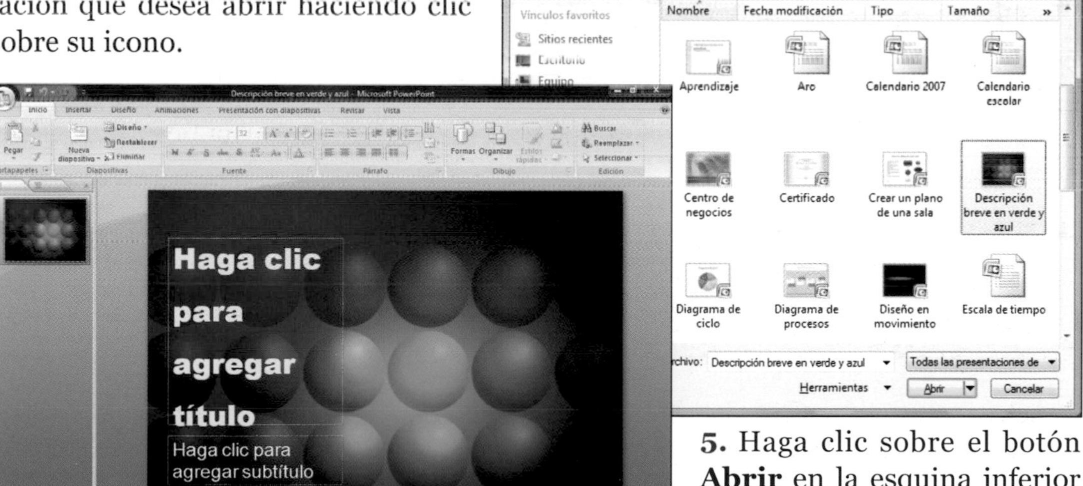

5. Haga clic sobre el botón **Abrir** en la esquina inferior derecha del cuadro de diálogo para abrir la presentación seleccionada.

Guardar una presentación

Para guardar una presentación PowerPoint que ya ha sido almacenada previamente con el mismo nombre:

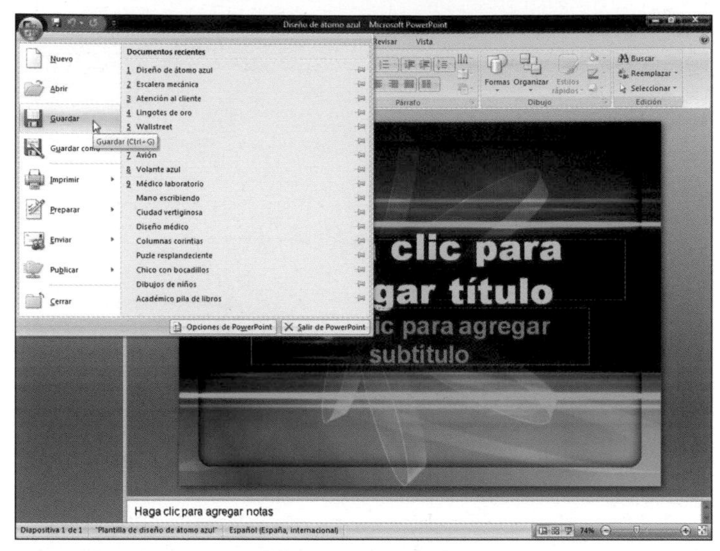

1. Haga clic sobre el botón **Guardar** de la barra de herramientas de acceso rápido de PowerPoint 2007.

O bien:

1. Pulse la combinación de teclas **Control-G**.

O bien:

1. Haga clic sobre el **Botón de Office** de PowerPoint 2007 para abrir su menú.

2. Ejecute el comando Guardar haciendo clic sobre su nombre.

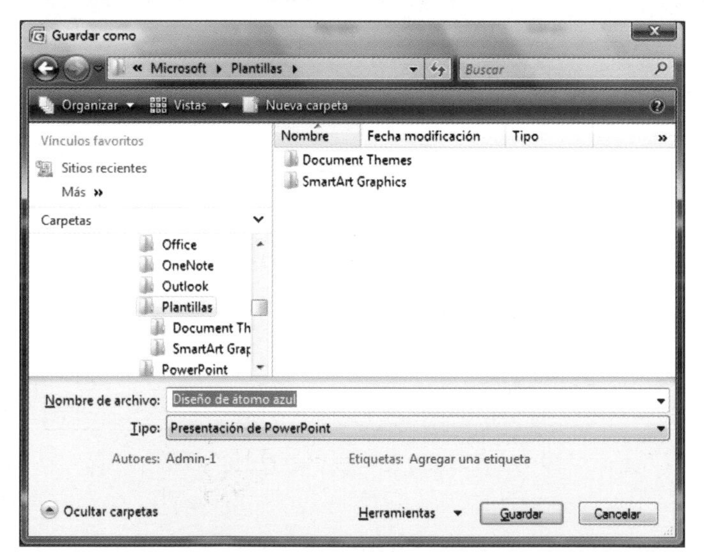

Para guardar una presentación que todavía no se ha almacenado o con un nombre o ubicación diferentes:

1. Haga clic sobre el **Botón de Office** de PowerPoint 2007 para abrir su menú.

2. Sitúe el ratón sobre el submenú Guardar como para mostrar su contenido.

3. Ejecute el comando Presentación de PowerPoint haciendo clic sobre su nombre.

4. En el cuadro de diálogo Guardar como, localice la carpeta donde desea almacenar la presentación.

5. En el cuadro de texto Nombre de archivo, escriba el nombre que desea asignar al archivo de presentación.

6. Haga clic sobre el botón **Guardar** para completar el proceso.

Guardar una presentación en formato PDF o XPS

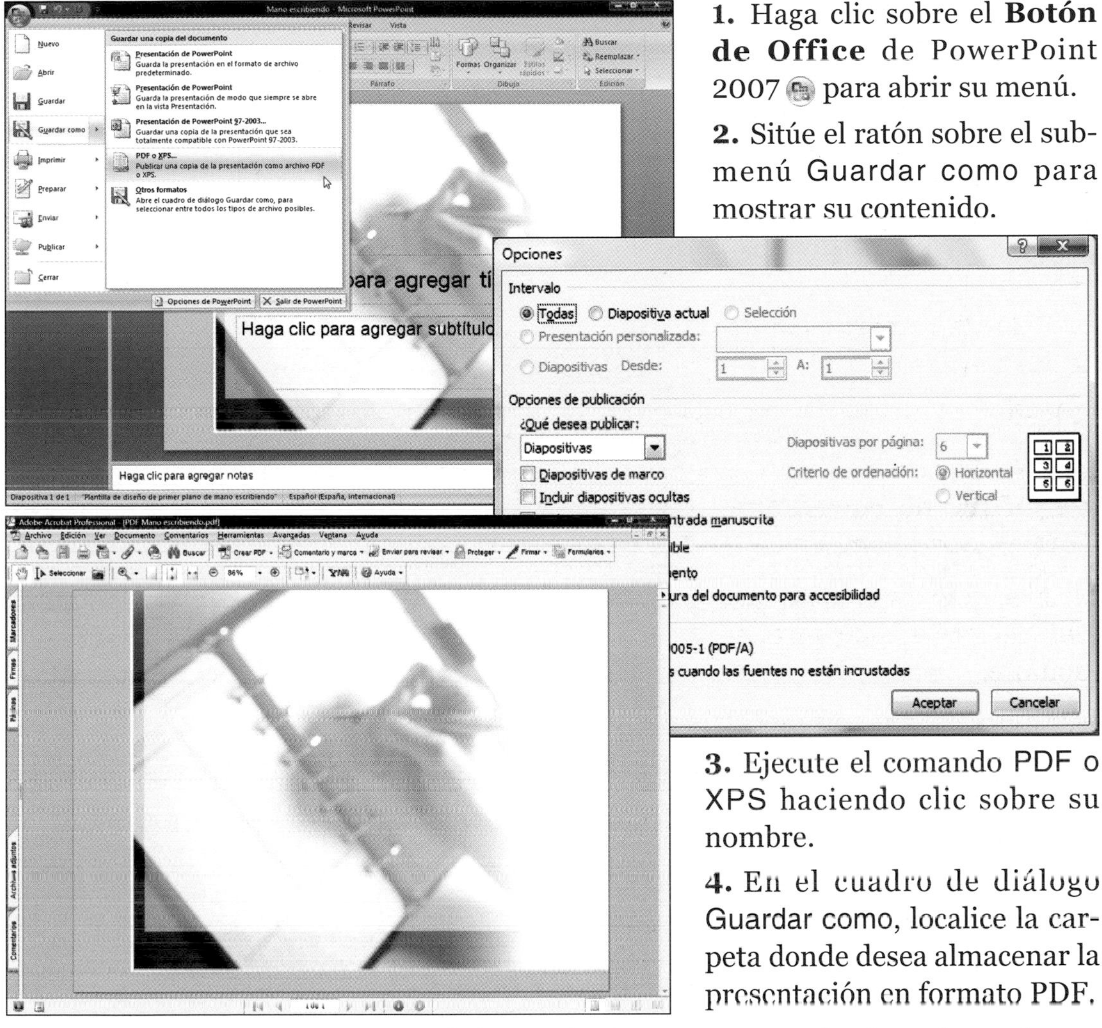

1. Haga clic sobre el **Botón de Office** de PowerPoint 2007 para abrir su menú.

2. Sitúe el ratón sobre el submenú Guardar como para mostrar su contenido.

3. Ejecute el comando PDF o XPS haciendo clic sobre su nombre.

4. En el cuadro de diálogo Guardar como, localice la carpeta donde desea almacenar la presentación en formato PDF.

5. Mediante los botones de opción de la sección Optimizar para, seleccione el tamaño que desee para el archivo PDF resultante: estándar o minimizado.

6. Haga clic sobre **Opciones** para modificar el formato del archivo PDF resultante.

7. En el cuadro de diálogo Opciones, seleccione las opciones de publicación que desee para el archivo PDF: intervalo de páginas, tipo de diapositivas a publicar, etiquetas, opciones de compatibilidad PDF, etc. Cuando haya finalizado, haga clic sobre el botón **Aceptar**.

8. En el cuadro de diálogo Publicar como PDF o XPS, escriba el nombre que desee asignar al archivo en el cuadro de texto Nombre de archivo.

9. Haga clic sobre el botón **Publicar** para completar el proceso.

Guardar una presentación en otros formatos

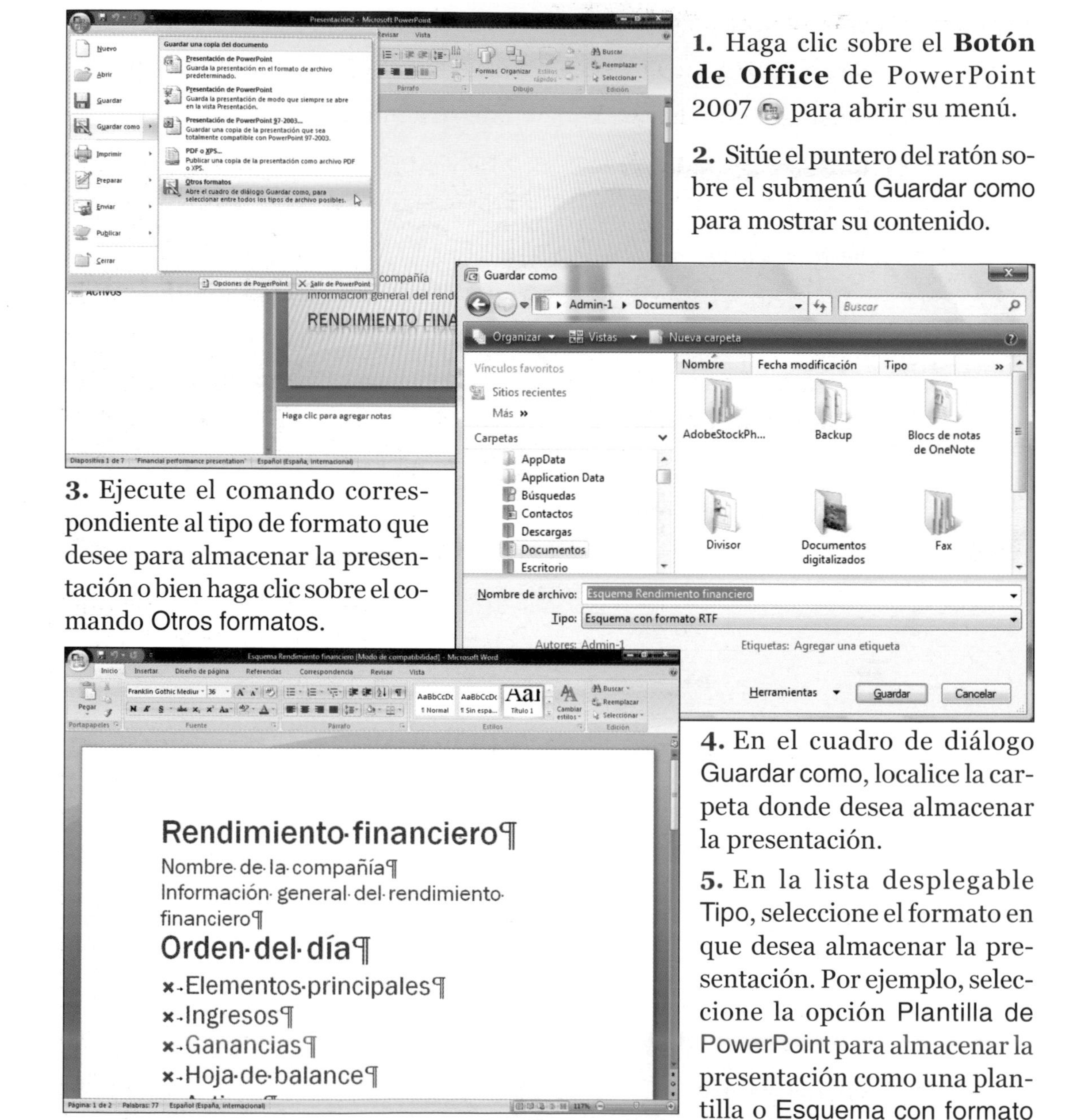

1. Haga clic sobre el **Botón de Office** de PowerPoint 2007 para abrir su menú.

2. Sitúe el puntero del ratón sobre el submenú Guardar como para mostrar su contenido.

3. Ejecute el comando correspondiente al tipo de formato que desee para almacenar la presentación o bien haga clic sobre el comando Otros formatos.

4. En el cuadro de diálogo Guardar como, localice la carpeta donde desea almacenar la presentación.

5. En la lista desplegable Tipo, seleccione el formato en que desea almacenar la presentación. Por ejemplo, seleccione la opción Plantilla de PowerPoint para almacenar la presentación como una plantilla o Esquema con formato RTF para almacenar la información del esquema de la presentación en un archivo de texto RTF.

6. En el cuadro de texto Nombre de archivo, escriba el nombre que asigne al nuevo

7. Haga clic sobre el botón **Guardar** para completar el proceso.

Cerrar una presentación y salir de PowerPoint

Para cerrar la presentación actualmente activa en la ventana de PowerPoint 2007:

1. Haga clic sobre el **Botón de Office** de PowerPoint 2007 para abrir su menú.
2. Ejecute el comando Cerrar haciendo clic sobre su nombre.

También puede cerrar la presentación activa pulsando la combinación de teclas **Alt-F4** o haciendo clic sobre los iconos [x] o [X] situados en la esquina superior derecha de la ventana de la presentación o de la ventana de PowerPoint.

Si se ha realizado algún cambio en la presentación que no se haya almacenado todavía, se mostrará un cuadro de mensaje ofreciéndole la posibilidad de guardar las modificaciones. Haga clic sobre el botón **Sí** para guardar los cambios, sobre **No** para cerrar la presentación sin guardar los cambios o sobre **Cancelar** para cancelar la operación de cierre de la presentación.

Microsoft Office PowerPoint
¿Desea guardar los cambios realizados en Avión?
Sí | No | Cancelar

Para salir de PowerPoint 2007 y cerrar todas las presentaciones abiertas en el programa:

1. Haga clic sobre el **Botón de Office** de PowerPoint 2007 para abrir su menú.
2. Haga clic sobre el botón **Salir de PowerPoint** situado en la esquina inferior derecha del menú.

La barra de herramientas Vista

La barra de herramientas Vista, situada en la esquina inferior derecha de la ventana de PowerPoint, nos permite acceder rápidamente a los distintos tipos de vistas del programa.

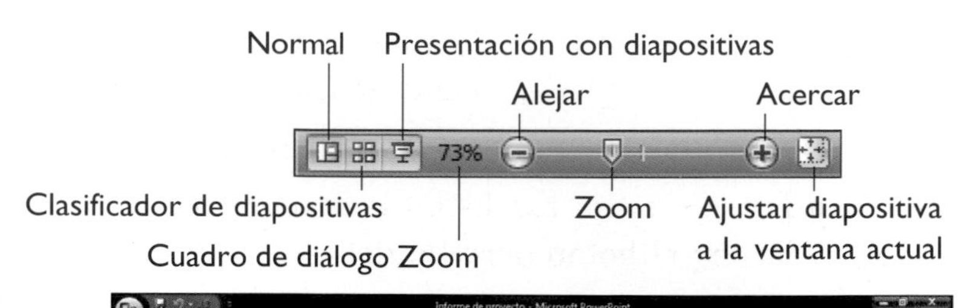

- **Normal.** Es la vista de trabajo por defecto. En ella, podemos acceder a los paneles de diapositivas, esquema y notas y disponer de una muestra de la diapositiva seleccionada para introducir cambios.

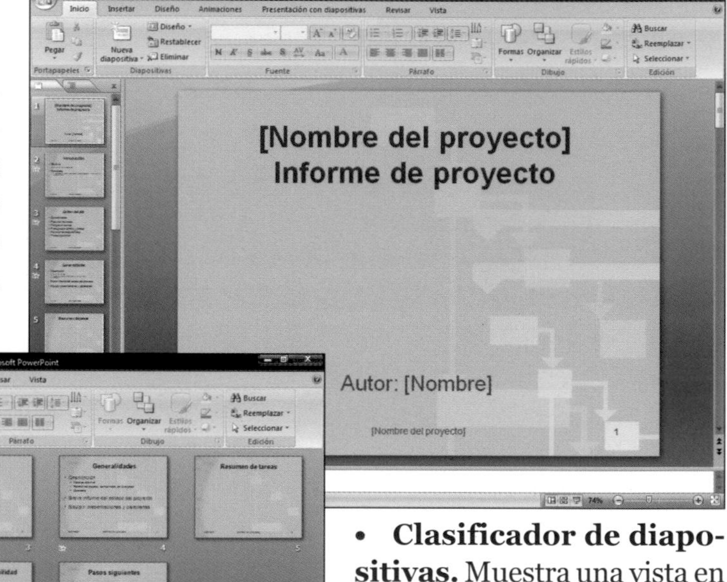

- **Clasificador de diapositivas.** Muestra una vista en miniatura de las diapositivas de una presentación.
- **Presentación con diapositivas.** Esta vista ocupa toda la pantalla del ordenador y muestra una vista preliminar de la presentación real de nuestras diapositivas.
- **Cuadro de diálogo Zoom.** Al hacer clic sobre este botón se abrirá un cuadro de diálogo donde podremos elegir distintos porcentajes predeterminados de ampliación del área de trabajo de la aplicación o especificar un porcentaje de zoom personalizado.
- **Alejar.** Aleja la presentación de la diapositiva. Reduce el porcentaje de zoom.
- **Zoom.** Mediante esta barra deslizante, podemos especificar un porcentaje de zoom personalizado, alejando o acercando la presentación de la diapositiva actual.
- **Acercar.** Este botón acerca la presentación de la diapositiva actual, es decir, amplía el porcentaje de zoom aplicado.
- **Ajustar diapositiva a la ventana actual.** Mediante este botón se consigue automáticamente un porcentaje de zoom que se adapta perfectamente a las dimensiones actuales de la ventana de la aplicación.

Personalizar la barra de estado

La barra de estado (en el borde inferior de la ventana de aplicación de PowerPoint) muestra distintas categorías de información para ayudarnos en nuestro trabajo.

Diapositiva 1 de 1 | "Plantilla de diseño de manzanas verdes" | Español (España, internacional) | 73%

Para activar o desactivar los distintos componentes de la barra de estado:

1. Haga clic con el botón derecho del ratón sobre cualquier espacio vacío en de la barra de estado.

2. En el menú contextual, haga clic sobre el nombre del elemento que desee mostrar u ocultar en la barra de estado. Una marca de verificación ✓ a la izquierda de la opción, significa que el elemento correspondiente estará disponible en la barra de estado.

3. Haga clic sobre cualquier espacio vacío de la ventana de la aplicación para cerrar el menú desplegable.

Algunos de los componentes más significativos de la barra de estado son:

- Ver indicador. Muestra el número de diapositiva actualmente seleccionada y el número total de diapositivas en la presentación.
- Tema. Indica el tema (esquema de gráficos y colores) que utiliza la diapositiva actualmente seleccionada en el programa.
- Revisión ortográfica. Indica el estado de la revisión ortográfica.
- Idioma. Muestra el idioma actualmente seleccionado en la diapositiva.
- Ver accesos directos. Activa o desactiva los botones de cambio de vista en la barra de herramientas Vista.
- Zoom. Activa o desactiva en la barra de herramientas Vista el botón que muestra el porcentaje de zoom actual y permite acceder al cuadro de diálogo del mismo nombre.
- Control deslizante del zoom. Activa o desactiva la presentación en la barra de herramientas Vista de la barra deslizante que permite personalizar el porcentaje de zoom de la diapositiva actual.
- Ampliar para ajustar. Muestra u oculta en la barra de herramientas Vista el botón que permite ajustar automáticamente el tamaño de la diapositiva al espacio disponible en la ventana de la aplicación.

Vista Normal

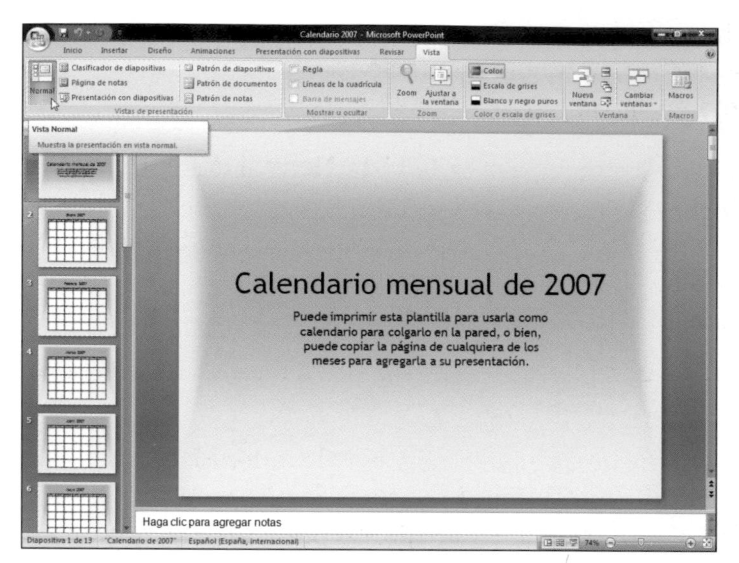

A través de la vista Normal de PowerPoint 2007 tenemos acceso a una muestra de nuestras diapositivas con la que podremos trabajar y a los paneles de diapositivas, esquema y notas. Para activar la vista Normal:

1. Haga clic sobre **Normal** de la barra de herramientas Vista situada en la esquina inferior derecha de la ventana de la aplicación.

O bien:

1. Haga clic sobre el botón **Normal** del grupo Vistas de presentación de la ficha Vista de la Cinta de opciones de PowerPoint 2007.

Para mostrar u ocultar los paneles de diapositivas/esquema y notas en la vista Normal de PowerPoint 2007:

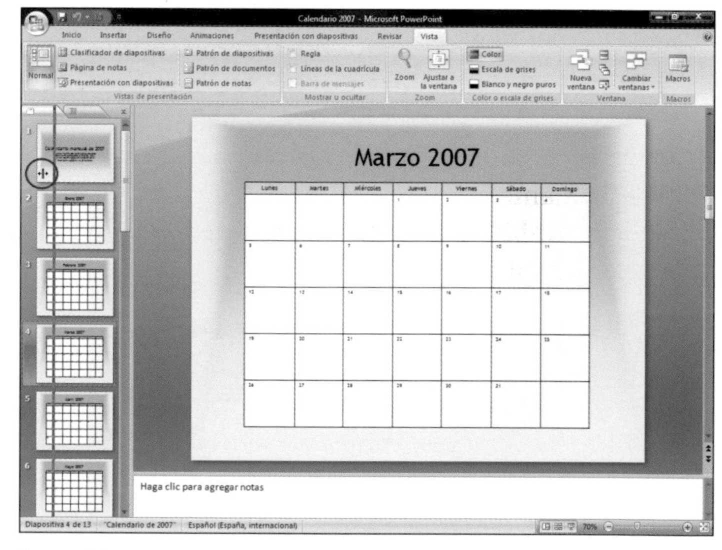

1. Sitúe el puntero del ratón sobre el lateral del panel que desee mostrar u ocultar en la ventana principal de PowerPoint 2007. El puntero cambiará su forma por una doble barra vertical flanqueada por dos puntas de flecha.

2. Haga clic y, manteniendo presionado el botón izquierdo del ratón, arrástrelo en la dirección deseada.

También puede cerrar el panel de diapositivas/esquema haciendo clic sobre el botón situado en la esquina superior derecha del mismo.

Esquema

El panel Esquema de la vista Normal de PowerPoint 2007 permite recoger información sobre las diapositivas contenidas en una presentación.
Para mostrar el panel Esquema en la ventana de PowerPoint:

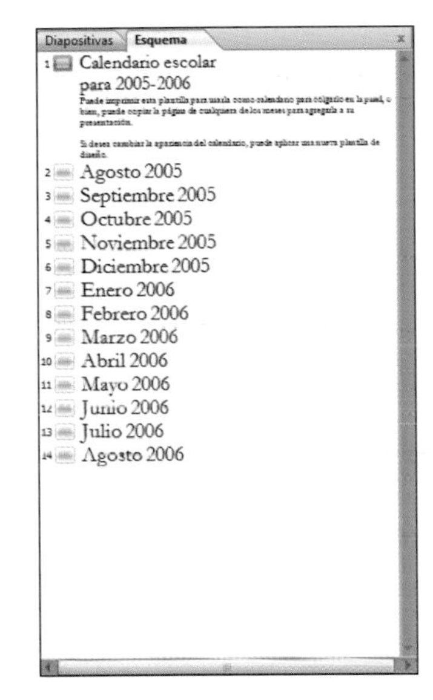

1. Si es necesario, active la vista Normal de la aplicación haciendo clic sobre el botón **Normal** de la barra de herramientas Vista o sobre el botón del mismo nombre en el grupo Vistas de presentación de la ficha Vista de la Cinta de opciones.

2. Haga clic sobre la ficha de esquema en el panel de diapositivas/esquema.

En el panel de esquema, aparece el contenido de los marcadores disponibles en el patrón de la diapositiva. Los marcadores son los objetos de diseño predeterminados en un patrón de diapositivas.
Al modificar el contenido de cualquiera de estos marcadores, los cambios se reflejan de forma automática en el panel de esquema.

Si lo desea, también puede escribir directamente sobre el panel de esquema. De esta forma, los cambios realizados quedarán reflejados de forma automática en el contenido de la diapositiva.

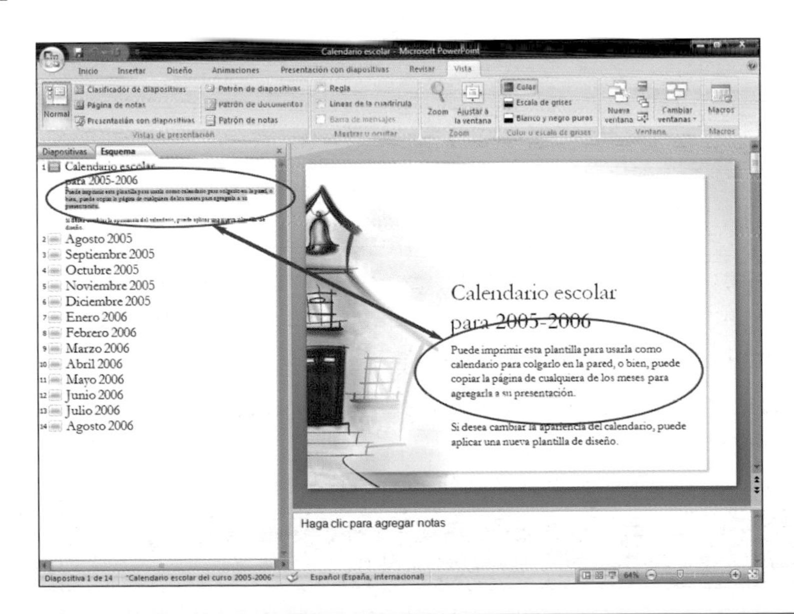

Notas

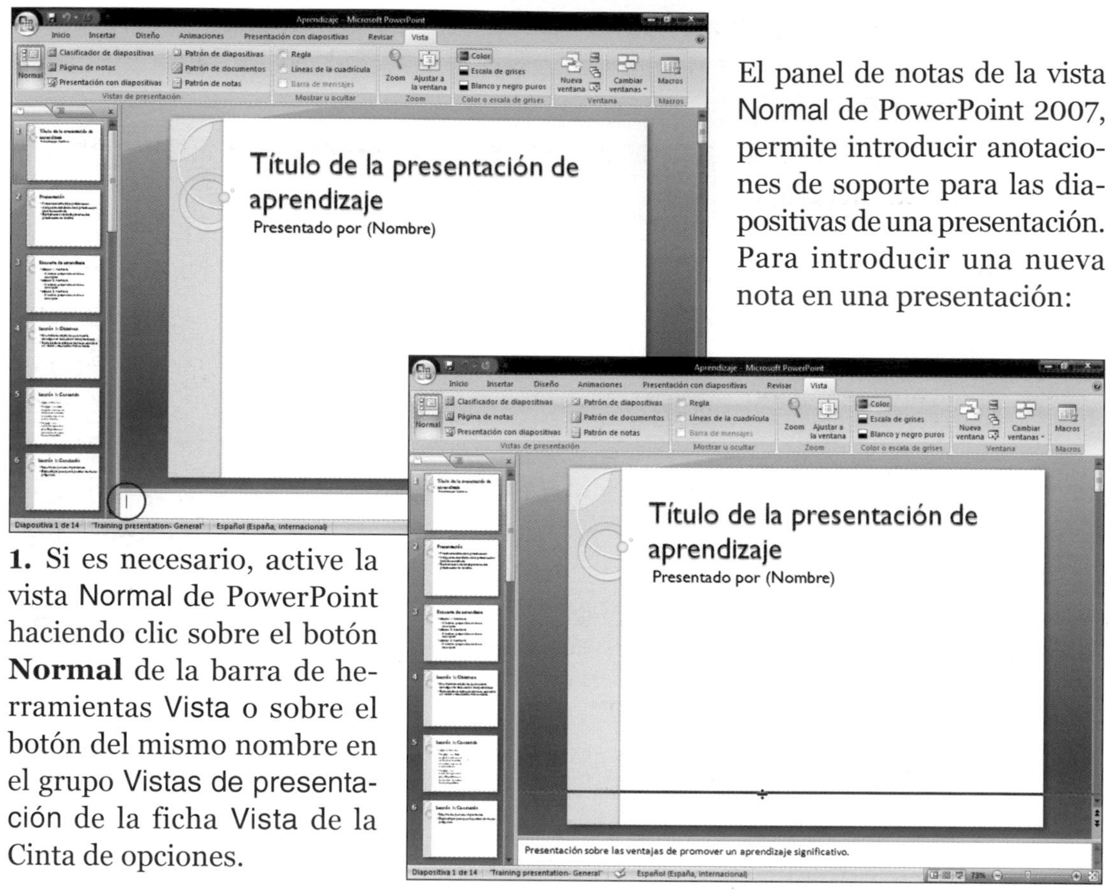

El panel de notas de la vista Normal de PowerPoint 2007, permite introducir anotaciones de soporte para las diapositivas de una presentación. Para introducir una nueva nota en una presentación:

1. Si es necesario, active la vista Normal de PowerPoint haciendo clic sobre el botón **Normal** de la barra de herramientas Vista o sobre el botón del mismo nombre en el grupo Vistas de presentación de la ficha Vista de la Cinta de opciones.

2. Active la diapositiva para la que desea introducir la nueva anotación haciendo clic sobre su representación en el panel de diapositivas de PowerPoint.

3. Haga clic sobre el panel de notas, sobre el epígrafe Haga clic para agregar notas. Un cursor de edición mostrará la posición de inserción del texto.

4. Escriba el texto de la anotación. Puede utilizar las técnicas de edición habituales de cualquier tratamiento de textos, empleando las teclas **Retroceso** y **Supr** para eliminar caracteres, pulsando la tecla **Intro** para crear una nueva línea, etc.

5. Cuando haya terminado la edición del texto de su nota, haga clic sobre cualquier espacio vacío fuera del panel de notas para completar el proceso.

Para modificar el tamaño del panel de notas de PowerPoint 2007:

1. Sitúe el puntero del ratón sobre el borde superior del panel. El puntero cambiará su forma por una doble barra vertical flanqueada por dos puntas de flecha.

2. Haga clic y, manteniendo presionado el botón izquierdo del ratón, desplácelo hasta obtener el tamaño deseado.

Página de notas

La vista Página de notas de PowerPoint, nos ofrece una alternativa para la introducción de anotaciones en nuestras diapositivas. Para activar la vista Página de notas de una presentación:

1. Haga clic sobre el botón **Página de notas** del grupo Vistas de presentación de la ficha Vista de la Cinta de opciones de PowerPoint.

La vista Página de notas, muestra una representación reducida del aspecto de la diapositiva actualmente seleccionada en el borde superior de la página. El borde inferior, lo ocupan las anotaciones introducidas en la diapositiva.

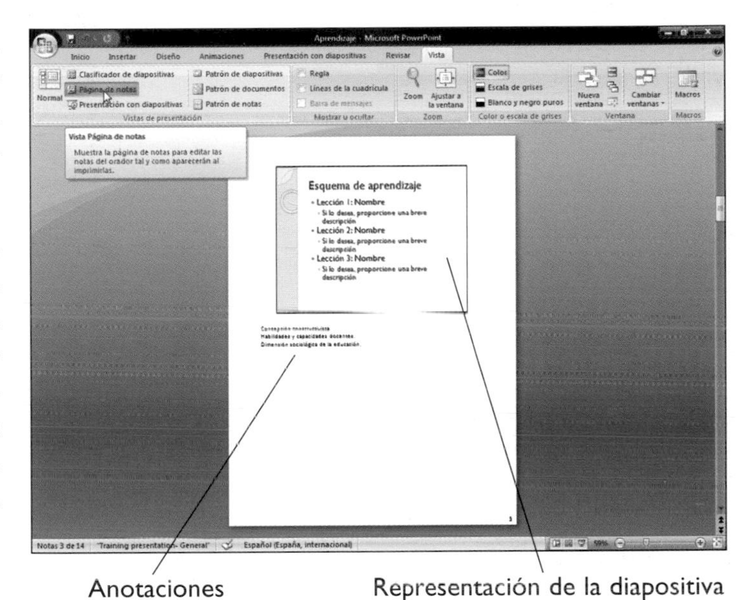

Para escribir texto en la sección de anotaciones de la página de notas actual:

1. Haga clic sobre la sección de anotaciones, en el punto donde desee introducir el nuevo texto. Un cursor parpadeante de edición, marcará el punto de inserción del texto.

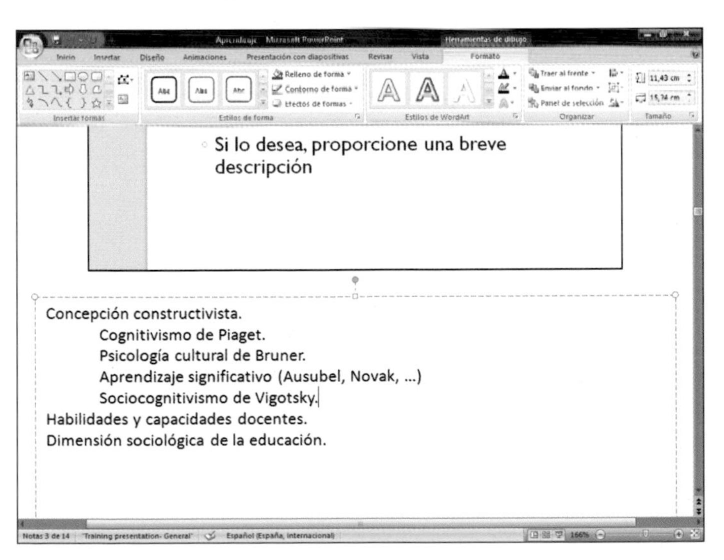

2. Escriba el texto deseado. Puede utilizar las técnicas de edición habituales de cualquier tratamiento de textos, empleando las teclas **Retroceso** y **Supr** para eliminar caracteres, la tecla **Intro** para crear una nueva línea, etc.

3. Cuando haya terminado la edición, haga clic sobre cualquier espacio vacío de la ventana de la aplicación para completar el proceso.

Clasificador de diapositivas

En la vista Clasificador de diapositivas de PowerPoint 2007 se muestra una representación en miniatura de las diapositivas que componen una presentación.

Para activar la vista Clasificador de diapositivas:

1. Haga clic sobre el botón **Clasificador de diapositivas** de la barra de herramientas Vista, en la esquina inferior derecha de la ventana de la aplicación.

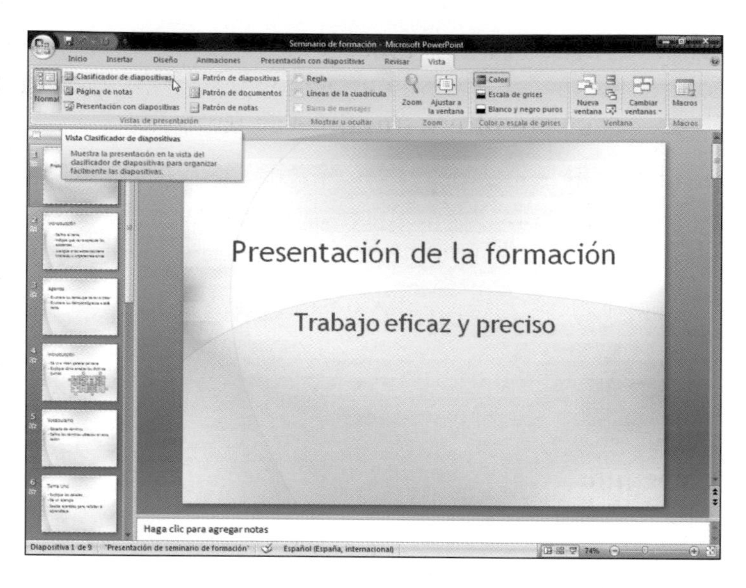

O bien:

1. Haga clic sobre el botón **Clasificador de diapositivas** situado en el grupo Vistas de presentación de la ficha Vista de la Cinta de opciones de PowerPoint.

Para trabajar con cualquiera de las diapositivas que muestra la vista Clasificador de diapositivas en la vista Normal:

1. Haga doble clic sobre la representación de la diapositiva con la que desea trabajar en la vista.

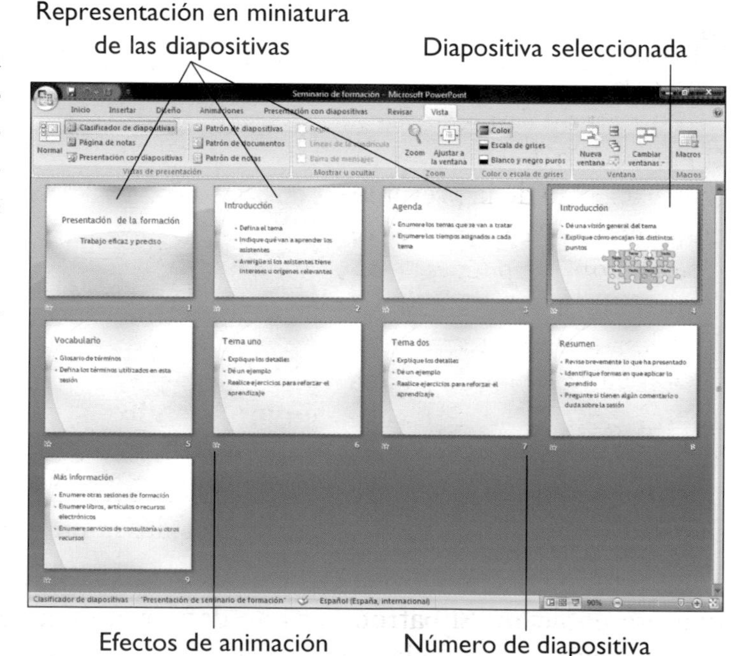

Para observar el aspecto de los efectos de animación aplicados a una diapositiva en la vista Clasificador de diapositivas:

1. Haga clic sobre el icono situado bajo la esquina inferior izquierda de la representación de la diapositiva.

Patrones

Los patrones en PowerPoint definen el aspecto y colocación de los diferentes elementos que se pueden definir en distintas vistas del programa.
El programa nos ofrece tres tipos de patrones:

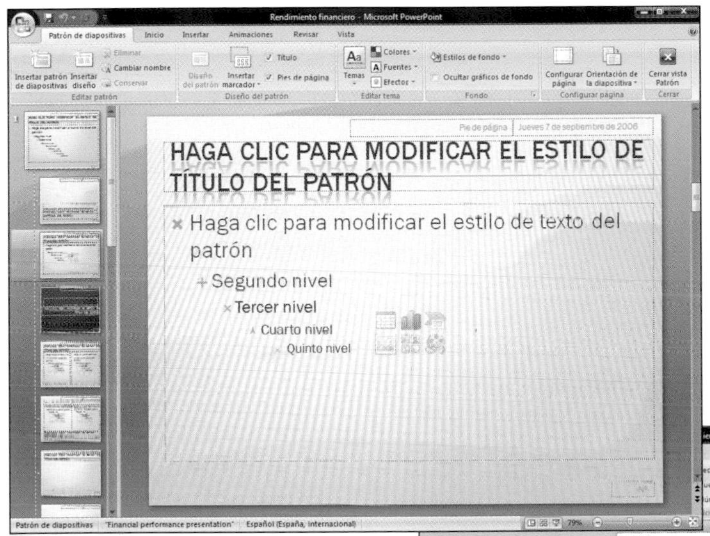

- **Patrón de diapositivas.** Define el aspecto de las distintas diapositivas que conforman una presentación. En este patrón, se almacenan las posiciones de texto y objetos de una diapositiva, los tamaños de los marcadores correspondientes, estilos de texto, fondos, temas de color, efectos y animaciones.

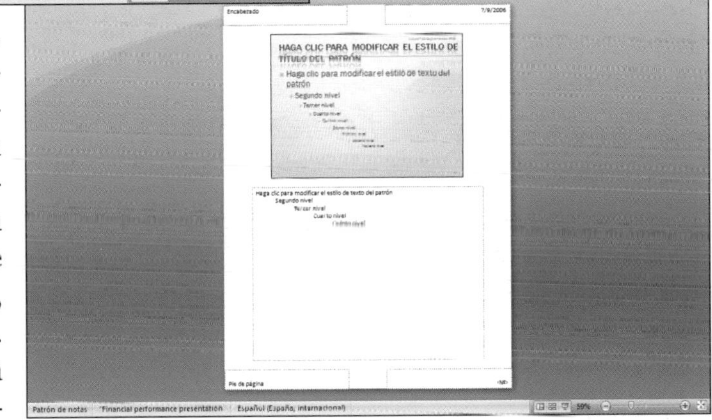

- **Patrón de documentos.** Un patrón de documentos define el aspecto de la presentación cuando se imprime. En este patrón, se pueden establecer criterios tales como la posición de los marcadores de encabezados y pies de página, su tamaño o su formato. También se puede definir la orientación de la página y establecer el número de diapositivas que se desea imprimir en cada página.

- **Patrón de notas.** En este patrón, se define el aspecto de las páginas de notas de una presentación. El patrón permite definir el tamaño y posición de encabezados, pies de página, área de la diapositiva y anotaciones así como los distintos formatos de estos elementos.

Para activar cualquiera de los patrones disponibles en PowerPoint 2007:

1. Haga clic sobre el botón correspondiente en el grupo Vistas de presentación de la ficha Vista de la Cinta de opciones.

Zoom

Según nuestras necesidades, podemos definir distintos porcentajes de zoom en las diferentes vistas de PowerPoint para alejar o acercar los objetos con los que deseamos trabajar. Las opciones de zoom del programa se recogen dentro del grupo Zoom de la ficha Vista de la Cinta de opciones y en la barra de herramientas Vista situada en la esquina inferior derecha de la ventana de la aplicación.

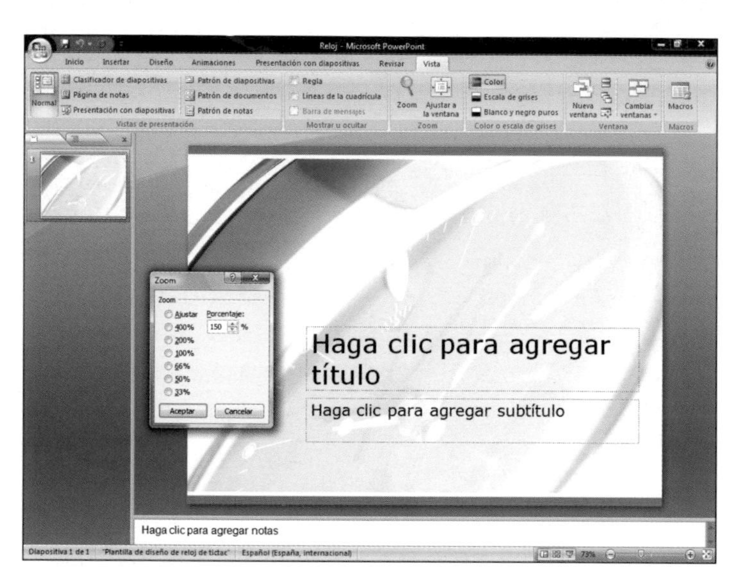

- **Nivel de zoom.** Haga clic sobre el botón **Nivel de zoom** 73% en la barra de herramientas Vista o sobre el botón **Zoom** del grupo Zoom de la ficha Vista. En el cuadro de diálogo Zoom, seleccione el porcentaje de zoom que desee mediante los distintos botones de opción disponibles o escriba un valor personalizado en el cuadro de texto Porcentaje. Haga clic sobre el botón **Aceptar** para realizar el cambio.
- **Alejar**, **Acercar** y **Zoom**. En la barra de herramientas **Vista**, haga clic sobre los botones **Alejar** ⊖ o **Acercar** ⊕ para alejar o acercar la vista en intervalos predeterminados o utilice la barra deslizante **Zoom** para obtener un porcentaje de zoom personalizado.

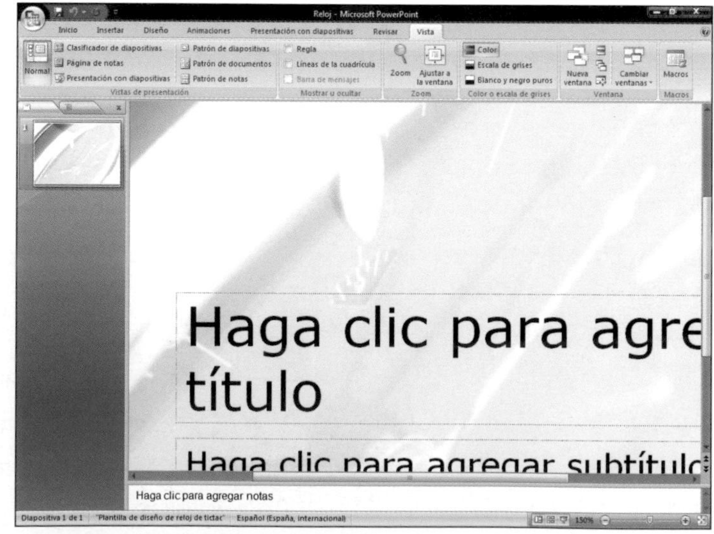

- **Ajustar a la ventana.** A través de esta opción, podremos ajustar de forma automática las dimensiones del contenido de la vista según el espacio del que dispongamos en la ventana actual. Haga clic sobre el icono de la barra de herramientas Vista o sobre el botón **Ajustar a la ventana** del grupo Zoom de la ficha Vista de la Cinta de opciones.

Color y escala de grises

Aunque la mayoría de las presentaciones están diseñadas para mostrarse en color, la impresión de documentos se suele realizar en escalas de grises. Una impresión en escala de grises, contiene variaciones de tonalidades grises entre el blanco y el negro. Para obtener una vista en escala de grises o blanco y negro de la presentación actual:

1. Haga clic sobre el botón **Escala de grises** o el botón **Blanco y negro puros** del grupo Color o escala de grises de la ficha Vista.

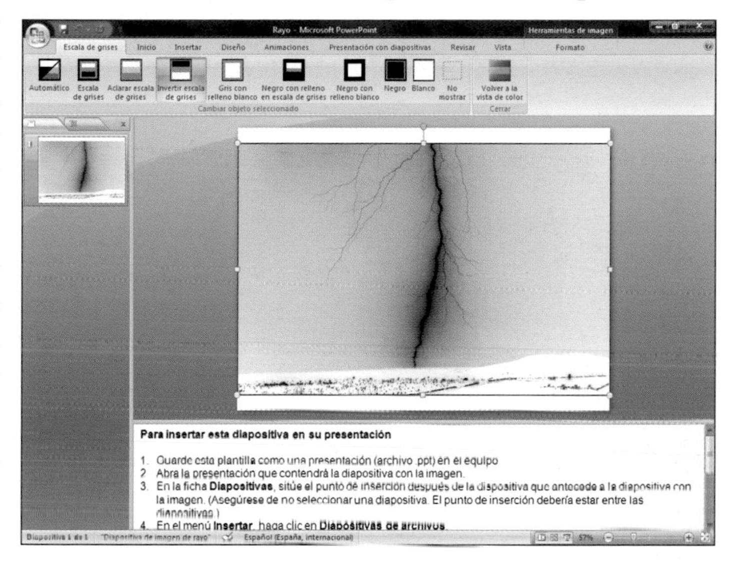

Para modificar el aspecto de cualquier objeto de la diapositiva:

1. Seleccione el objeto haciendo clic sobre su superficie.
2. En el grupo Cambiar objeto seleccionado de la ficha Formato de la Cinta de opciones, haga clic sobre el botón correspondiente al tipo de ajuste que desee realizar: aclarar o invertir la escala de grises, cambiar a blanco o negro, etc. Al imprimir el documento, presentará el siguiente comportamiento:

Objeto	Escala de grises	Blanco y negro
Texto	Negro	Negro
Sombreado de texto	Escala de grises	Oculto
Relieves	Escala de grises	Oculto
Rellenos	Escala de grises	Blanco
Marcos	Negro	Negro
Rellenos de trama	Escala de grises	Blanco
Líneas	Negro	Negro
Sombras de objetos	Escala de grises	Negro
Mapas de bits	Escala de grises	Escala de grises
Imágenes prediseñadas	Escala de grises	Escala de grises
Fondos de diapositiva	Blanco	Blanco
Gráficos	Escala de grises	Escala de grises

Trabajar con ventanas

Cuando trabajamos con varias presentaciones abiertas de forma simultánea en PowerPoint 2007, el programa nos ofrecen distintas opciones para organizar la información. Dichas opciones se encuentran recogidas dentro del grupo Ventana de la ficha Vista de la Cinta de opciones.

- **Nueva ventana.** Abre una nueva ventana de trabajo con la presentación actualmente seleccionada en el programa.
- **Organizar todas** . Haciendo clic sobre este botón, todas las presentaciones abiertas en PowerPoint 2007 se distribuirán por el espacio disponible en la ventana de la aplicación formando un mosaico.
- **Ventanas en cascada** . Haciendo clic sobre este botón, las presentaciones abiertas en el programa se distribuirán solapándose unas sobre otras, formando un esquema en cascada.
- **Mover división** . Este botón nos permite definir el tamaño de los paneles de la vista actual del programa utilizando el teclado. Haga clic sobre el botón y utilice las teclas **Flecha dcha.**, **Flecha izda.**, **Flecha arriba** y **Flecha abajo** para mover las líneas de división entre paneles.

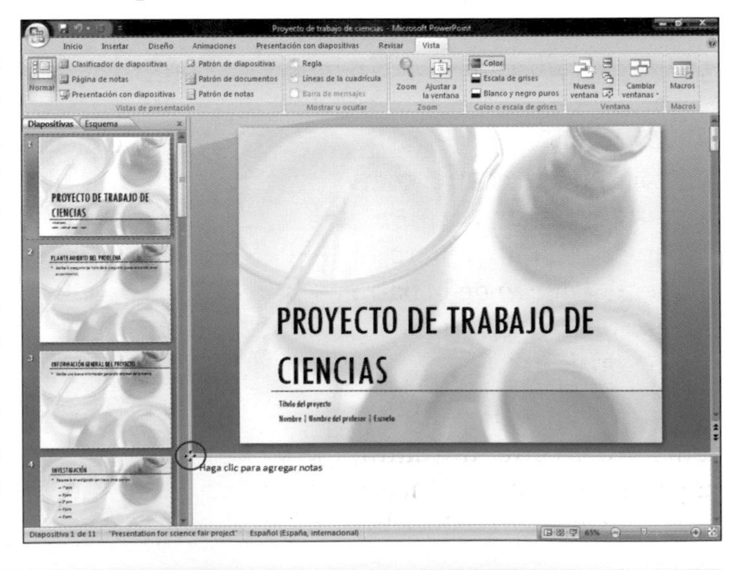

- **Cambiar ventanas.** Abra el menú desplegable de este botón y seleccione la ventana correspondiente a la presentación con la que desea trabajar haciendo clic sobre su nombre.

Buscar ayuda

1. Haga clic sobre el icono situado en la esquina superior derecha de la Cinta de opciones de la ventana de PowerPoint 2007.

2. En el cuadro de texto de búsqueda situado en la esquina superior izquierda de la ventana de ayuda, escriba el texto del tema de ayuda que desee localizar.

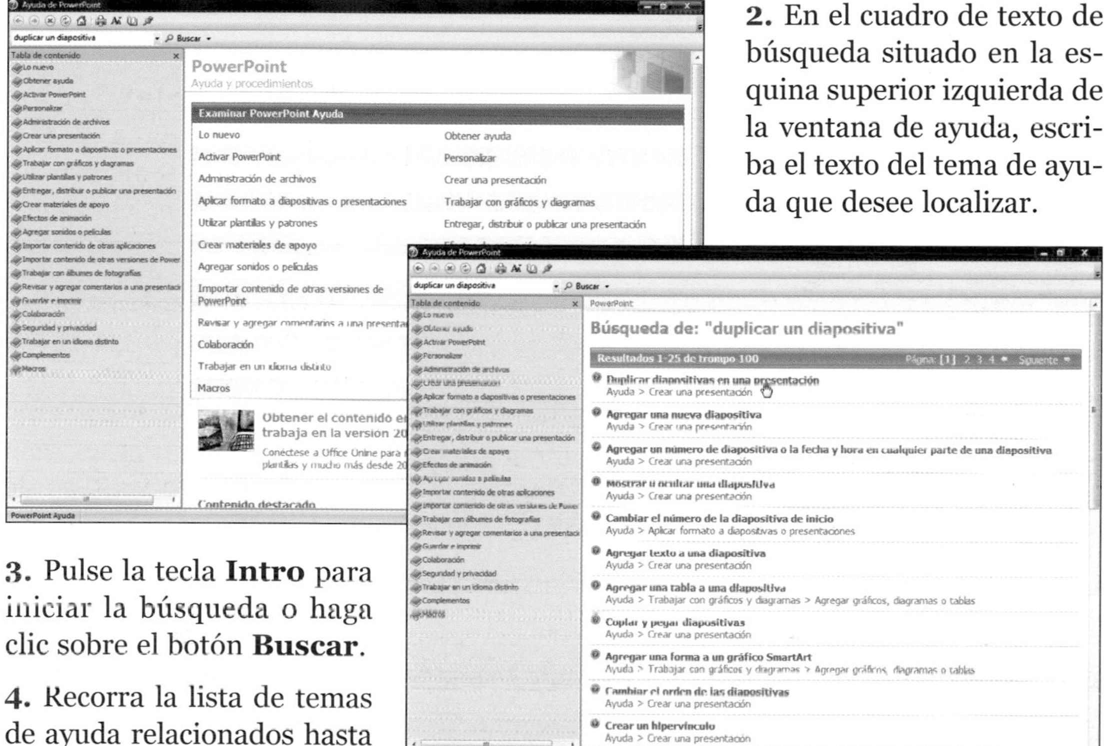

3. Pulse la tecla **Intro** para iniciar la búsqueda o haga clic sobre el botón **Buscar**.

4. Recorra la lista de temas de ayuda relacionados hasta localizar el que mejor se ajusta a sus necesidades. Si el sistema localiza un número elevado de temas, mostrará el listado dividido en varias páginas. Puede recorrer estas páginas haciendo clic directamente sobre su número en el lateral derecho de la barra de resultados o haciendo clic sobre **Siguiente**.

5. Una vez localizado el tema de ayuda deseado, haga clic sobre su vínculo para mostrar su contenido.

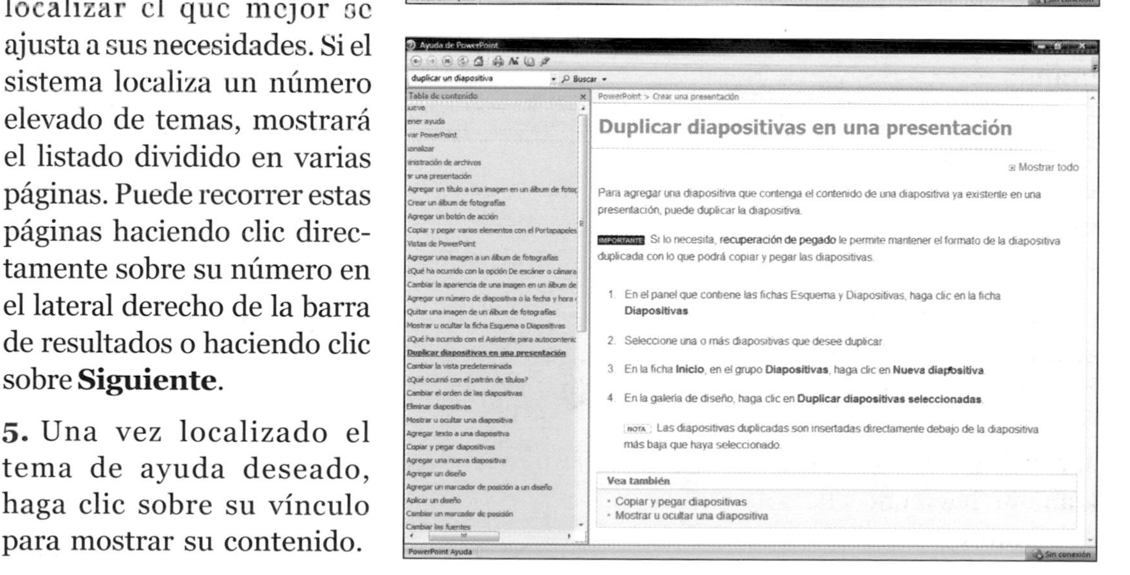

La tabla de contenido

Si lo desea, también puede recorrer la tabla de contenido de la ayuda de PowerPoint 2007 para localizar el tema de ayuda que quiera consultar.

Tabla de contenido
Lo nuevo
Obtener ayuda
Activar PowerPoint
Personalizar
Administración de archivos
Crear una presentación
Aplicar formato a diapositivas o presentaciones
Trabajar con gráficos y diagramas
Utilizar plantillas y patrones
Entregar, distribuir o publicar una presentación
Crear materiales de apoyo
Efectos de animación
Agregar sonidos o películas
Importar contenido de otras aplicaciones
Importar contenido de otras versiones de PowerPoint
Trabajar con álbumes de fotografías
Revisar y agregar comentarios a una presentación
Guardar e imprimir
Colaboración
Seguridad y privacidad
Trabajar en un idioma distinto
Complementos
Macros

1. Para mostrar u ocultar la tabla de contenido en la ventana de ayuda de PowerPoint 2007, haga clic respectivamente sobre los iconos o .

2. La tabla de contenido se encuentra organizada por categorías de información. Para mostrar el contenido de una de estas categorías, haga clic sobre el icono situado a la izquierda de su nombre. Dentro de cada categoría, podrá encontrar nuevas subcategorías o temas de ayuda que se identifican mediante el icono . Para volver a contraer el nuevamaente contenido de una categoría de ayuda, haga clic sobre el icono situado a la izquierda de su nombre.

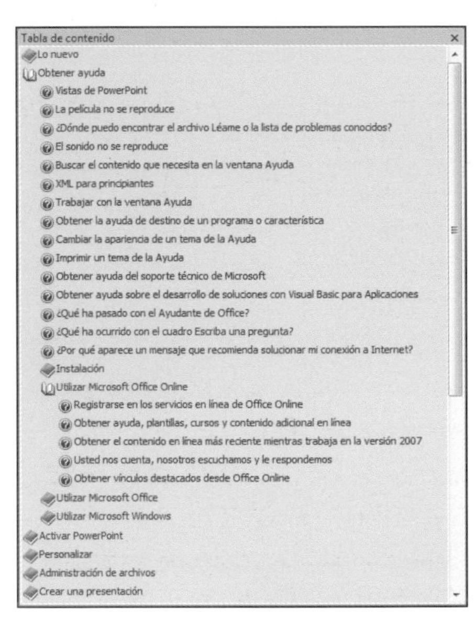

3. Una vez localizado el tema de ayuda que desea consultar, haga clic sobre su vínculo en la tabla de contenido.

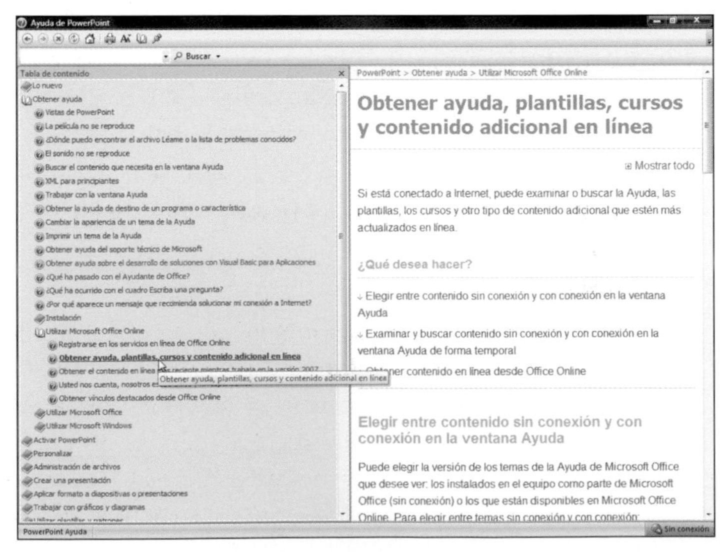

Otras características de la ayuda

La ventana de ayuda de PowerPoint 2007 muestra en su borde superior una barra de herramientas que nos permite controlar el funcionamiento y comportamiento de la aplicación. El significado de las distintas herramientas de esta barra es el siguiente:

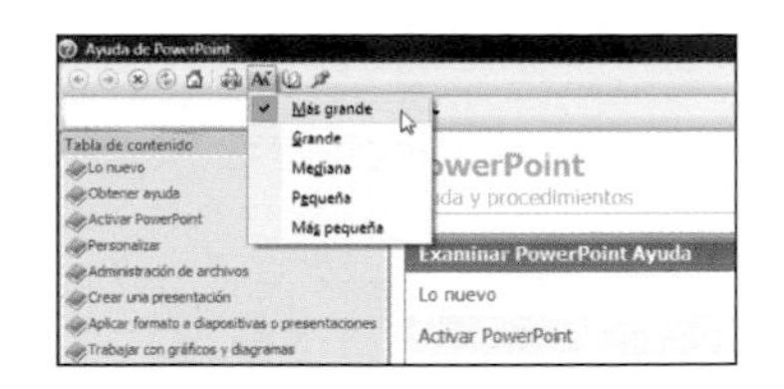

Herramienta	Nombre	Descripción
	Atrás	Activa la página de ayuda visitada con anterioridad a la página actualmente seleccionada en la ventana.
	Adelante	Activa la siguiente página de ayuda del historial de visitas de la página actualmente seleccionada (una vez que se ha utilizado el botón **Atrás** de la barra de herramientas de la ventana de ayuda).
	Detener	Detiene la carga de una página de ayuda online.
	Actualizar	Vuelve a cargar la página de ayuda online actualmente seleccionada.
	Inicio	Muestra la página principal de la ventana de ayuda de PowerPoint 2007.
	Imprimir	Permite imprimir el tema de ayuda actualmente seleccionado en la herramienta de ayuda de PowerPoint 2007.
	Cambiar tamaño de fuente	Permite especificar el tamaño de la letra que se usa en el sistema de ayuda de PowerPoint, eligiendo entre cinco tamaños predefinidos.
	Mostrar tabla de contenido u **Ocultar tabla de contenido**	Muestra u oculta el panel de tabla de contenido de la ventana de ayuda de PowerPoint 2007.
	No visible y **Mantener visible**	Cuando se encuentra activada la opción **Mantener visible**, la ventana de ayuda permanece siempre visible por encima de la ventana de la aplicación de PowerPoint 2007, permitiendo de esta forma consultar su contenido en cualquier momento.

Capítulo 2 Creación de presentaciones

Crear una nueva diapositiva

Para crear una nueva diapositiva en una presentación PowerPoint 2007:

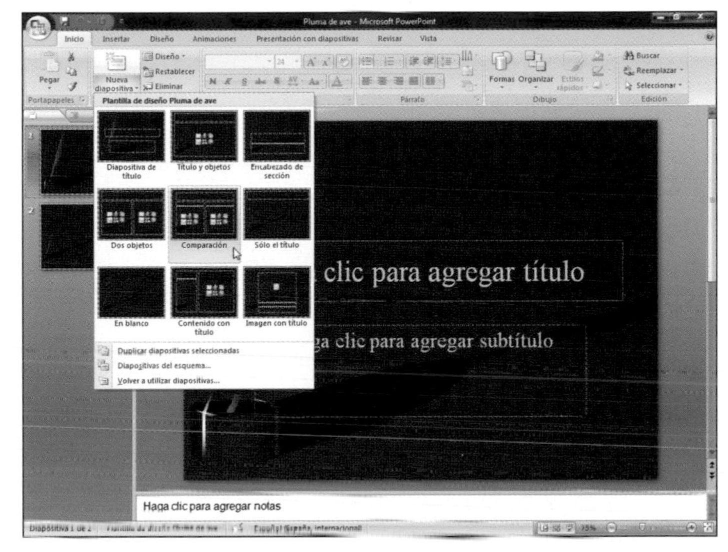

1. En el panel de diapositivas, de la vista Normal de PowerPoint, seleccione la diapositiva anterior a la posición donde desee insertar la nueva diapositiva.

O bien:

1. En la vista Clasificador de diapositivas, seleccione la diapositiva anterior a la posición donde desee insertar la nueva diapositiva.

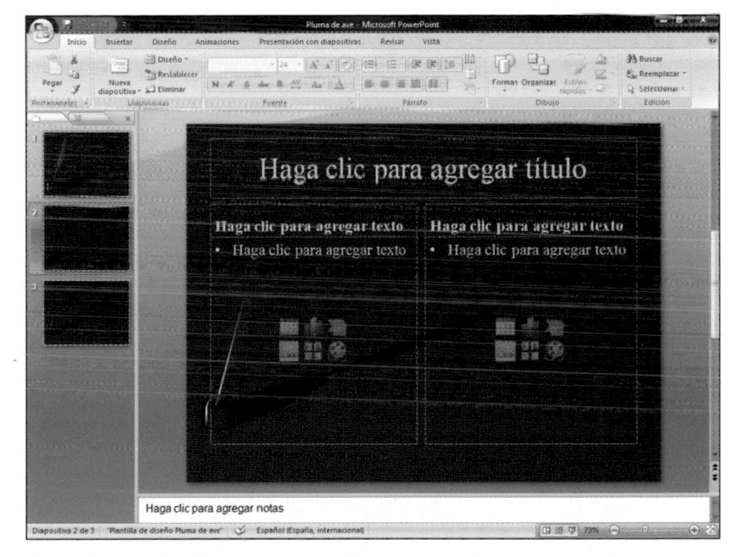

2. Para insertar una nueva diapositiva con el diseño predeterminado de la plantilla actual, haga clic sobre la parte superior del botón **Nueva diapositiva** del grupo Diapositivas de la ficha Inicio.

O bien:

2. Para elegir el tipo de diseño de diapositiva que desea insertar, haga clic sobre la mitad inferior del botón **Nueva diapositiva** del grupo Diapositivas de la ficha Inicio de la Cinta de opciones.

3. En el menú desplegable, seleccione el diseño que desea utilizar para la nueva diapositiva haciendo clic sobre su imagen.

También puede insertar una nueva diapositiva haciendo clic en el espacio de separación entre dos diapositivas en las vistas Normal o Clasificador de diapositivas. Después de seleccionar el punto de inserción, pulse la tecla **Intro** o utilice el menú desplegable del botón **Nueva diapositiva**.

Diseños

Para modificar el diseño de la diapositiva actualmente seleccionada en PowerPoint:

1. En las vistas Normal o Clasificador de diapositivas, haga clic sobre el botón **Diseño** del grupo Diapositivas de la ficha Inicio de la Cinta de opciones.

2. En el menú desplegable, haga clic sobre el tipo de diseño por el que desea sustituir el diseño actual.

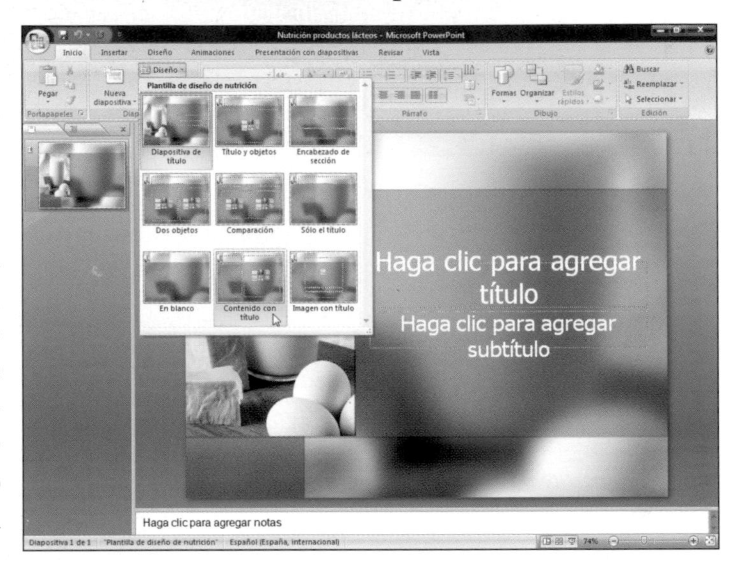

O bien:

1. En la vista Normal de la presentación de diapositivas, haga clic con el botón derecho del ratón en el panel de diapositivas sobre la diapositiva cuyo diseño desee modificar o sobre cualquier espacio vacío del área de trabajo de la diapositiva.

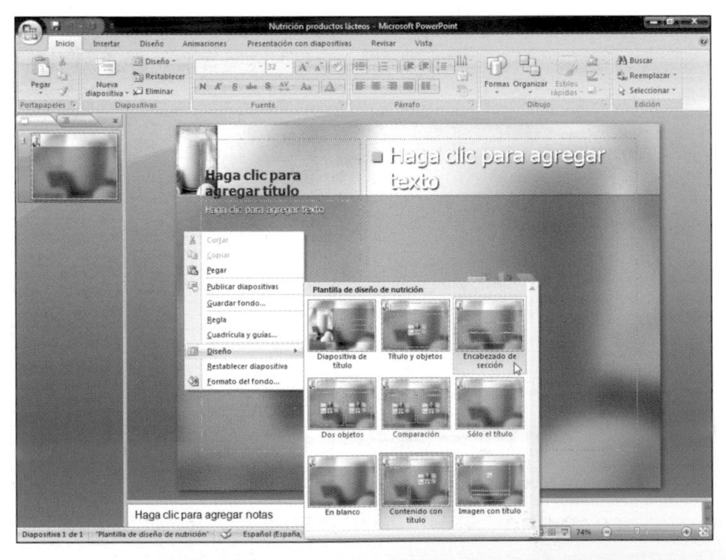

2. En el menú contextual, despliegue el submenú Diseño situando el puntero del ratón sobre su nombre.

3. Para finalizar, haga clic sobre el tipo de diseño por el que desea sustituir el diseño actual de la diapositiva.

Los diseños disponibles en una presentación vienen definidos por el patrón de diapositivas de la plantilla que se ha utilizado para crear dicha presentación.

Duplicar diapositivas

1. En las vistas Normal o Clasificador de diapositivas de PowerPoint 2007, seleccione la diapositiva o grupo de diapositivas que desea duplicar.

Puede seleccionar un grupo de diapositivas utilizando las técnicas habituales: mantener presionada la tecla **Mayús** para seleccionar un grupo de diapositivas contiguas o la tecla **Control** para seleccionar un grupo de diapositivas dispersas.

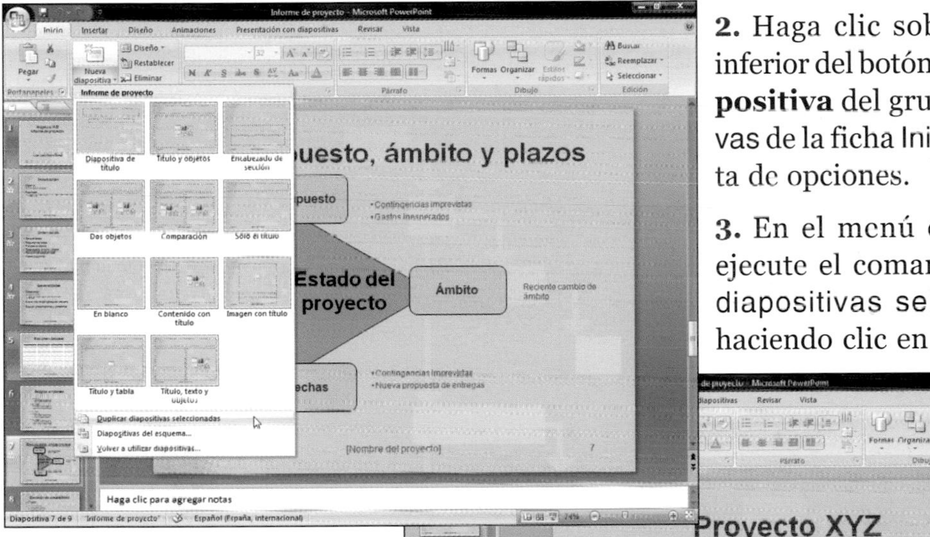

2. Haga clic sobre la mitad inferior del botón **Nueva diapositiva** del grupo Diapositivas de la ficha Inicio de la Cinta de opciones.

3. En el menú desplegable, ejecute el comando Duplicar diapositivas seleccionadas haciendo clic en su nombre.

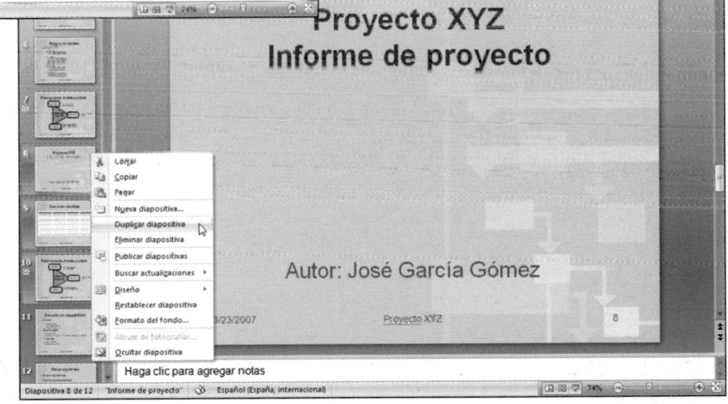

O bien:

1. En la vista Normal, seleccione las diapositivas que desea duplicar en el panel de diapositivas.

2. Haga clic con el botón derecho del ratón sobre cualquiera de las diapositivas seleccionadas.

3. En el menú contextual, ejecute el comando Duplicar diapositiva haciendo clic sobre su nombre.

Las nuevas diapositivas duplicadas se colocarán a continuación de la última diapositiva seleccionada.

Reutilizar diapositivas

Para utilizar cualquiera de las diapositivas almacenadas en una presentación anterior en la presentación actualmente abierta en PowerPoint:

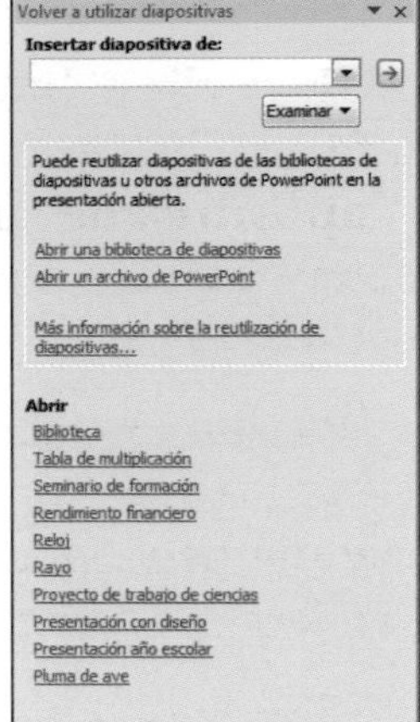

1. Haga clic sobre la mitad inferior del botón **Nueva diapositiva** del grupo Diapositivas de la ficha Inicio.

2. En el menú desplegable, ejecute el comando Volver a utilizar diapositivas haciendo clic sobre su nombre.

3. En el panel Volver a utilizar diapositivas haga clic sobre el vínculo Abrir un archivo de PowerPoint para localizar el archivo que contiene las diapositivas que desea utilizar. También puede hacer clic sobre el botón **Examinar** y ejecutar el comando Examinar archivo o bien escribir directamente su ruta completa en el cuadro combinado Insertar diapositiva de.

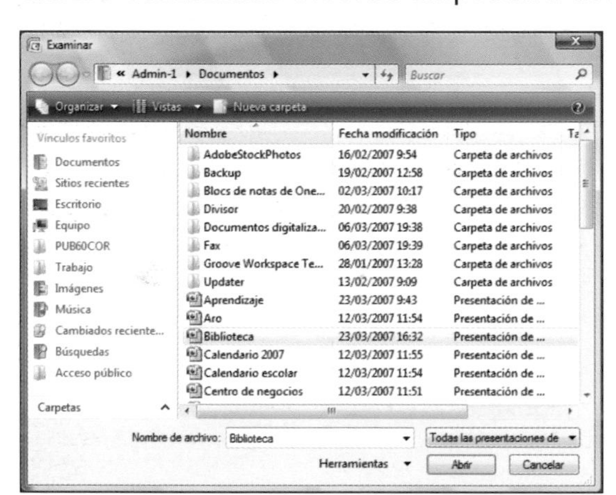

4. En el cuadro de diálogo Examinar, localice la carpeta que contiene el archivo que desea utilizar para recuperar sus diapositivas.

5. A continuación, seleccione el archivo en la zona central del cuadro de diálogo o escriba su nombre en el cuadro de texto Nombre de archivo situado bajo la lista.

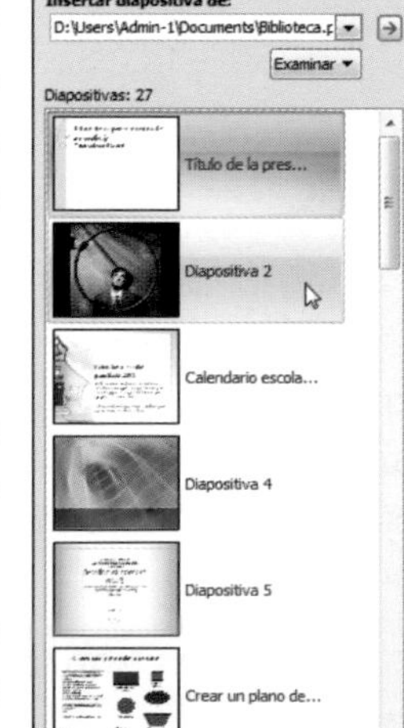

6. Haga clic sobre el botón **Abrir**.

7. A continuación, en la lista de diapositivas del panel Volver a utilizar diapositivas, haga clic sobre la diapositiva que desee añadir a su presentación.

8. Para incluir los formatos del tema de la diapositiva, haga clic con el botón derecho del ratón sobre su imagen y ejecute los comandos Aplicar tema a todas las diapositivas o Aplicar tema a las diapositivas seleccionadas.

Para cerrar el panel Volver a utilizar diapositivas, haga clic sobre el botón **Cerrar** ✕ situado en su esquina superior derecha.

Diapositivas de un esquema

Para añadir a una presentación PowerPoint una serie de diapositivas almacenadas en un esquema externo:

1. Haga clic sobre la mitad inferior del botón **Nueva diapositiva** del grupo Diapositivas de la ficha Inicio de la Cinta de opciones.

2. En el menú desplegable, ejecute el comando Diapositivas del esquema haciendo clic sobre su nombre.

3. En el cuadro de diálogo Insertar esquema, localice la carpeta que contiene el archivo con el esquema que desea utilizar.

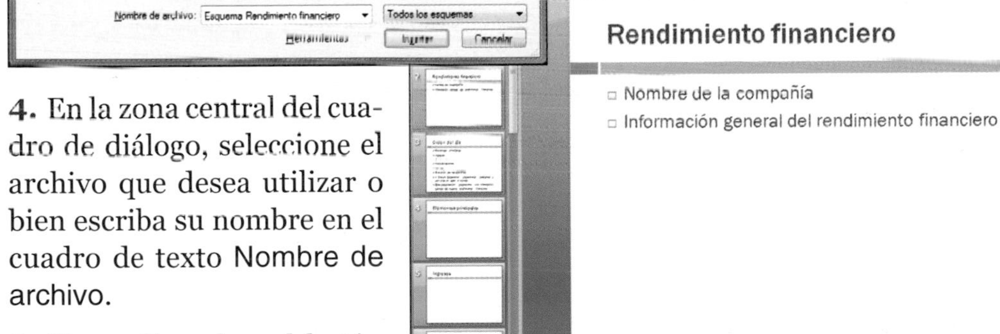

4. En la zona central del cuadro de diálogo, seleccione el archivo que desea utilizar o bien escriba su nombre en el cuadro de texto Nombre de archivo.

5. Haga clic sobre el botón **Insertar**.

Recuerde que puede generar un archivo de esquema de sus presentaciones con el comando Guardar como>Otros formatos del menú del **Botón de Office** y eligiendo en la lista desplegable Tipo de presentación del cuadro de diálogo Guardar como, la opción Esquema con formato RTF.

Encabezados y pies de página

1. Seleccione la diapositiva o grupo de diapositivas a las que desea añadir el nuevo encabezado o pie de página.

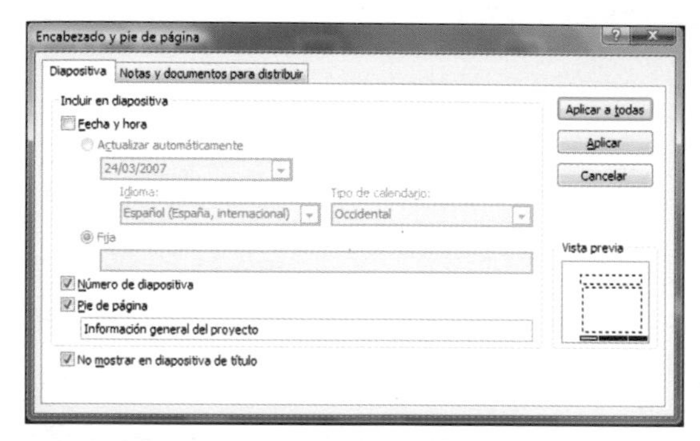

2. Haga clic sobre el botón **Encabezado y pie de página** del grupo Texto de la ficha Insertar de la Cinta de opciones.

3. Para crear un pie de página en las diapositivas, haga clic sobre la ficha Diapositiva del cuadro de diálogo Encabezado y pie de página.

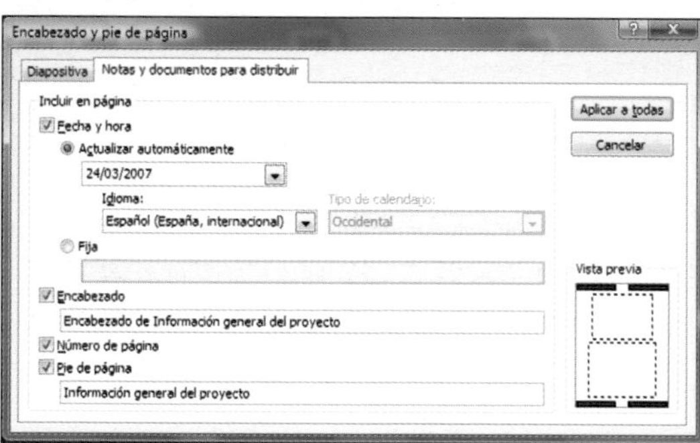

4. Active las casillas de verificación correspondientes a los elementos que desee incluir en el pie de página (fecha y hora, número de diapositiva y pie de página) y establezca los valores correspondientes.

5. Si desea omitir la aparición del pie de página en la primera diapositiva, active la casilla de verificación No mostrar en diapositiva de título.

6. Active la ficha Notas y documentos para distribuir para definir el contenido de encabezados y pies de página en la vista de página de notas y en los documentos impresos de su presentación.

7. Active las casillas de verificación correspondientes a los elementos que desee incluir en sus encabezados y pies de página y establezca sus valores correspondientes.

8. Haga clic sobre el botón **Aplicar** para aplicar los cambios a las diapositivas seleccionadas o sobre **Aplicar a todas** para aplicarlos a todas las diapositivas de la presentación.

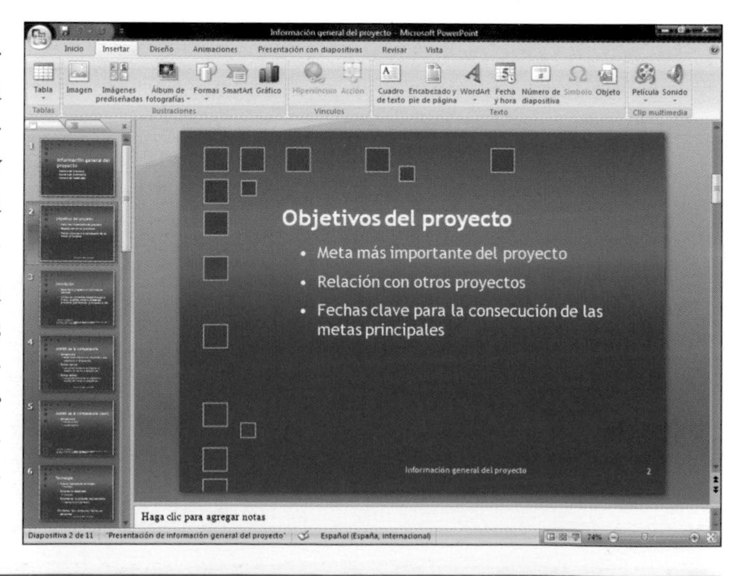

Fecha y hora

Para introducir la fecha y hora de creación de una presentación en las diapositivas que la componen o en las páginas de notas y copias impresas del documento:

1. Seleccione la diapositiva o grupo de diapositivas a las que desea añadir la nueva información de fecha y hora.

2. Haga clic sobre el botón **Fecha y hora** del grupo Texto de la ficha Insertar de la Cinta de opciones.

3. En la ficha Diapositiva del cuadro de diálogo Encabezado y pie de página, active la casilla de verificación Fecha y hora.

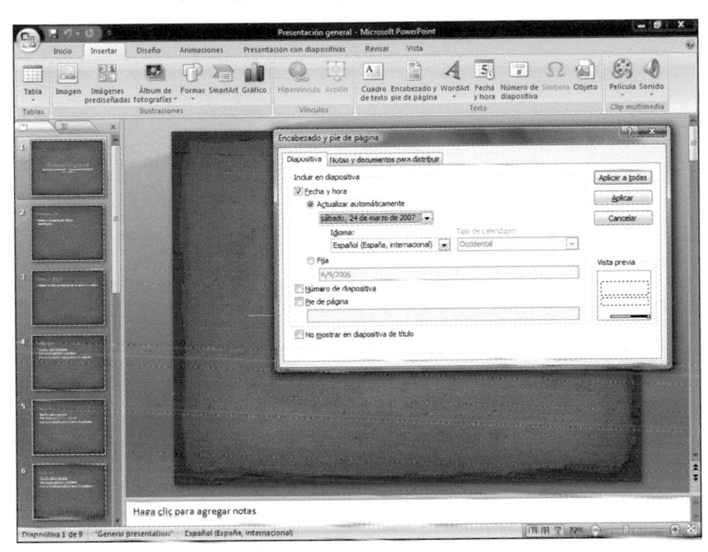

4. Elija el tipo de información que desea utilizar para mostrar la fecha de la presentación: Fija (un valor de fecha permanente) o Actualizar automáticamente (el valor de la fecha y la hora se actualizarán al realizar modificaciones en la presentación).

5. Según el tipo de fecha que haya elegido, escriba o seleccione los valores correspondientes para definir la fecha y hora que aparecerán en la diapositiva (escriba la fecha fija que desee mostrar o seleccione el formato de fecha y hora y el idioma a mostrar para fechas que se actualicen automáticamente).

6. Active la ficha Notas y documentos para distribuir.

7. Repita los pasos 3 a 5 para mostrar la fecha y hora de creación en la vista de páginas de notas y en las versiones impresas del documento.

8. Haga clic sobre el botón **Aplicar** para aplicar los cambios a las diapositivas seleccionadas o sobre **Aplicar a todas** para aplicarlos a todas las diapositivas.

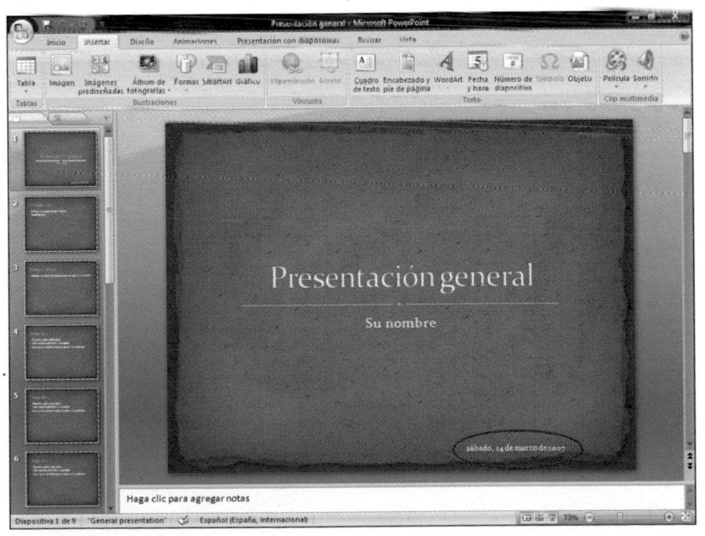

Número de diapositiva y número de página

Para introducir un número de orden en las diapositivas de una presentación o el número de página en la vista de página de notas o la versión impresa del documento:

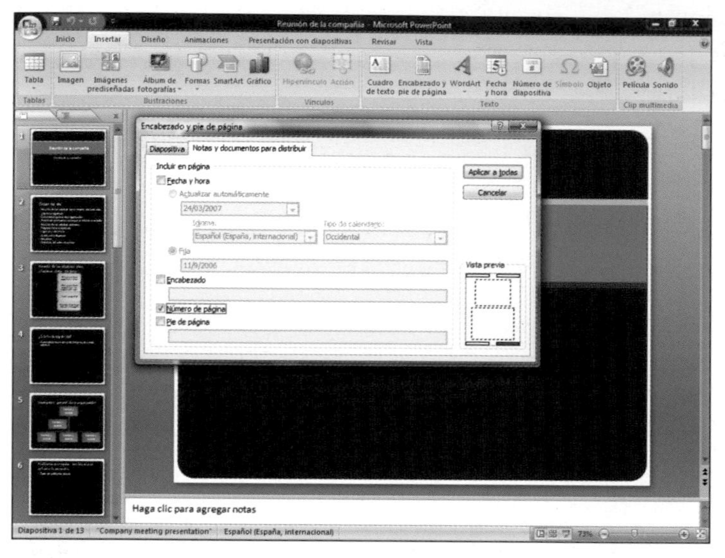

1. Seleccione la diapositiva o grupo de diapositivas a las que desea añadir el número de orden.

2. Haga clic sobre el botón **Número de diapositiva** del grupo Texto de la ficha Insertar de la Cinta de opciones.

3. En la ficha Diapositiva del cuadro de diálogo Encabezado y pie de página, active la casilla de verificación Número de diapositiva.

4. Active la ficha Notas y documentos para distribuir haciendo clic sobre su etiqueta.

5. Active la casilla de verificación Número de página.

6. Haga clic sobre el botón **Aplicar** para aplicar los cambios a las diapositivas seleccionadas en la presentación o sobre el botón **Aplicar a todas** para aplicarlos a todas las diapositivas.

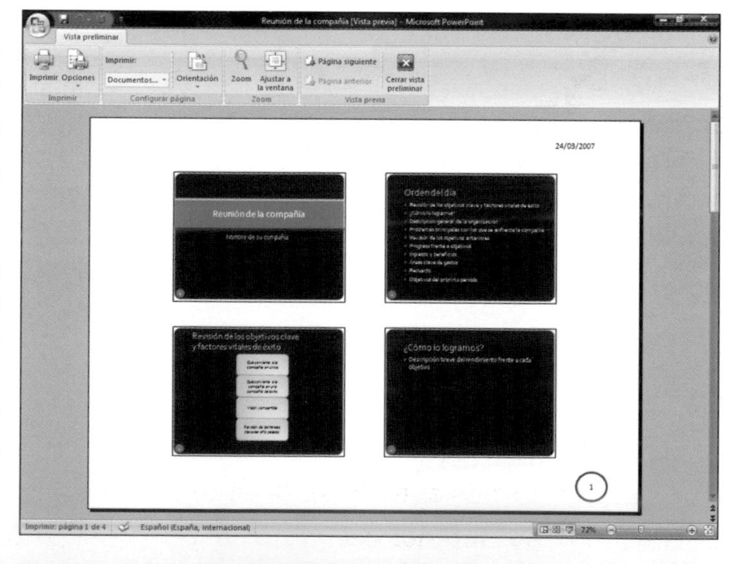

El área de muestra situada en la esquina inferior derecha del cuadro de diálogo Encabezado y pie de página ilustra mediante una representación de trazo grueso la posición de los elementos que activa el usuario tanto para el diseño de las diapositivas como para la vista de página de notas y demás documentación impresa.

Escribir texto en una diapositiva

En una diapositiva PowerPoint es posible disponer de distintos tipos de objetos de texto. Cuando se crea una nueva diapositiva con los patrones de la plantilla que utiliza la presentación actual, los objetos de texto (marcadores de texto) muestran un mensaje del tipo "Haga clic para agregar *nombre de elemento*". Para introducir texto en un marcador de una diapositiva:

1. Haga clic sobre el objeto de texto del marcador, en la posición del mensaje "Haga clic para agregar *nombre de elemento*". El mensaje desaparecerá y un cursor de edición mostrará la posición donde se escribirá el siguiente carácter.

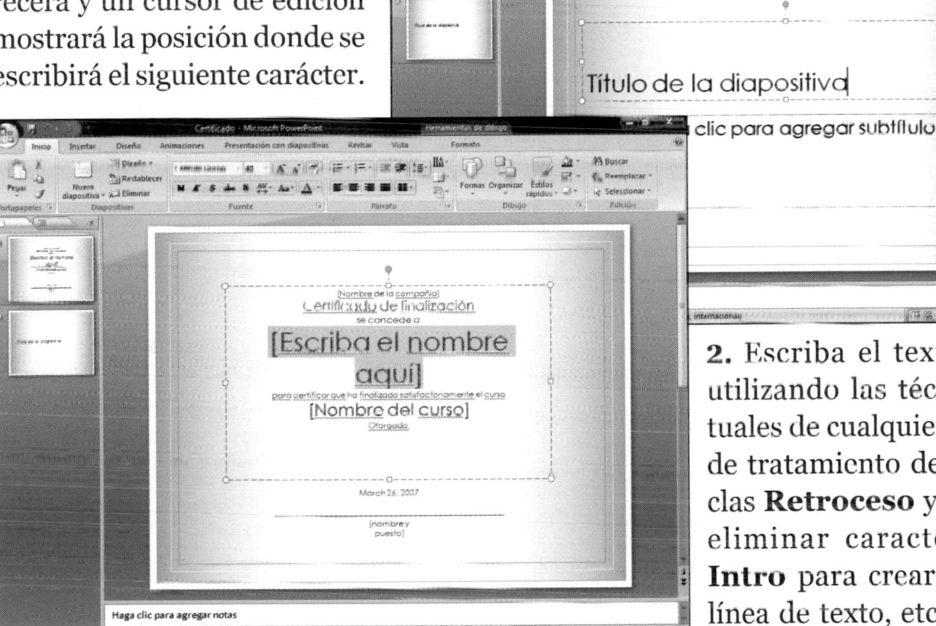

2. Escriba el texto deseado utilizando las técnicas habituales de cualquier aplicación de tratamiento de textos (teclas **Retroceso** y **Supr** para eliminar caracteres, tecla **Intro** para crear una nueva línea de texto, etc.).

3. Haga clic en cualquier espacio vacío fuera del objeto.

Para editar un fragmento de texto en una diapositiva de PowerPoint:

1. Haga clic en el interior del objeto de texto en la posición en la que desee comenzar a escribir o utilice las técnicas habituales de selección de cualquier tratamiento de textos convencional (doble clic para seleccionar una palabra completa, clic y arrastrar el ratón para seleccionar un fragmento de texto, etc.).

2. Escriba el nuevo texto utilizando las técnicas de edición habituales.

3. Haga clic sobre cualquier punto vacío fuera del objeto de texto para dar por finalizada la edición.

Líneas y flechas

Para insertar una línea o flecha en una diapositiva de PowerPoint 2007:

1. En el grupo Ilustraciones de la ficha Insertar de la Cinta de opciones de PowerPoint, haga clic sobre el botón **Formas** para desplegar su contenido.

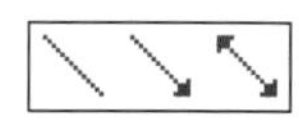

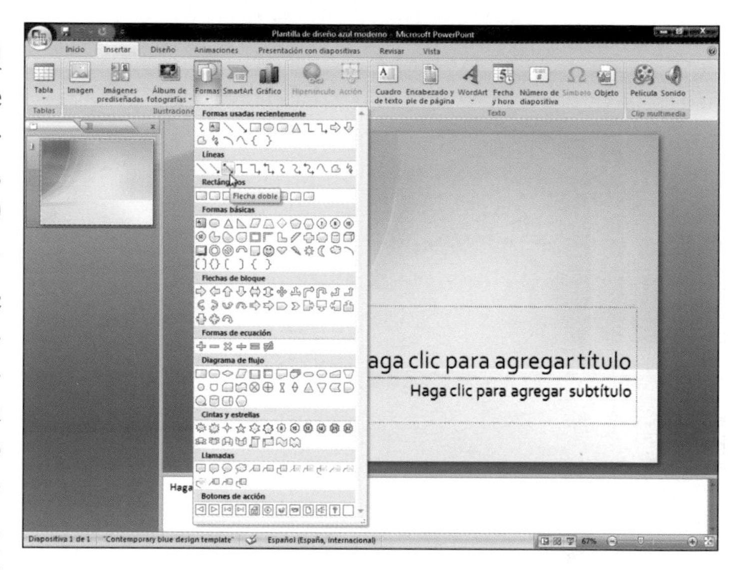

2. En la sección Líneas del menú desplegable, seleccione cualquiera de las herramientas de línea o flecha (**Línea**, **Flecha** o **Flecha doble**) haciendo clic sobre su icono.

3. A continuación, haga clic sobre la superficie de la diapositiva en el punto donde desee insertar una línea o flecha de dimensiones estándar o bien haga clic en el punto inicial de la línea o flecha y, manteniendo presionado el botón izquierdo del ratón, arrástrelo hasta la posición final de la línea o flecha.

Para modificar la forma de una línea o flecha en una diapositiva de PowerPoint 2007:

1. Seleccione la línea o flecha con la que desea trabajar haciendo clic sobre su superficie.

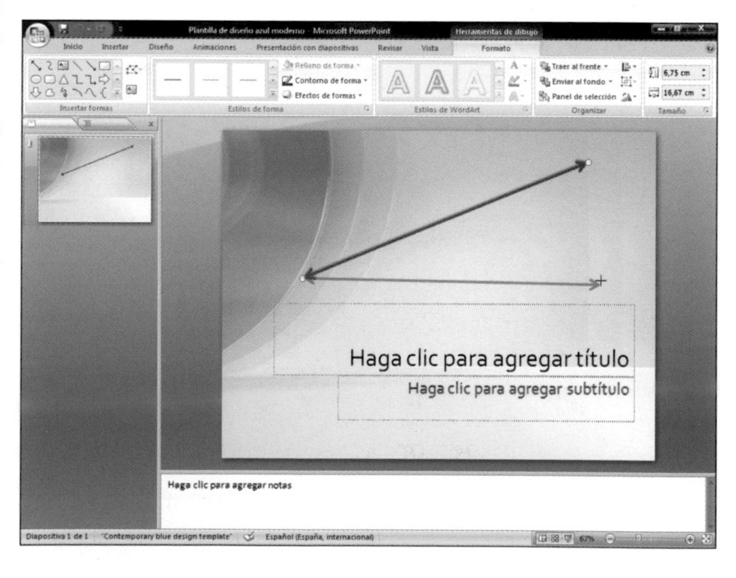

2. Seguidamente, sitúe el puntero del ratón en el extremo de la línea o flecha que desee modificar, hasta que el puntero tome la forma de una flecha de doble punta.

3. Haga clic y, manteniendo presionado el botón izquierdo del ratón, desplace el extremo de la línea o flecha hasta su nueva posición.

Conectores

Para insertar un conector entre dos objetos de una diapositiva PowerPoint:

1. En el grupo Ilustraciones de la ficha Insertar de la Cinta de opciones, haga clic sobre el botón **Formas** para desplegar su contenido.

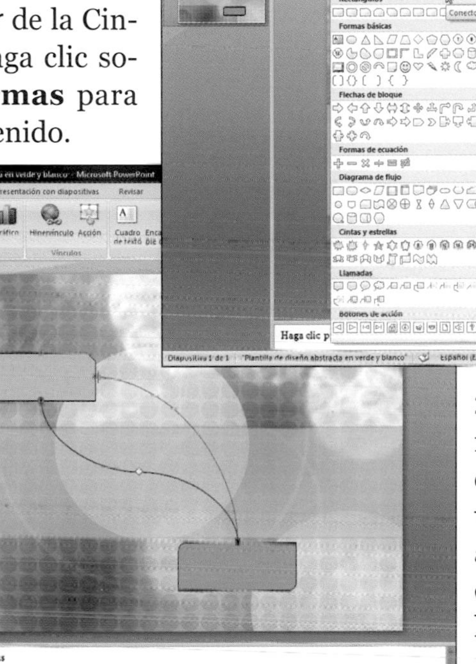

2. En la sección Líneas del menú desplegable, seleccione cualquiera de las herramientas de conector (**Conector angular, Conector angular de flecha, Conector angular de flecha doble**, etc.).

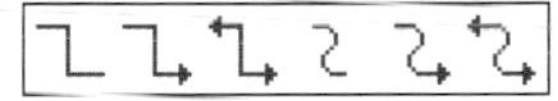

3. Sitúe el puntero del ratón sobre el primero de los objetos que desee conectar. Aparecerán una serie de manejadores alrededor de su contorno.

4. Acerque el puntero del ratón al manejador o la posición donde desee iniciar la conexión.

5. Haga clic y, manteniendo presionado el botón izquierdo del ratón, arrástrelo hasta la posición deseada en el segundo objeto a conectar.

Para modificar la forma de un conector en una diapositiva de PowerPoint 2007:

1. Seleccione el conector que desea modificar haciendo clic sobre su superficie.

2. Si está disponible, sitúe el puntero del ratón sobre el punto central del conector ◇ para modificar su recorrido o sobre cualquiera de los extremos para modificar la posición de los mismos.

3. Haga clic y, manteniendo presionado el botón izquierdo del ratón, desplácelo hacia la nueva posición.

Curvas

Para insertar una línea curva en una diapositiva PowerPoint:

1. En el grupo Ilustraciones de la ficha Insertar de la Cinta de opciones de PowerPoint, haga clic sobre el botón **Formas** para desplegar su contenido.

2. En la sección Líneas del menú desplegable, seleccione la herramienta **Curva** haciendo clic sobre su icono.

3. Sitúe el puntero del ratón en el punto donde desee iniciar el trazado de la curva y haga clic.

4. Arrastre el ratón hasta la posición en la que desee introducir el primer punto de inflexión de la curva y haga clic nuevamente para definir dicho punto.

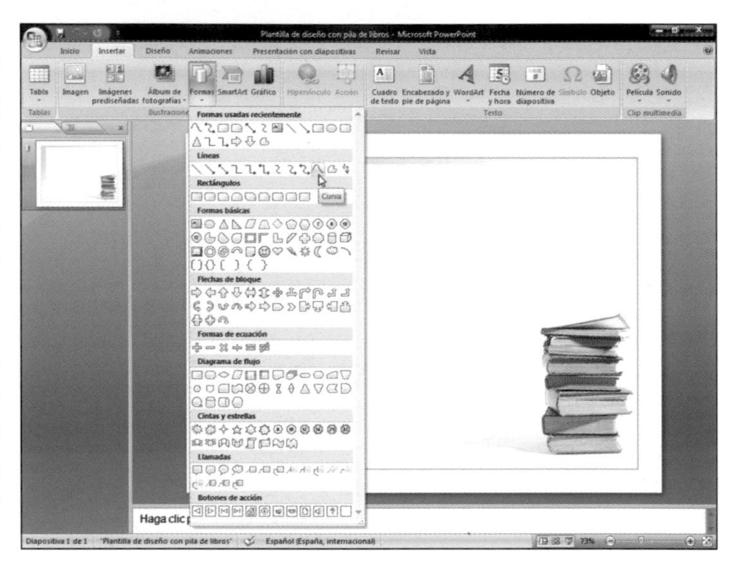

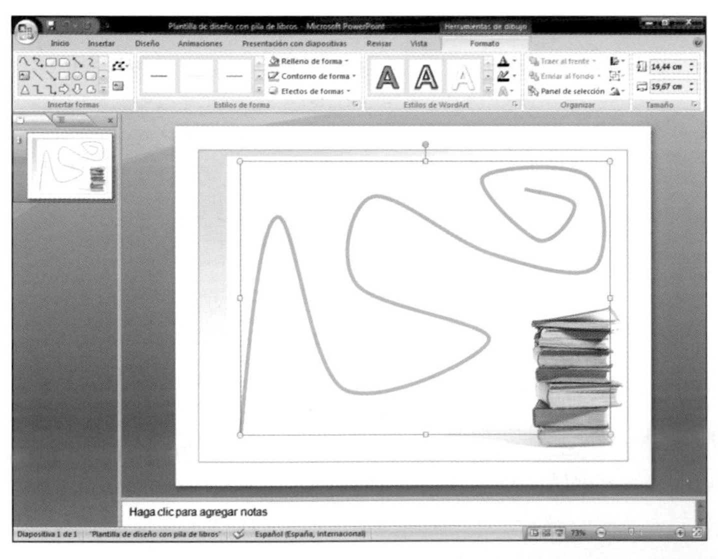

5. Arrastre el ratón para definir la curvatura del primer tramo de la curva y la posición del siguiente punto de inflexión. Repita de esta forma los pasos 4 y 5 hasta definir la forma total de la curva.

6. Para completar el trazado de la curva, haga doble clic sobre el último punto de la misma.

Si pulsa las teclas **Intro** o **Esc**, la curva se completará en el punto de inflexión donde haya hecho clic en último lugar.

Forma libre

Para crear un trazado cerrado de forma irregular en PowerPoint 2007:

1. En el grupo Ilustraciones de la ficha Insertar de la Cinta de opciones de PowerPoint, haga clic sobre el botón **Formas** para desplegar su contenido.

2. En la sección Líneas del menú desplegable, seleccione la herramienta **Forma libre** haciendo clic sobre su icono.

3. Haga clic sobre el punto en el que desee colocar el primer vértice de la forma.

4. Para crear una línea recta en la forma, desplace el puntero del ratón hacia el siguiente vértice de la forma y haga clic.

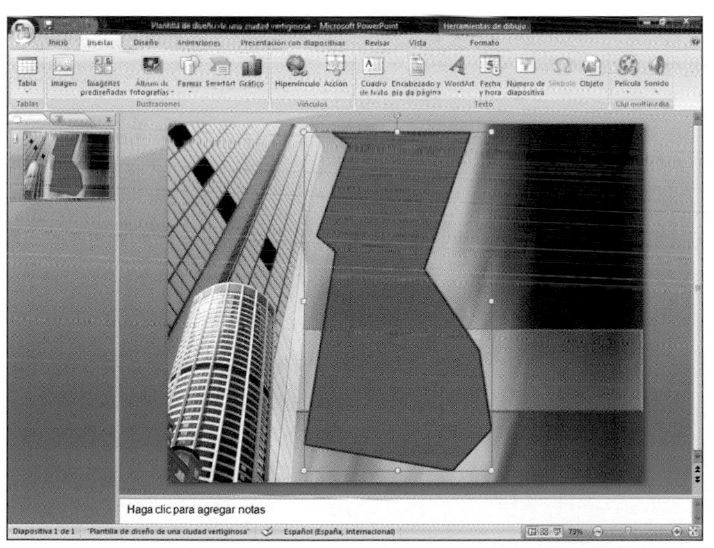

5. Para crear una línea irregular en la forma, haga clic y, manteniendo presionado el botón izquierdo del ratón, desplácelo por la pantalla hasta conseguir el aspecto deseado.

6. Para cerrar el contorno de la forma haga doble clic (una línea recta conectará el último punto seleccionado con el punto inicial de la forma) o haga clic sobre el punto inicial de la forma.

También puede cerrar la forma que está dibujando haciendo clic sobre el punto inicial de la misma.

Dibujo a mano alzada

Para crear un dibujo a mano alzada en una diapositiva de PowerPoint 2007:

1. En el grupo Ilustraciones de la ficha Insertar de la Cinta de opciones, haga clic sobre el botón **Formas** para desplegar su contenido.

2. En la sección Líneas del menú desplegable, seleccione la herramienta **A mano alzada** haciendo clic sobre su icono.

3. Haga clic en la diapositiva en el punto donde desee iniciar el trazado.

4. Sin soltar el botón del ratón, desplácelo siguiendo el contorno del trazado a mano alzada que desee realizar.

5. Para completar el trazado, suelte el botón izquierdo del ratón.

PowerPoint crea automáticamente un objeto cerrado al utilizar la herramienta **A mano alzada**. El contorno de este objeto sólo abarcará el trazado que haya realizado con el movimiento del ratón. PowerPoint cerrará automáticamente el fondo del objeto en línea recta. Si desea realizar un trazado completo, suelte el ratón cuando se encuentre situado nuevamente sobre el punto inicial.

Para cancelar la creación de un trazado a mano alzada, pulse las teclas **Intro** o **Esc** sin dejar de presionar el botón izquierdo del ratón.

Llamadas

Para añadir una llamada o bocadillo en una diapositiva de PowerPoint 2007:

1. En el grupo Ilustraciones de la ficha Insertar de la Cinta de opciones de PowerPoint, haga clic sobre el botón **Formas** para desplegar su contenido.

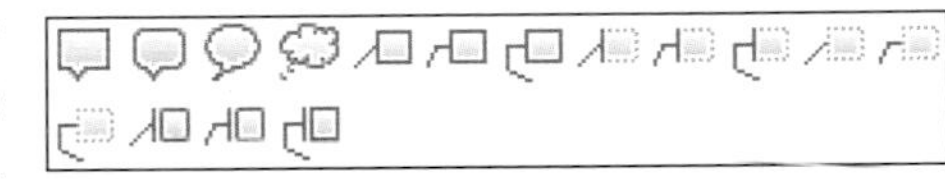

2. En la sección Llamadas del menú desplegable, seleccione cualquiera de las herramientas de llamada disponibles (**Llamada rectangular**, **Llamada rectangular redondeada**, **Llamada ovalada**, etc.) haciendo clic sobre su icono.

3. Haga clic sobre la superficie de la diapositiva en el punto donde desee colocar una llamada de tamaño estándar.

O bien:

1. Haga clic y arrastre el ratón hasta conseguir una llamada con el tamaño y proporciones que desee.

Para modificar el aspecto de una llamada en una diapositiva de PowerPoint:

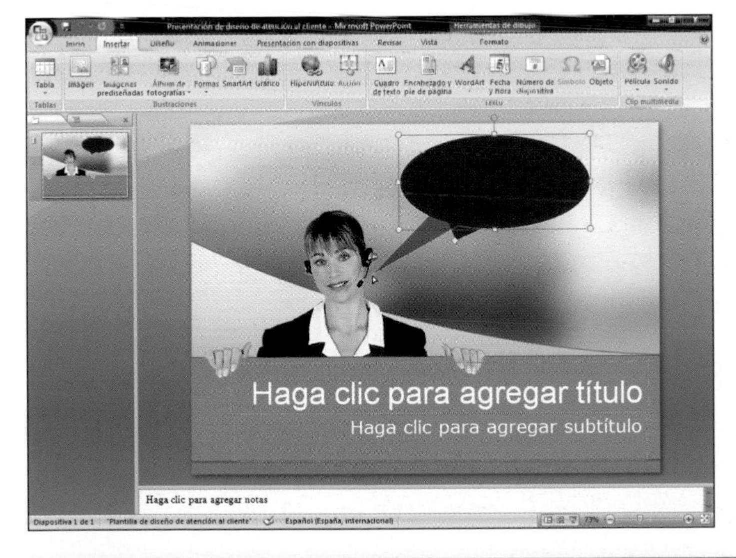

1. Seleccione la llamada que desea modificar haciendo clic sobre su superficie.

2. Sitúe el puntero del ratón sobre el manejador de salida de la llamada ◇. El puntero del ratón tomará la forma de una pequeña punta de flecha.

3. Haga clic y, manteniendo presionado el botón izquierdo del ratón, desplácelo hacia la nueva posición.

Otras formas

Dentro del menú del botón **Formas** del grupo Ilustraciones de la ficha Insertar de la Cinta de opciones, PowerPoint 2007 pone a nuestra disposición un gran número de autoformas predefinidas de gran utilidad organizadas por categorías:

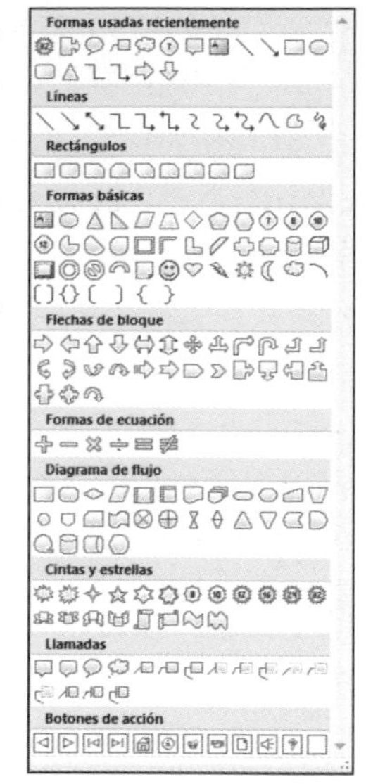

- Formas usadas recientemente. Contiene las últimas formas que se han utilizado en el programa.
- Rectángulos. Todo tipo de rectángulos rectos, redondeados y truncados.
- Formas básicas. Triángulos, polígonos y símbolos comunes.
- Flechas de bloque. Incluye distintos tipos de diseños con forma de flecha.
- Formas de ecuación. Formas que representan diferentes símbolos matemáticos.

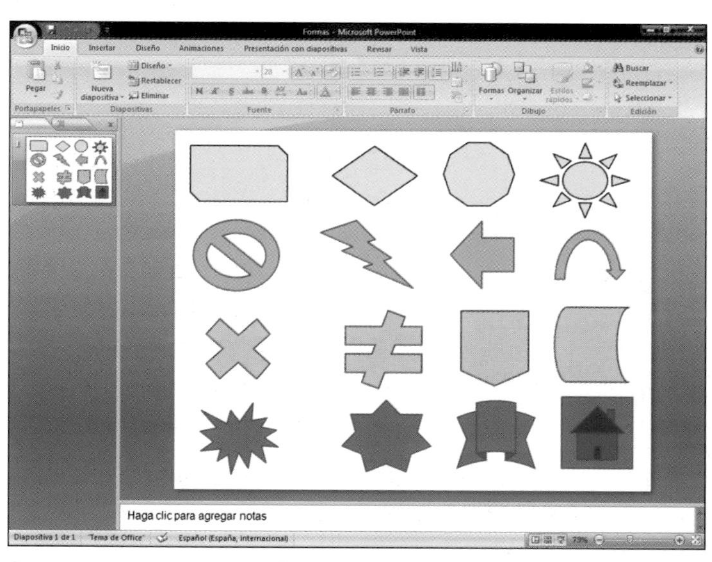

- Diagrama de flujo. Formas para la construcción de bloques de diagramas de flujo.
- Cintas y estrellas. Estrellas regulares e irregulares con distintos números de puntas y formas de cintas.
- Botones de acción. Formas ideadas para utilizar como botones para realizar acciones durante la reproducción de una representación.

Como norma general, para colocar cualquiera de estas formas en una diapositiva:

1. Haga clic sobre el botón **Formas** del grupo Ilustraciones de la ficha Insertar de la Cinta de opciones.

2. En la sección correspondiente del menú desplegable, seleccione el tipo de forma que desea utilizar haciendo clic sobre su icono.

3. Haga clic sobre la superficie de la diapositiva en para crear una forma de tamaño estándar o haga clic y, manteniendo presionado el botón izquierdo del ratón, arrástrelo hasta conseguir el tamaño y la proporción deseada para la forma.

Cuadros de texto

Los cuadros de texto permiten introducir objetos de texto en una diapositiva PowerPoint. Para crear un cuadro de texto:

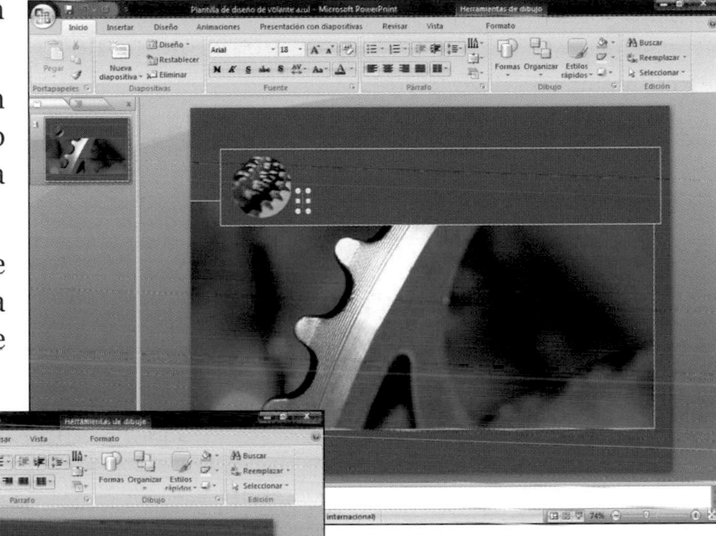

1. Haga clic sobre el botón **Cuadro de texto** del grupo Texto de la ficha Insertar de la Cinta de Opciones.

2. Para crear un cuadro de texto vacío, haga clic sobre la diapositiva, en el punto en que desee insertar el elemento.

O bien:

2. Para crear un cuadro de texto de un ancho determinado, haga clic sobre la diapositiva en el punto donde desee insertar el nuevo elemento y, manteniendo presionado el botón del ratón, arrástrelo hasta definir el ancho del cuadro de texto deseado.

3. Escriba el texto que desee incluir en el cuadro de texto. Puede utilizar las técnicas de edición habituales, empleando las teclas **Retroceso** y **Supr** para eliminar caracteres, la tecla **Intro** para crear una nueva línea, etc.

4. Cuando haya finalizado la edición, haga clic sobre cualquier espacio vacío fuera del cuadro de texto o pulse la tecla **Esc** para completar el proceso.

Si crea un cuadro de texto vacío, su anchura se irá ampliando a medida que vaya introduciendo nuevos caracteres. Si crea un cuadro de texto de una anchura determinada, el texto irá ocupando el espacio disponible en el ancho especificado. Cuando la escritura sobrepase dicha anchura, la altura del cuadro de texto se irá ampliando para albergar nuevas líneas.

Símbolos

Para insertar un símbolo en el contenido de un cuadro de texto de PowerPoint 2007:

1. Seleccione el punto del cuadro de texto donde desee introducir el nuevo símbolo. Sitúe el puntero del ratón sobre el objeto de texto hasta que tome la forma de una barra vertical y haga clic para colocar sobre dicho punto el puntero de edición.

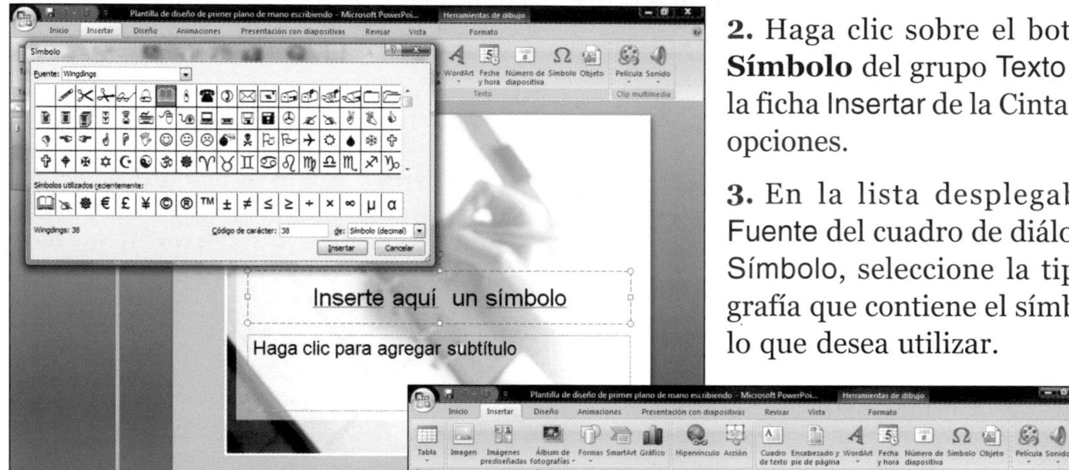

2. Haga clic sobre el botón **Símbolo** del grupo Texto de la ficha Insertar de la Cinta de opciones.

3. En la lista desplegable Fuente del cuadro de diálogo Símbolo, seleccione la tipografía que contiene el símbolo que desea utilizar.

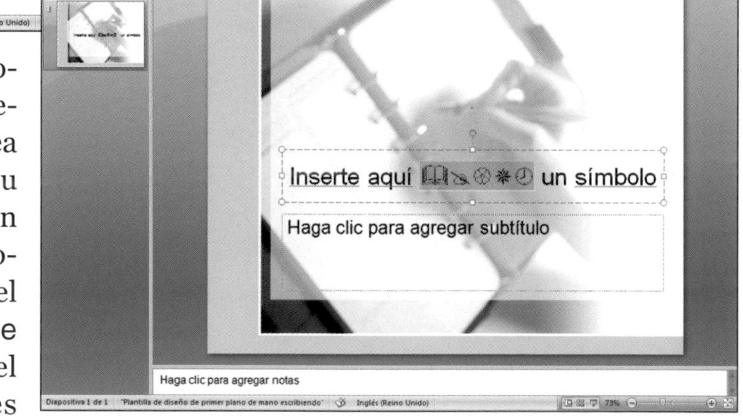

4. En la lista central de iconos del cuadro de diálogo, seleccione el símbolo que desea utilizar haciendo clic sobre su imagen. Si lo desea, también puede seleccionar un símbolo escribiendo su código en el cuadro de texto Código de carácter (y seleccionando el subconjunto de caracteres deseado en la lista desplegable de contigua). Si ha utilizado el mismo símbolo recientemente, otra opción es seleccionarlo en la lista Símbolos utilizados recientemente del borde inferior del cuadro de diálogo.

5. A continuación, haga clic sobre el botón **Insertar** para introducir el símbolo en el texto.

6. Repita los pasos 3 a 5 para insertar todos los símbolos adicionales que desee.

7. Finalmente, podrá cerrar el cuadro de diálogo Símbolo haciendo clic sobre el botón **Cancelar**.

Hipervínculos

Para insertar un hipervínculo en un fragmento de texto de una diapositiva:

1. En la diapositiva, seleccione el fragmento de texto al que desea asociar el nuevo hipervínculo. Recuerde que puede utilizar las técnicas de selección habituales de cualquier tratamiento de textos: doble clic para seleccionar una palabra, clic y arrastrar el ratón para seleccionar un rango de caracteres, etc.

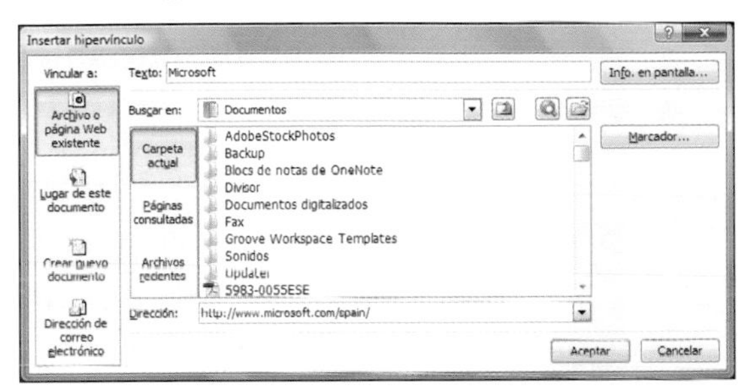

2. Haga clic sobre el botón **Hipervínculo** del grupo Vínculos de la ficha Insertar de la Cinta de opciones.

3. En el panel Vincular a del cuadro de diálogo Insertar hipervínculo, asegúrese de seleccionar el botón **Archivo o página Web existente**.

4. Para crear un vínculo a un archivo del sistema, use la lista desplegable Buscar en y la lista central del cuadro de diálogo para localizar la carpeta que contiene dicho archivo. Selecciónelo haciendo clic sobre su icono en la lista central o escriba su nombre en el cuadro de texto Dirección.

O bien:

4. Para crear un vínculo a una página Web externa, escriba su URL en el cuadro de texto Dirección.

5. Si lo desea, modifique el texto del hipervínculo utilizando el cuadro de texto Texto del borde superior del cuadro de diálogo.

6. Si lo desea, haga clic sobre el botón **Info. en pantalla** para introducir el texto que aparecerá cuando se sitúe el puntero del ratón sobre el hipervínculo. En el cuadro de diálogo Establecer información en pantalla para hipervínculo, escriba el texto correspondiente y haga clic sobre el botón **Aceptar**.

7. Haga clic sobre el botón **Aceptar** en el cuadro de diálogo Insertar hipervínculo para completar el proceso.

Imágenes prediseñadas

Microsoft Office pone a nuestra disposición una serie de imágenes prediseñadas para utilizar en nuestras presentaciones. Para insertar una imagen prediseñada en una diapositiva de PowerPoint:

1. Seleccione la diapositiva donde desea insertar la nueva imagen prediseñada.

2. Haga clic sobre el botón **Imágenes prediseñadas** del grupo Ilustraciones de la ficha Insertar de la Cinta de opciones.

3. En el cuadro de texto Buscar del panel Imágenes prediseñadas que aparecerá en el lateral derecho de la ventana de PowerPoint, escriba el criterio de búsqueda de las imágenes que desea localizar.

4. Si lo desea, en las listas desplegables Buscar en y Los resultados deben ser, seleccione las bibliotecas donde desea realizar la búsqueda y el tipo de archivos de imagen resultante que desea obtener.

5. A continuación, haga clic sobre el botón **Buscar**.

6. En la lista de resultados, localice la imagen que desea utilizar en su diapositiva. Es muy probable, que tenga que utilizar la barra de desplazamiento vertical del panel para acceder a todas las imágenes disponibles.

7. Haga doble clic sobre la imagen. O bien, haga clic sobre la imagen y arrástrela hacia la posición de la diapositiva donde desee insertarla. O bien, sitúe el puntero del ratón sobre la imagen, haga clic sobre el botón en forma de punta de flecha del lateral derecho y, en el menú desplegable, ejecute el comando Insertar.

Objetos

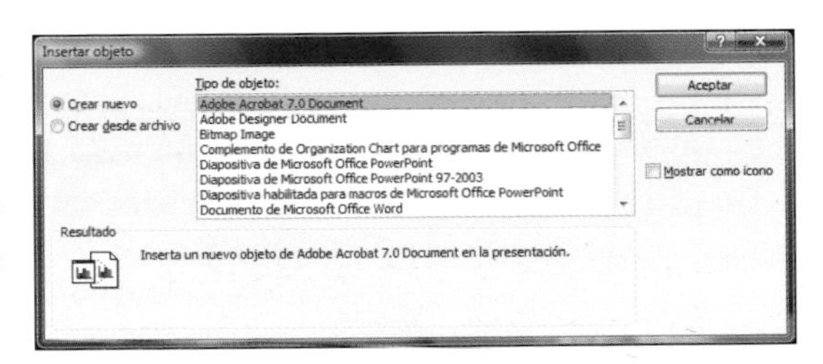

1. Seleccione la diapositiva donde desea insertar el nuevo objeto.

2. Haga clic sobre el botón **Objeto** del grupo Texto de la ficha Insertar de la Cinta de opciones de PowerPoint.

3. En el cuadro de diálogo Insertar objeto, active la opción Crear nuevo.

4. En la lista Tipo de objeto, seleccione el tipo de objeto que desea incorporar a su diapositiva.

5. Haga clic sobre el botón **Aceptar**. Se abrirá una copia del programa asociado al tipo de objeto seleccionado o un cuadro de diálogo para localizar un archivo del tipo de objeto correspondiente en el sistema.

O bien:

1. En el cuadro de diálogo Insertar objeto, active la opción Crear desde archivo.

2. En el cuadro de texto Archivo, escriba la ruta completa del archivo del objeto que desea insertar o haga clic sobre el botón **Examinar...** para localizarlo en el sistema. En el cuadro de diálogo Examinar, localice la carpeta que contiene el archivo que desea insertar, selecciónelo en la lista central o escriba su nombre en el cuadro de texto Nombre de archivo y haga clic sobre el botón **Abrir**.

3. Haga clic sobre el botón **Aceptar** en el cuadro de diálogo Insertar objeto.

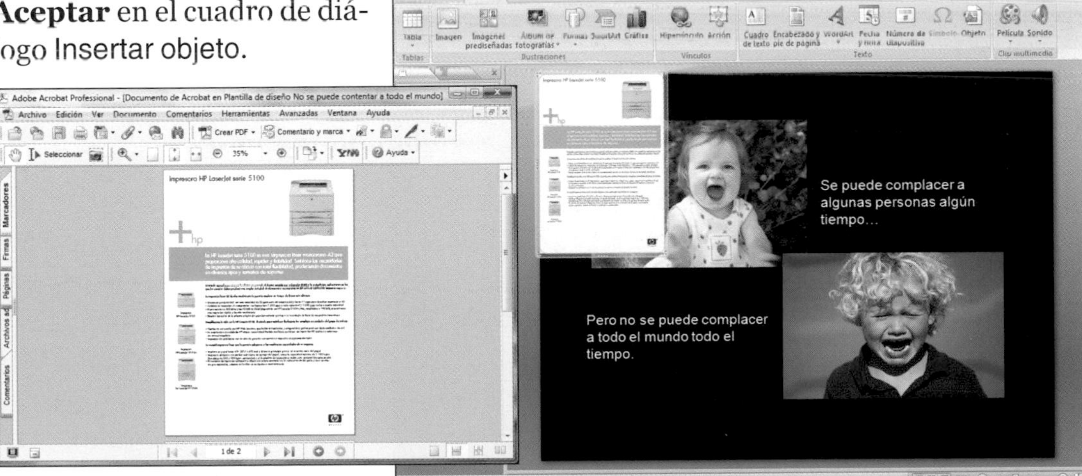

Películas de archivo

Para insertar una película de archivo en una diapositiva de PowerPoint:

1. Haga clic sobre la mitad inferior del botón **Película** del grupo Clip multimedia de la ficha Insertar de la Cinta de opciones.
2. En el menú desplegable, ejecute el comando Película de archivo... haciendo clic sobre su nombre.
3. En el cuadro de diálogo Insertar película, localice la carpeta que contiene el archivo de vídeo que desea insertar.

Si lo desea, puede filtrar distintos tipos de archivos de vídeo en el cuadro de diálogo Insertar película, utilizando la lista desplegable Archivos de película situada junto al cuadro de texto Nombre de archivo.

4. En la lista central, seleccione el archivo de vídeo haciendo clic sobre su imagen o escriba su nombre en el cuadro de texto Nombre de archivo.
5. Haga clic sobre el botón **Abrir**.
6. Aparecerá un cuadro de diálogo que le permitirá elegir la forma de iniciar la reproducción del archivo de vídeo que se dispone a introducir en la diapositiva.

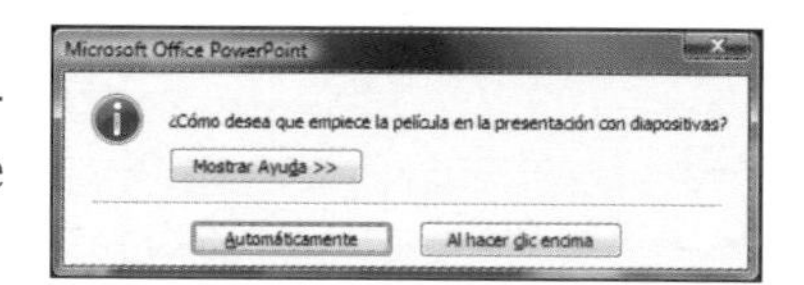

7. Haga clic sobre el botón **Automáticamente** para iniciar la reproducción del vídeo de forma automática al mostrarse la diapositiva o sobre el botón **Al hacer clic encima** para mantener pausada la reproducción hasta que el usuario haga clic sobre el objeto de vídeo.

Películas de la Galería multimedia

Microsoft Office también incluye un buen número de vídeos y animaciones para introducir en nuestras presentaciones. Para insertar una película de la Galería multimedia en una diapositiva de PowerPoint:

1. Haga clic sobre la mitad inferior del botón **Película** del grupo Clip multimedia de la ficha Insertar.

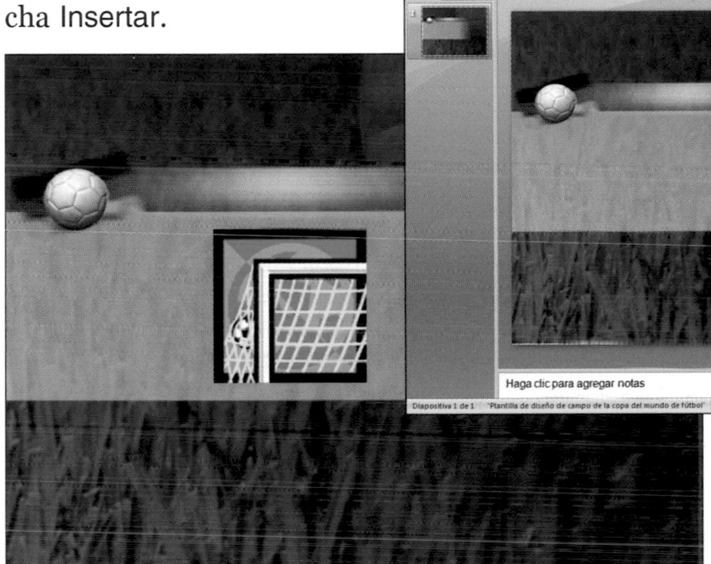

2. En el menú desplegable, ejecute el comando Película de la Galería multimedia haciendo clic sobre su nombre.

3. En el cuadro de texto Buscar del panel Imágenes prediseñadas, escriba el criterio de búsqueda de las películas que desea localizar.

4. Si lo desea, en la lista desplegable Buscar en, seleccione las bibliotecas donde desea realizar la búsqueda. Asegúrese también de que en la lista desplegable Los resultados deben ser, se encuentra activada la categoría de objetos Películas.

5. Haga clic sobre el botón **Buscar**.

6. En la lista de resultados, localice la película que desea utilizar en su diapositiva.

7. Haga doble clic sobre la película. O bien, haga clic sobre su imagen y arrástrela hacia la posición de la diapositiva donde desee insertarla. O bien, sitúe el puntero del ratón sobre la imagen de la película, haga clic sobre el botón en forma de punta de flecha del lateral derecho y, en el menú desplegable, ejecute el comando Insertar.

Puede cerrar el panel Imágenes prediseñadas haciendo clic sobre el botón **Cerrar** x situado en su esquina superior derecha.

Sonidos de archivo

Para insertar un archivo de sonido en una diapositiva de PowerPoint:

1. Haga clic sobre la mitad inferior del botón **Sonido** del grupo Clip multimedia de la ficha Insertar de la Cinta de opciones.

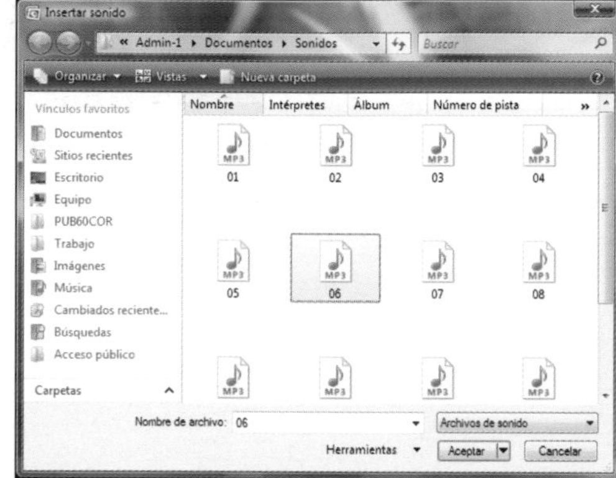

2. En el menú desplegable, ejecute el comando Sonido de archivo.

3. En el cuadro de diálogo Insertar sonido, localice la carpeta que contiene el archivo de sonido que desea insertar.

4. En la lista central, seleccione el archivo de sonido haciendo clic sobre su icono o escriba su nombre en el cuadro de texto Nombre de archivo.

Si lo desea, puede filtrar distintos tipos de archivos de sonido en el cuadro de diálogo Insertar sonido, utilizando la lista desplegable Archivos de sonido situada junto al cuadro de texto Nombre de archivo.

5. Haga clic sobre el botón **Abrir**.

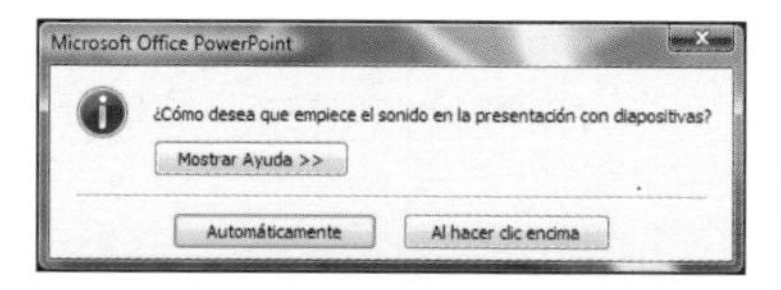

6. Aparecerá un cuadro de diálogo que le permitirá elegir la forma de iniciar la reproducción del archivo de sonido que se dispone a introducir en la diapositiva.

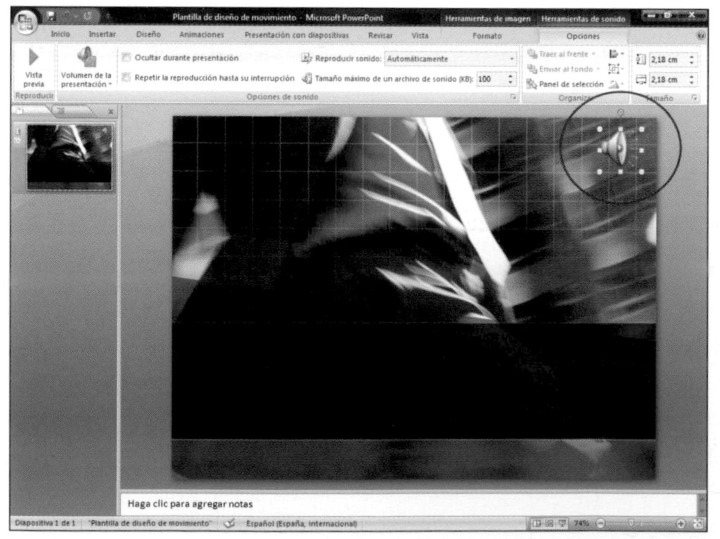

7. Para finalizar, haga clic sobre el botón **Automáticamente** para iniciar la reproducción del sonido de forma automática al mostrarse la diapositiva o sobre el botón **Al hacer clic encima** para mantener pausada la reproducción hasta que el usuario haga clic sobre el icono del objeto de sonido.

Sonidos de la Galería multimedia

1. Haga clic sobre la mitad inferior del botón **Sonido** del grupo Clip multimedia de la ficha Insertar.

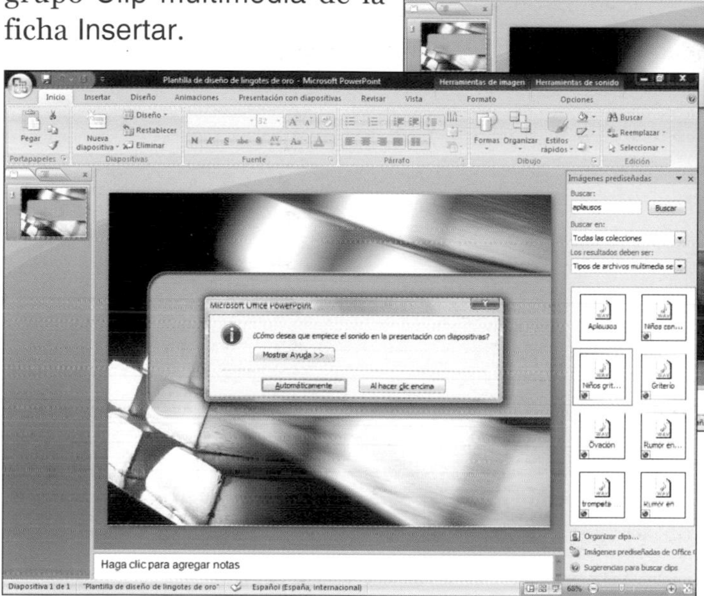

2. En el menú desplegable, ejecute el comando Sonido de la Galería multimedia haciendo clic sobre su nombre.

3. En el cuadro de texto Buscar del panel Imágenes prediseñadas que aparecerá en el lateral derecho de la ventana de PowerPoint, escriba el criterio de búsqueda de los sonidos que desea localizar.

4. Si lo desea, en la lista desplegable Buscar en, seleccione las bibliotecas donde desea realizar la búsqueda. Asegúrese también de que en la lista desplegable Los resultados deben ser, se encuentra activada la categoría de objetos Sonidos.

5. Haga clic sobre el botón **Buscar**.

6. En la lista de resultados, localice el sonido que desea utilizar en su diapositiva.

7. Haga doble clic sobre su icono. O bien, haga clic sobre el icono del sonido y arrástrelo hacia la posición de la diapositiva donde desee insertarlo. O bien, sitúe el puntero del ratón sobre el icono del sonido, haga clic sobre el botón en forma de punta de flecha del lateral derecho y, en el menú desplegable, ejecute el comando Insertar.

8. Aparecerá un cuadro de diálogo que le permitirá elegir la forma de iniciar la reproducción del archivo de sonido que se dispone a introducir en la diapositiva.

9. Haga clic sobre el botón **Automáticamente** para iniciar la reproducción del sonido de forma automática al mostrarse la diapositiva o sobre el botón **Al hacer clic encima** para mantener pausada la reproducción hasta que el usuario haga clic sobre el icono del objeto de sonido.

Reproducir una pista de audio de CD

Para sincronizar la reproducción de un CD de audio con una presentación:

1. Seleccione la diapositiva donde desee iniciar la reproducción del CD de audio.

2. Inserte el CD de audio que desee reproducir en la unidad correspondiente.

3. Haga clic sobre la mitad inferior del botón **Sonido** del grupo Clip multimedia de la ficha Insertar.

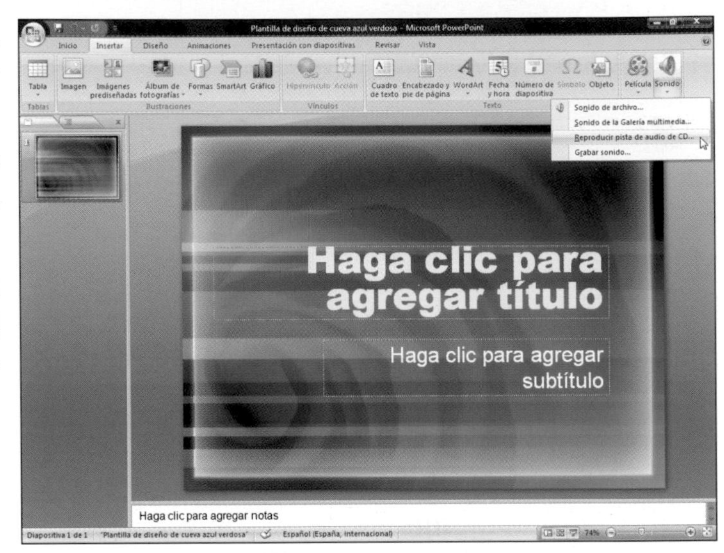

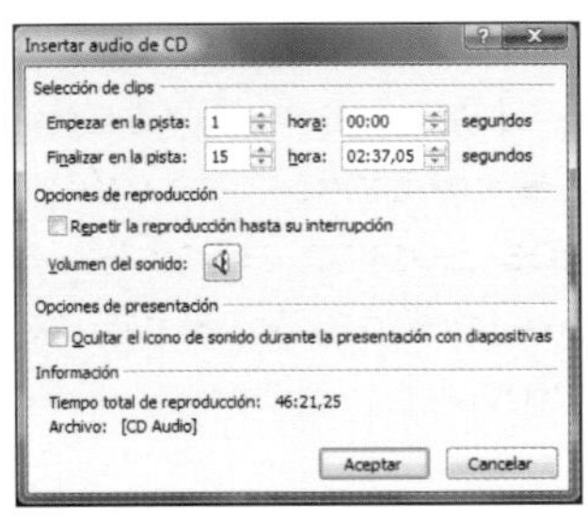

4. En el menú desplegable, ejecute el comando Reproducir pista de audio de CD haciendo clic sobre su nombre.

5. En la sección Selección de clips del cuadro de diálogo Insertar audio de CD, seleccione la pista inicial y final de la reproducción mediante los cuadros de texto Empezar en la pista y Finalizar en la pista. Si lo desea, especifique también el fragmento de las pistas correspondientes que desea escuchar mediante los cuadros de texto de hora contiguos.

6. A continuación, en la sección Opciones de reproducción, indique si desea repetir automáticamente la reproducción de las pistas seleccionadas y especifique el nivel de volumen mediante la barra deslizante del botón Volumen del sonido.

7. En la sección Opciones de presentación, indique si desea o no mostrar el icono de representación del sonido desactivando o activando la casilla de verificación correspondiente.

8. Haga clic sobre el botón **Aceptar**.

9. Aparecerá un cuadro de diálogo que le permitirá elegir la forma de iniciar la reproducción del disco. Haga clic sobre el botón **Automáticamente** para iniciar la reproducción de forma automática al mostrarse la diapositiva o sobre el botón **Al hacer clic encima** para mantener pausada la reproducción hasta que el usuario haga clic sobre el icono del objeto de sonido.

Grabar sonidos

También podemos grabar nuestros propios sonidos para acompañar una presentación de PowerPoint 2007:

1. Seleccione la diapositiva donde desee realizar la grabación de sonido.

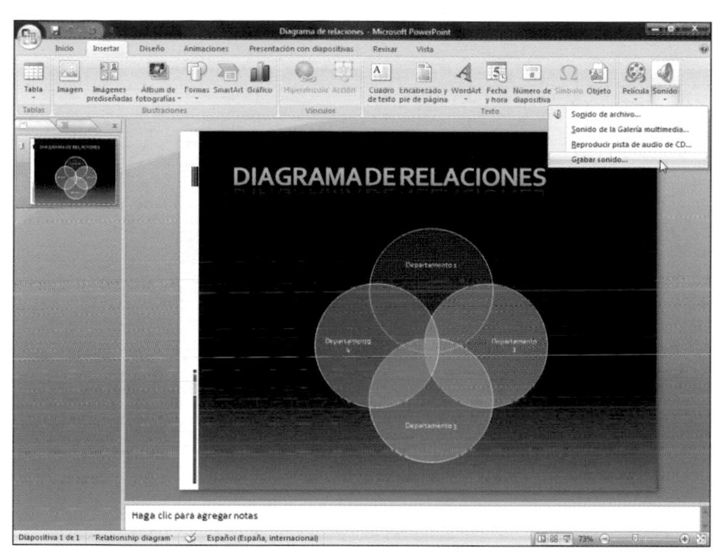

2. Haga clic sobre la mitad inferior del botón **Sonido** del grupo Clip multimedia de la ficha Insertar de la Cinta de opciones de PowerPoint.

3. En el menú desplegable, ejecute el comando Grabar sonido haciendo clic sobre su nombre.

4. En el cuadro de texto Nombre del cuadro de diálogo Grabar sonido, especifique un nombre para la nueva grabación.

5. Haga clic sobre el botón ● para iniciar la grabación.

6. Si desea interrumpir en cualquier momento de forma temporal la grabación, haga clic sobre el botón ■.

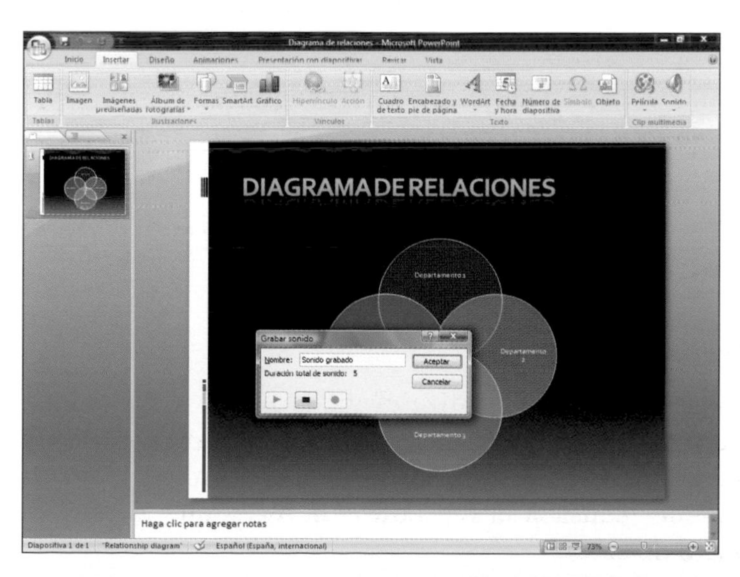

7. Para escuchar el fragmento de sonido grabado hasta el momento, haga clic sobre el botón ▶.

8. Para reiniciar de nuevo la grabación en cualquier punto, haga clic una vez más sobre el botón ●.

9. Cuando esté satisfecho con la grabación, haga clic sobre el botón **Aceptar**.

Capítulo 3 Trabajar con diapositivas

Seleccionar diapositivas

Para recorrer las diapositivas de una presentación en la vista Normal de PowerPoint:

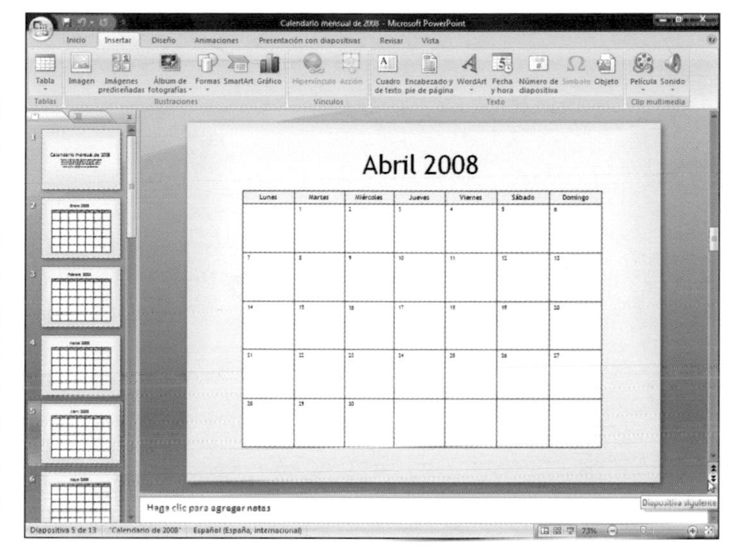

1. Active la vista de diapositivas en el panel de diapositivas y esquemas haciendo clic sobre su etiqueta.

2. En el panel de diapositivas, haga clic sobre la representación de la diapositiva con la que desee trabajar. Si la diapositiva que desea emplear se encuentra fuera de los límites del panel, utilice la barra de desplazamiento de su lateral derecho.

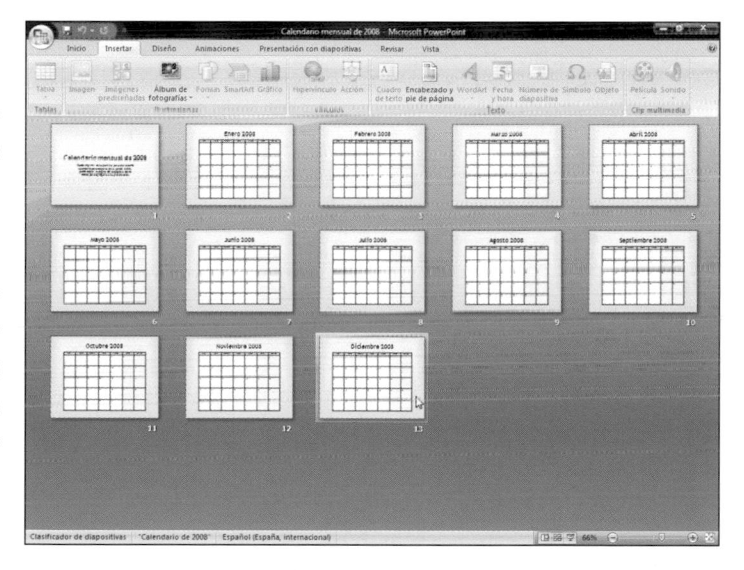

O bien:

1. Utilice la barra de desplazamiento del lateral derecho de la ventana.

O bien:

1. Haga clic sobre los botones **Diapositiva anterior** y **Diapositiva siguiente** situados bajo la barra de desplazamiento para recorrer las distintas diapositivas.

O bien:

1. Pulse las teclas **RePág** o **Flecha arriba** para seleccionar la diapositiva anterior a la diapositiva actualmente seleccionada o las teclas **AvPág** o **Flecha abajo** para acceder a la diapositiva siguiente a la diapositiva actualmente seleccionada.

Para seleccionar una diapositiva en la vista Clasificador de diapositivas:

1. Haga clic sobre su representación en la vista.

Insertar diapositivas

Para introducir una nueva diapositiva en una presentación PowerPoint 2007:

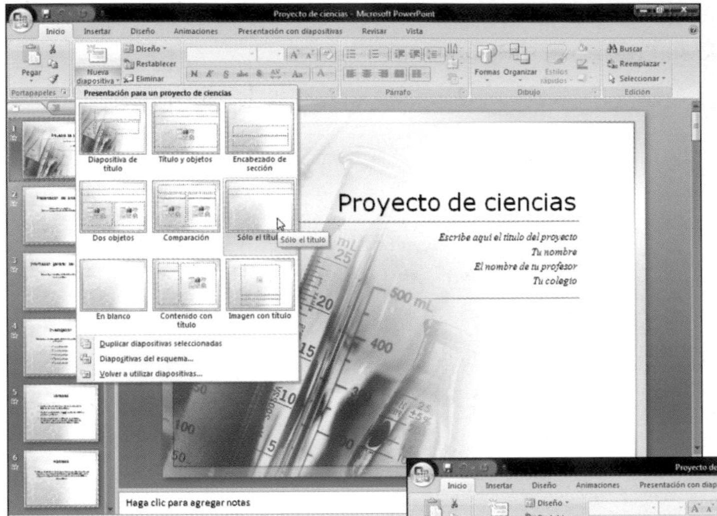

1. En el panel de diapositivas, de la vista Normal, seleccione la diapositiva anterior a la posición donde desee insertar la nueva diapositiva.

O bien:

1. En la vista Clasificador de diapositivas, seleccione la diapositiva anterior a la posición donde desee insertar la nueva diapositiva.

2. Para insertar una nueva diapositiva con el diseño predeterminado de la plantilla actual, haga clic sobre la parte superior del botón **Nueva diapositiva** del grupo Diapositivas de la ficha Inicio.

O bien:

1. Para elegir el tipo de diseño de diapositiva que desea insertar, haga clic sobre la mitad inferior del botón **Nueva diapositiva** del grupo Diapositivas de la ficha Inicio de la Cinta de opciones y, en el menú desplegable, selecciónelo haciendo clic sobre su imagen.

También puede insertar una nueva diapositiva haciendo clic en el espacio de separación entre dos diapositivas en las vistas Normal o Clasificador de diapositivas de PowerPoint. Una vez seleccionada la posición de inserción de esta manera, pulse la tecla **Intro** para crear una diapositiva con el diseño predeterminado o utilice el menú desplegable del botón **Nueva diapositiva** del grupo Diapositivas de la ficha Inicio de la Cinta de opciones.

Copiar y mover diapositivas

Para mover una diapositiva dentro de una presentación de PowerPoint:

1. Localice y seleccione la diapositiva que desea mover en el panel de diapositivas de la vista Normal o en la vista Clasificador de diapositivas.

2. Manteniendo presionado el botón izquierdo del ratón, arrastre la diapositiva hacia su nueva posición.

O bien:

1. Haga clic con el botón derecho del ratón sobre la imagen de la diapositiva que desee mover, bien en el panel de diapositivas de la vista Normal o en la vista Clasificador de diapositivas.

2. En el menú contextual, ejecute el comando Cortar.

3. Haga clic con el botón derecho del ratón en el espacio de separación donde desee mover la diapositiva seleccionada anteriormente.

4. En el menú contextual, ejecute el comando Pegar.

Para copiar una diapositiva de una posición a otra dentro de una presentación de:

1. Localice y seleccione la diapositiva que desea copiar en el panel de diapositivas de la vista Normal o en la vista Clasificador de diapositivas.

2. Manteniendo presionado el botón izquierdo del ratón y la tecla **Control**, arrastre la diapositiva a su nueva posición.

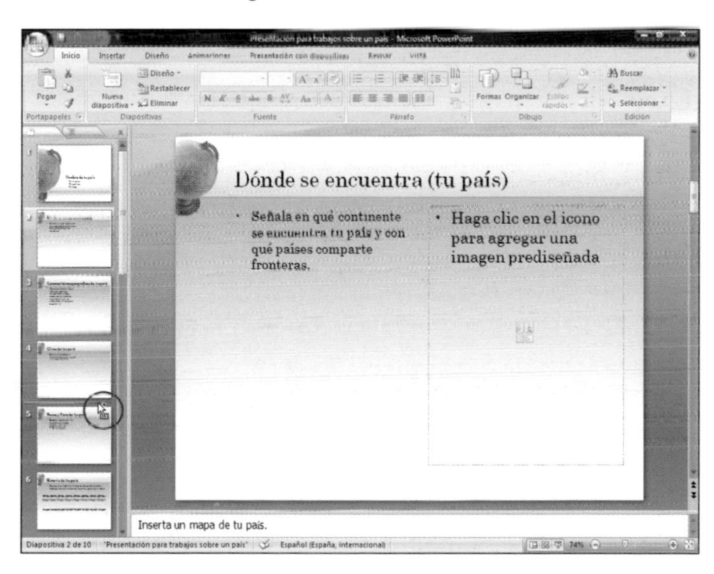

O bien:

1. Haga clic con el botón derecho del ratón sobre la imagen de la diapositiva que desee copiar, bien en el panel de diapositivas de la vista Normal o en la vista Clasificador de diapositivas.

2. En el menú contextual, ejecute el comando Copiar.

3. Haga clic con el botón derecho del ratón en el espacio de separación donde desee copiar la diapositiva seleccionada anteriormente.

4. En el menú contextual, ejecute el comando Pegar.

Eliminar diapositivas

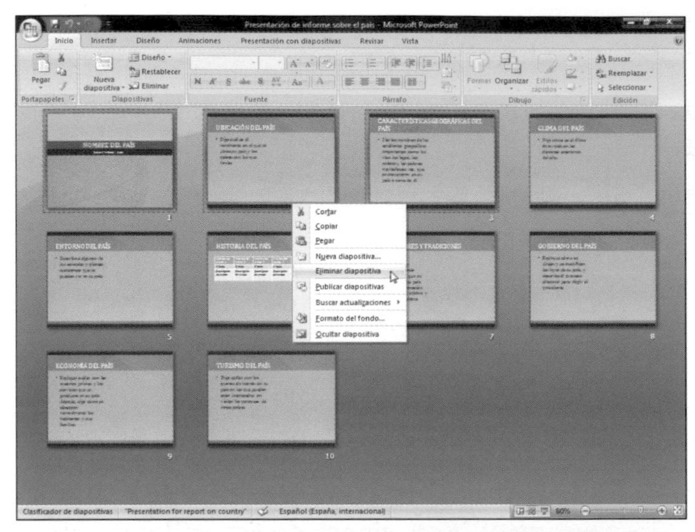

1. En las vistas Normal o Clasificador de diapositivas, seleccione la diapositiva o grupo de diapositivas que desea eliminar.

2. Haga clic con el botón derecho del ratón sobre la superficie de cualquiera de las diapositivas seleccionadas.

3. Seguidamente, en el menú contextual, ejecute el comando Eliminar diapositiva.

PowerPoint no ofrece ningún mensaje de advertencia al eliminar una diapositiva o conjunto de diapositivas.

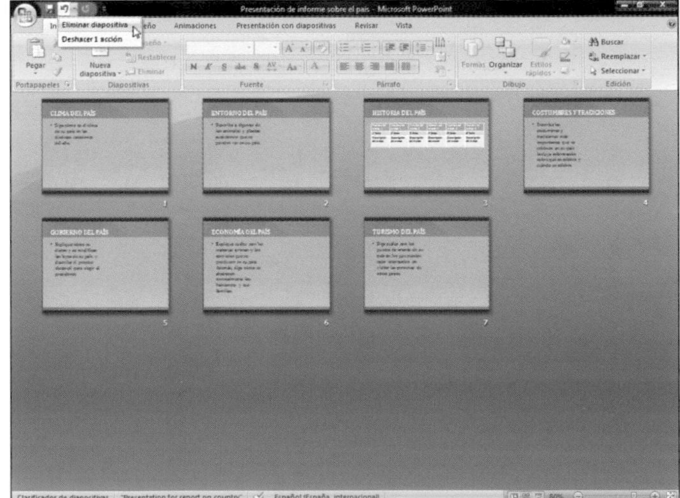

O bien:

2. Pulse la tecla **Supr**.

O bien:

1. Haga clic sobre el botón **Eliminar** del grupo Diapositivas de la ficha Inicio de la Cinta de opciones.

Para deshacer una operación de eliminación de una diapositiva o grupo de diapositivas:

1. Pulse la combinación de teclas **Control-Z** inmediatamente después de realizar la operación de borrado.

O bien:

1. Si acaba de llevar a cabo la operación de borrado, haga clic sobre el botón  de la barra de herramientas de acceso rápido. En caso contrario, despliegue su menú haciendo clic sobre el icono en forma de punta de flecha y seleccione la operación que desea deshacer haciendo clic sobre su nombre.

Restablecer diapositivas

Después de realizar cambios en el diseño de una diapositiva o grupo de diapositivas, es posible recuperar su aspecto inicial. Para hacerlo:

1. Seleccione la diapositiva cuyo aspecto original desee restablecer en las vistas Normal o Clasificador de diapositivas.

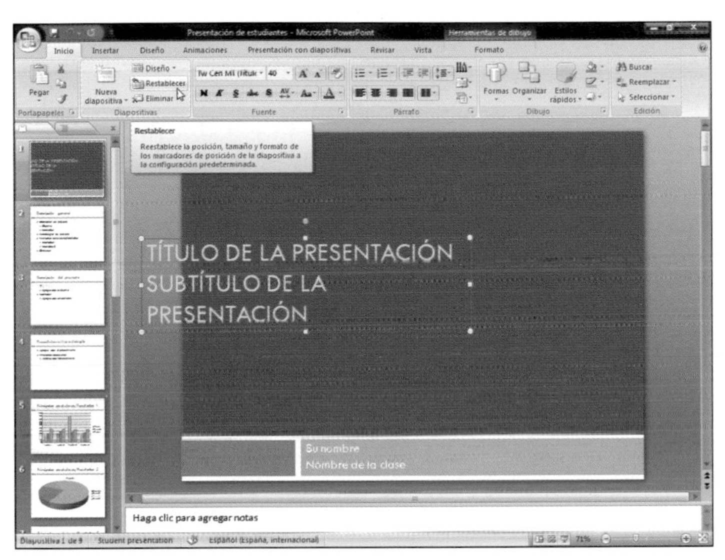

2. A continuación, haga clic sobre el botón **Restablecer** del grupo Diapositivas de la ficha Inicio de la Cinta de opciones de PowerPoint 2007.

La siguiente tabla ilustra algunos ejemplos de cambios que se pueden deshacer o no con esta técnica.

Operación	¿Se puede restablecer?
Cambios de tamaño y posición de un marcador.	Sí
Cambios en el contenido de un objeto de texto.	No
Cambios en el contenido de un objeto gráfico.	No
Cambios en el formato de un objeto de texto (alineación, color, etc.).	Sí
Efectos de relleno, contorno, estilo, etc. de una forma.	No
Cambio de diseño de una diapositiva.	No
Cambio de tema de una diapositiva.	No

Para recuperar los cambios realizados en una diapositiva después de restablecer su contenido, pulse inmediatamente la combinación de teclas **Control-Z** o utilice el botón **Deshacer** de la barra de herramientas de acceso rápido.

Mostrar y ocultar diapositivas

1. En las vistas Normal o Clasificador de diapositivas, seleccione la diapositiva o grupo de diapositivas que desee ocultar.

2. Haga clic sobre el botón **Ocultar diapositiva** del grupo Configurar de la ficha Presentación con diapositivas de la Cinta de opciones.

Cuando se oculta una serie de diapositivas en una presentación, éstas no se mostrarán durante la reproducción de la misma. En el programa, las diapositivas aparecerán con una tonalidad difuminada y su número de diapositiva aparecerá tachado.

O bien:

1. Una vez seleccionadas las diapositivas que desea ocultar, haga clic sobre la superficie de cualquiera de ellas con el botón derecho del ratón.

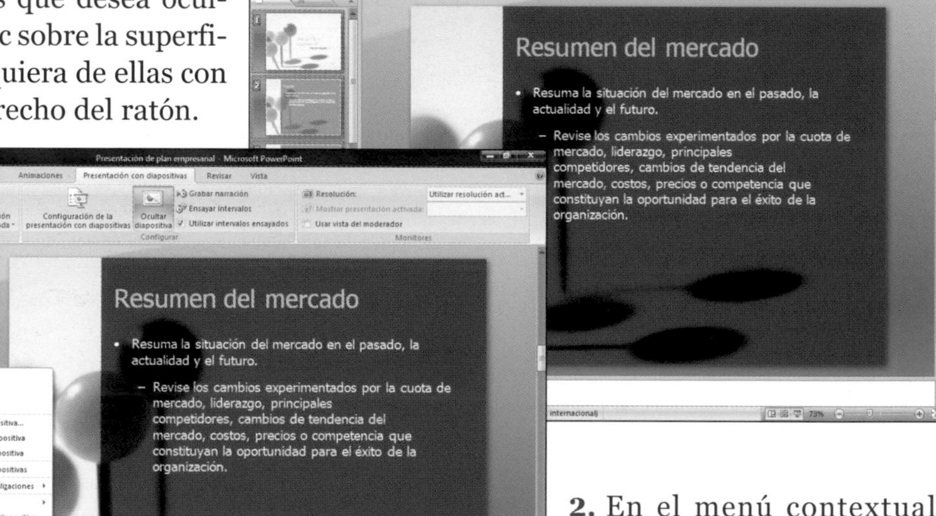

2. En el menú contextual, ejecute el comando Ocultar diapositiva.

Para volver a mostrar una diapositiva o grupo de diapositivas en una presentación de PowerPoint 2007, repita el mismo proceso seleccionando las diapositivas que desee volver a mostrar.

Tanto el botón **Ocultar diapositiva** del grupo Configurar de la ficha Presentación con diapositivas de la Cinta de opciones como el comando Ocultar diapositiva del menú contextual, funcionan como comandos de alternancia, es decir, al ejecutarlos, se va alternando el estado de las diapositivas seleccionadas entre visibles y no visibles.

Configuración de cuadrícula

1. Active o desactive la casilla de verificación Líneas de la cuadrícula del grupo Mostrar u ocultar de la ficha Vista de la Cinta de opciones de PowerPoint 2007.

Para configurar las propiedades de la cuadrícula:

1. En la vista Normal, haga clic con el botón derecho del ratón sobre cualquier espacio vacío de la diapositiva actual o sobre el área de trabajo del programa (no sobre el panel de diapositivas ni sobre el panel de notas).

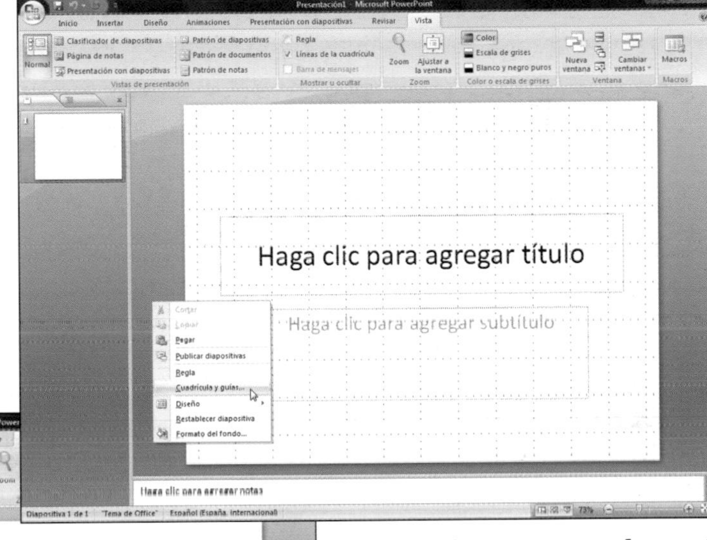

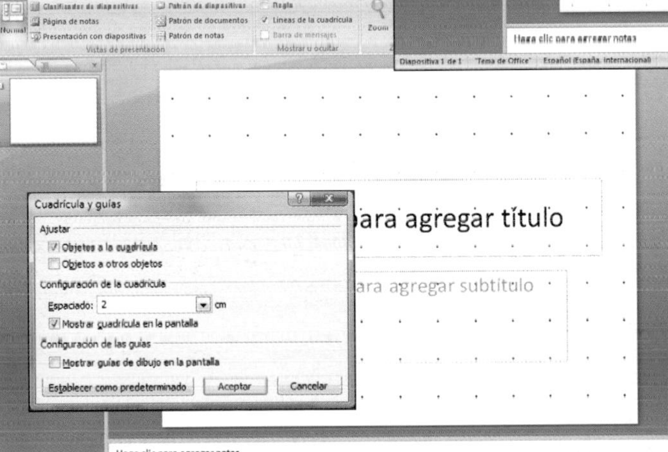

2. Seguidamente, en el menú contextual, ejecute el comando Cuadrícula y guías.

3. Para ajustar la colocación de los objetos en la diapositiva a las líneas de la cuadrícula, active la casilla de verificación Objetos a la cuadrícula de la sección Ajustar del cuadro de diálogo Cuadrícula y guías.

4. En el cuadro combinado Espaciado, escriba o seleccione la separación entre las líneas de la cuadrícula, bien sea como distancia absoluta entre dos líneas de la cuadrícula o como número de líneas de cuadrícula para una distancia predeterminada.

5. Para mostrar u ocultar las líneas de cuadrícula en el diseño de diapositivas, active o desactive la casilla de verificación Mostrar cuadrícula en la pantalla.

6. Si desea utilizar la nueva configuración de cuadrícula para las nuevas presentaciones con las que trabaje en el programa, haga clic sobre el botón **Establecer como predeterminado**.

7. Haga clic sobre el botón **Aceptar** para completar el proceso.

Guías y ajuste a objetos

1. En la vista Normal, haga clic con el botón derecho del ratón sobre cualquier espacio vacío de la diapositiva actual o sobre el área de trabajo del programa (no sobre el panel de diapositivas ni sobre el panel de notas).

2. Ejecute el comando Cuadrícula y guías.

3. Active la casilla de verificación Mostrar guías de dibujo en la pantalla.

Cuadrícula y guías
Ajustar
Objetos a la cuadrícula
Objetos a otros objetos
Configuración de la cuadrícula
Espaciado: 0,2 cm
Mostrar cuadrícula en la pantalla
Configuración de las guías
Mostrar guías de dibujo en la pantalla
Establecer como predeterminado
Aceptar
Cancelar

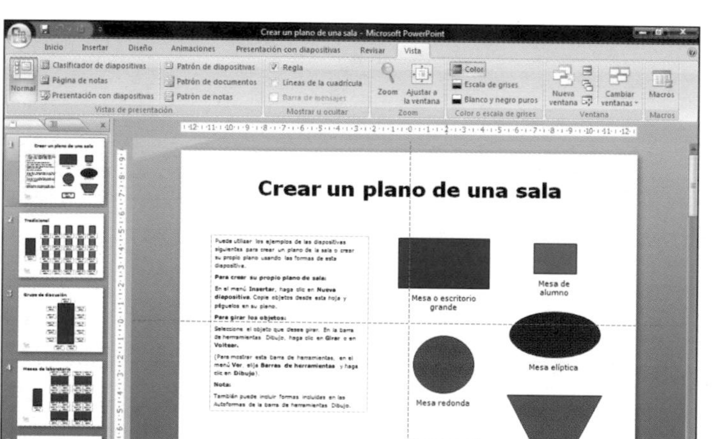

4. Para activar el ajuste entre objetos en el diseño de diapositivas, active la casilla Objetos a otros objetos de la sección Ajustar del cuadro de diálogo Cuadrícula y guías.

Para desplazar la posición de las líneas de guía en el diseño de diapositivas de PowerPoint:

1. Coloque el puntero del ratón sobre la línea de guía que desee desplazar. El puntero no cambiará de forma.

2. Haga clic y, manteniendo presionado el botón izquierdo del ratón, desplace la guía hasta la posición que desee. Un marcador numérico mostrará la posición exacta de la línea de guía en cada momento.

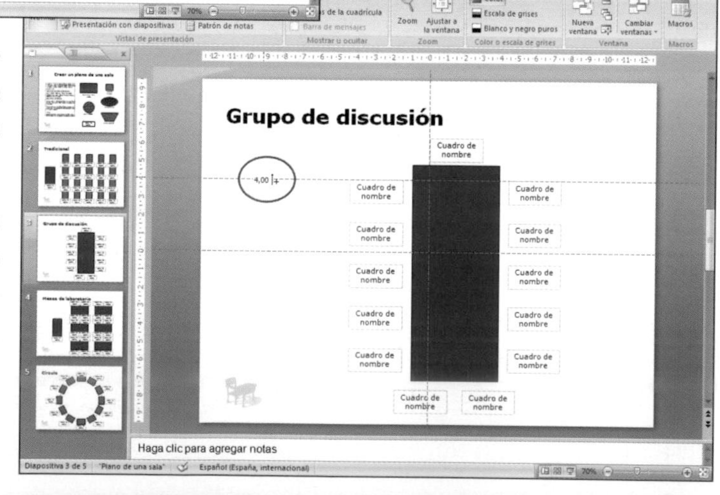

Al activar las líneas guía o el ajuste de objetos, cualquier elemento nuevo que dibuje o cualquier objeto que desplace se ajustarán automáticamente a los restantes objetos del dibujo o a las líneas de guía de la aplicación.

Seleccionar objetos

Para seleccionar un objeto en una diapositiva:

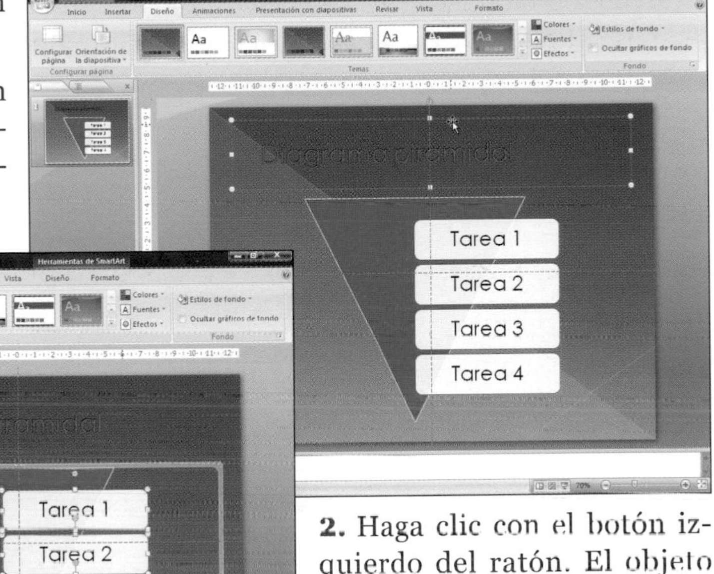

1. Sitúe el puntero del ratón sobre los bordes del objeto hasta que tome la forma de una flecha de cuatro puntas.

2. Haga clic con el botón izquierdo del ratón. El objeto quedará enmarcado y aparecerán una serie de manejadores alrededor de su contorno.

Para seleccionar un grupo de objetos:

1. Seleccione el primero de los objetos del grupo haciendo clic sobre sus bordes, como en el ejemplo anterior.

2. Manteniendo presionadas las teclas **Control** o **Mayús**, haga clic sobre los bordes de los restantes objetos del grupo.

O bien:

1. Sitúe el puntero del ratón sobre cualquiera de las esquinas de un rectángulo imaginario que cubra todos los objetos que desea seleccionar.

2. Haga clic y, manteniendo presionado el botón izquierdo del ratón, arrástrelo hasta la esquina opuesta del rectángulo imaginario.

El panel de selección

1. En la vista Normal de PowerPoint, seleccione cualquiera de los objetos de la diapositiva que desea organizar mediante el panel de selección.

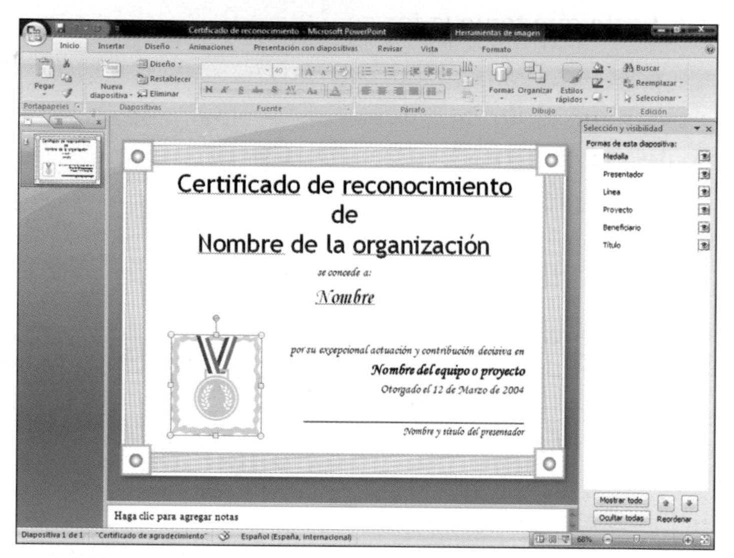

2. Haga clic sobre el botón **Panel de selección** del grupo Organizar de la ficha Formato de la Cinta de opciones.

Para seleccionar cualquiera de los objetos de la diapositiva:

1. Haga clic sobre su nombre en la lista Formas de esta diapositiva del panel Selección y visibilidad.

Para ocultar u mostrar cualquiera de los objetos de la diapositiva:

1. Haga clic sobre los iconos o respectivamente situados a la derecha del nombre del objeto.

Para mostrar u ocultar todos los objetos de una diapositiva:

1. Haga clic respectivamente sobre los botones **Mostrar todo** u **Ocultar todas** situados en la esquina inferior izquierda del panel Selección y visibilidad.

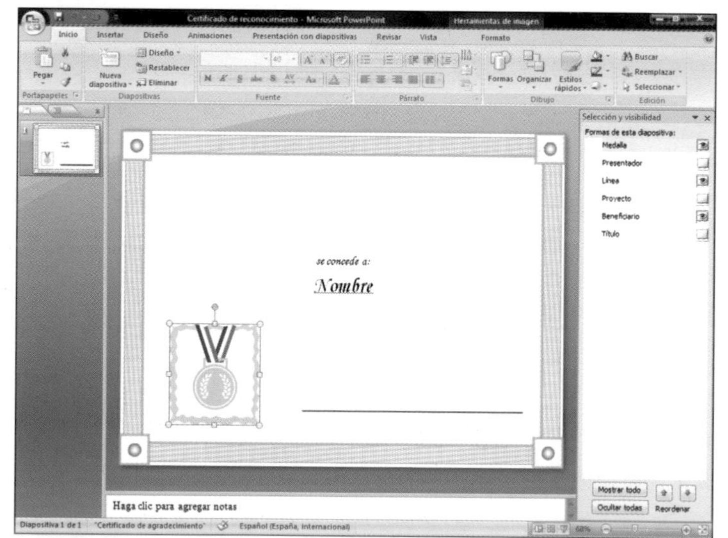

Para cambiar el orden relativo de los objetos en una diapositiva de PowerPoint 2007:

1. Seleccione el objeto que desea reordenar en la lista del panel Selección y visibilidad haciendo clic sobre su nombre.

2. Haga clic sobre los botones o situados en la esquina inferior derecha del panel para adelantar o retrasar el objeto seleccionado dentro del orden relativo de los objetos de la diapositiva.

Mover y redimensionar objetos

Para desplazar un objeto en una diapositiva PowerPoint:

1. Sitúe el puntero del ratón sobre los bordes del marco del objeto que desee desplazar, hasta que tome la forma de una flecha de cuatro puntas.

2. Haga clic y, manteniendo presionado el botón izquierdo del ratón, arrástrelo hasta la nueva posición.

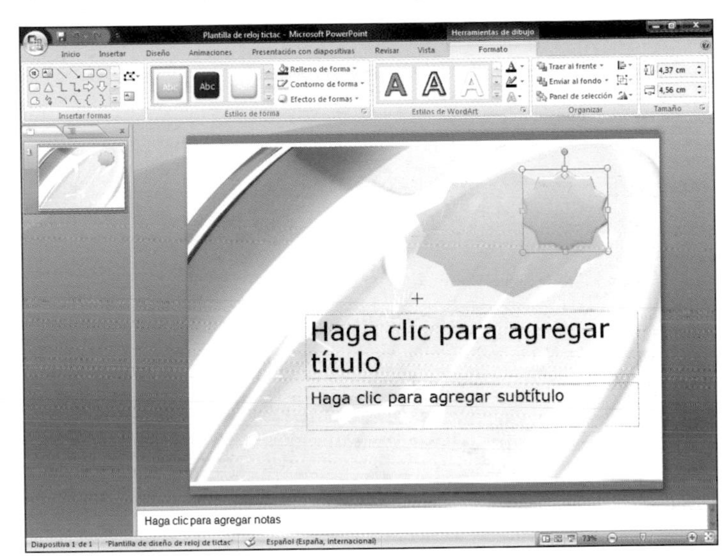

O bien:

1. Seleccione el objeto que desea desplazar haciendo clic sobre cualquiera de sus bordes.

2. Utilice las teclas **Flecha dcha.**, **Flecha izda.**, **Flecha arriba** y **Flecha abajo** para desplazar el objeto.

O bien:

1. Seleccione el objeto que desea desplazar.

2. Haga clic sobre el icono del iniciador de cuadros de diálogo del grupo Tamaño de la ficha Formato de la Cinta de opciones.

3. En el cuadro de diálogo Tamaño y posición, active la ficha Posición.

4. Escriba los valores que desee en los cuadros de texto Horizontal y Vertical y, si es necesario, seleccione la posición de las esquinas del objeto que desee colocar en las listas desplegables contiguas.

5. Haga clic sobre el botón **Cerrar**.

Para cambiar el tamaño de un objeto en una diapositiva PowerPoint:

1. Seleccione el objeto cuyo tamaño desee modificar.

2. Sitúe el puntero del ratón sobre cualquiera de los manejadores del contorno del objeto hasta que tome la forma de una flecha de doble punta.

3. Haga clic y, manteniendo presionado el botón izquierdo del ratón, arrástrelo hasta conseguir el tamaño deseado.

O bien:

1. En los cuadros de texto Alto de forma y Ancho de forma del grupo Tamaño de la ficha Formato de la Cinta de opciones, escriba los nuevos valores de tamaño del objeto.

Girar objetos

Para rotar un objeto en una diapositiva de PowerPoint 2007:

1. Seleccione el objeto que desea girar haciendo clic sobre cualquiera de sus bordes.

2. Sitúe el puntero del ratón sobre el manejador de giro del objeto hasta que tome la forma de una flecha circular.

3. Finalmente, haga clic y, manteniendo presionado el botón izquierdo del ratón, muévalo hasta conseguir el ángulo de giro deseado.

O bien:

1. Haga clic sobre el icono del iniciador de cuadros de diálogo del grupo Tamaño de la ficha Formato de la Cinta de opciones.

2. Si es necesario, active la ficha Tamaño del cuadro de diálogo Tamaño y posición.

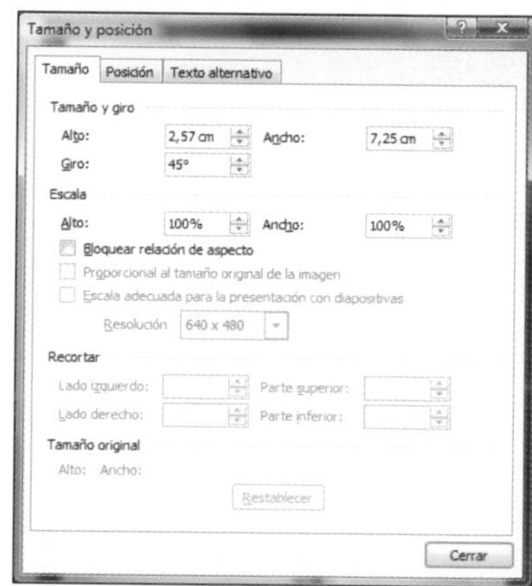

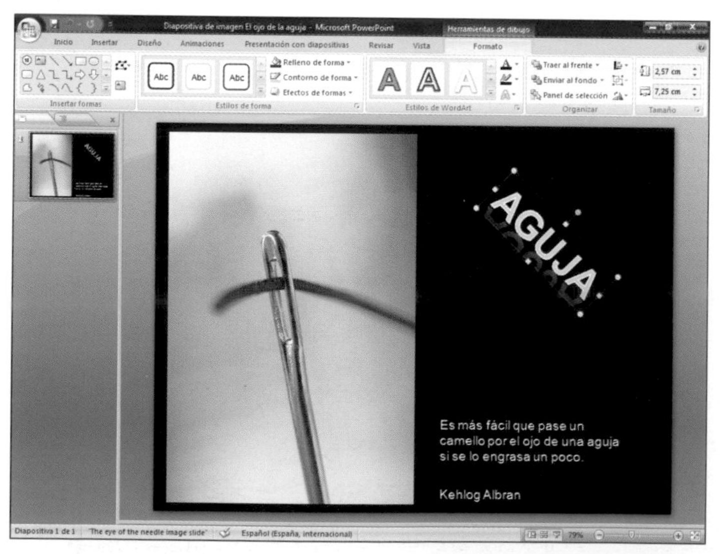

3. En el cuadro de texto Giro de la sección Tamaño y giro, especifique el ángulo de rotación en grados del objeto.

4. Haga clic sobre el botón **Cerrar**.

Cambiar una forma

Después de crear un objeto o autoforma, es posible cambiar su aspecto. Para modificar el aspecto de una forma existente en una diapositiva de PowerPoint:

1. Seleccione la forma que desea modificar haciendo clic sobre sus bordes.

Se puede modificar el aspecto de una forma incluso después de convertirla en forma libre.

2. Haga clic sobre el botón **Editar forma** del grupo Insertar formas de la ficha Formato de la Cinta de opciones de PowerPoint 2007.

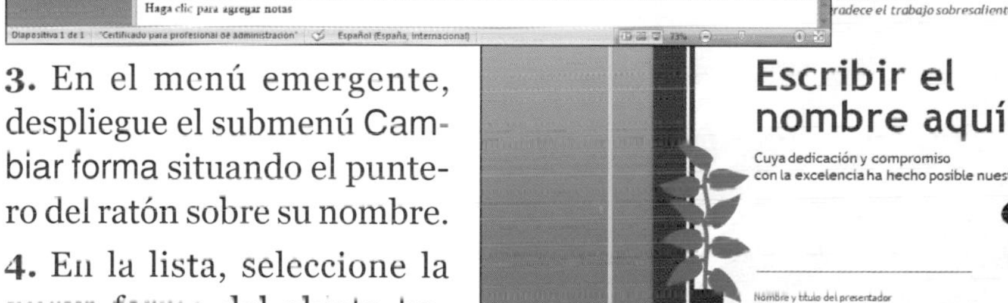

3. En el menú emergente, despliegue el submenú Cambiar forma situando el puntero del ratón sobre su nombre.
4. En la lista, seleccione la nueva forma del objeto haciendo clic sobre su icono en la sección correspondiente.

La nueva forma ocupará las mismas dimensiones que la forma original. También se aplicarán los mismos efectos de estilo, contornos, colores, etc.

PowerPoint no permite cambiar el aspecto de las formas de línea, flechas y conectores.

Convertir en forma libre

Para convertir un objeto de una diapositiva PowerPoint en una forma libre para poder modificar sus puntos de inflexión:

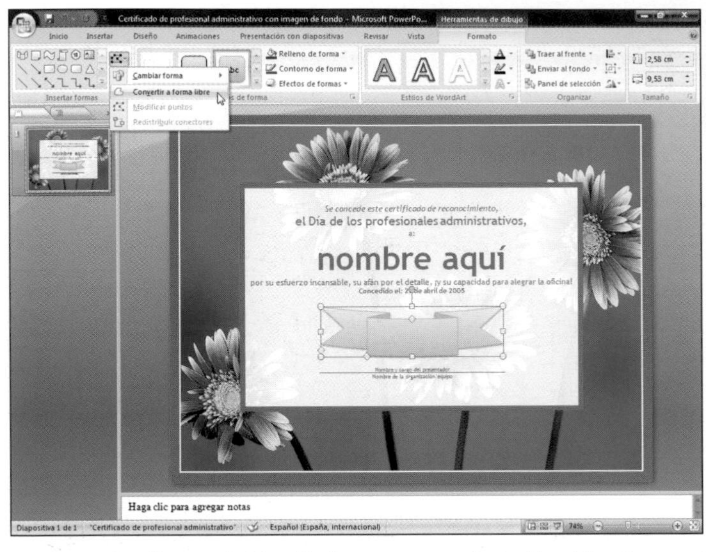

1. Seleccione la forma que desea modificar haciendo clic sobre sus bordes.

2. Haga clic sobre el botón **Editar forma** del grupo Insertar formas de la ficha Formato de la Cinta de opciones de PowerPoint.

3. En el menú emergente, ejecute el comando Convertir a forma libre.

Para variar la posición de los puntos de inflexión de un objeto convertido en forma libre:

1. Con el objeto seleccionado, haga clic nuevamente sobre el botón **Editar forma** del grupo Insertar formas de la ficha Formato de la Cinta de opciones.

2. En el menú desplegable, ejecute el comando Modificar puntos. PowerPoint mostrará una serie de recuadros de color negro alrededor del contorno del objeto en sus puntos de inflexión.

3. Coloque el puntero del ratón en el punto que desea modificar, hasta que cambie a un pequeño recuadro rodeado por cuatro puntas de flecha.

4. Haga clic y, manteniendo presionado el botón izquierdo del ratón, arrástrelo hasta la nueva posición.

5. Para completar la edición de puntos, haga clic en cualquier espacio vacío fuera de la superficie del objeto.

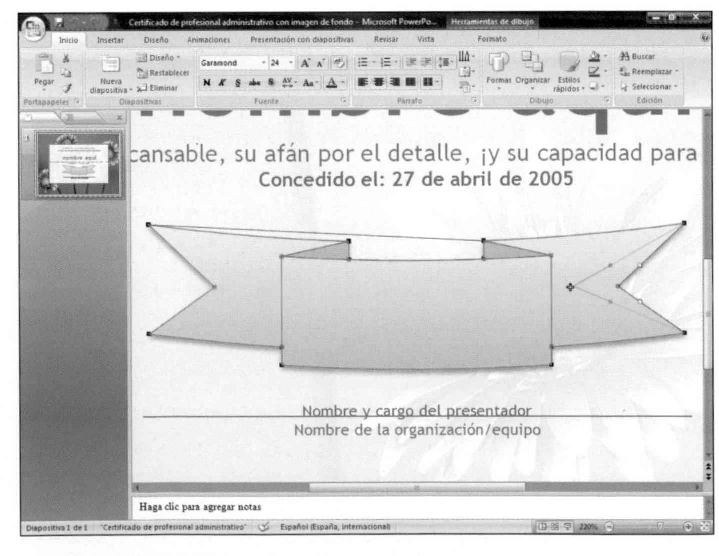

Organizar objetos

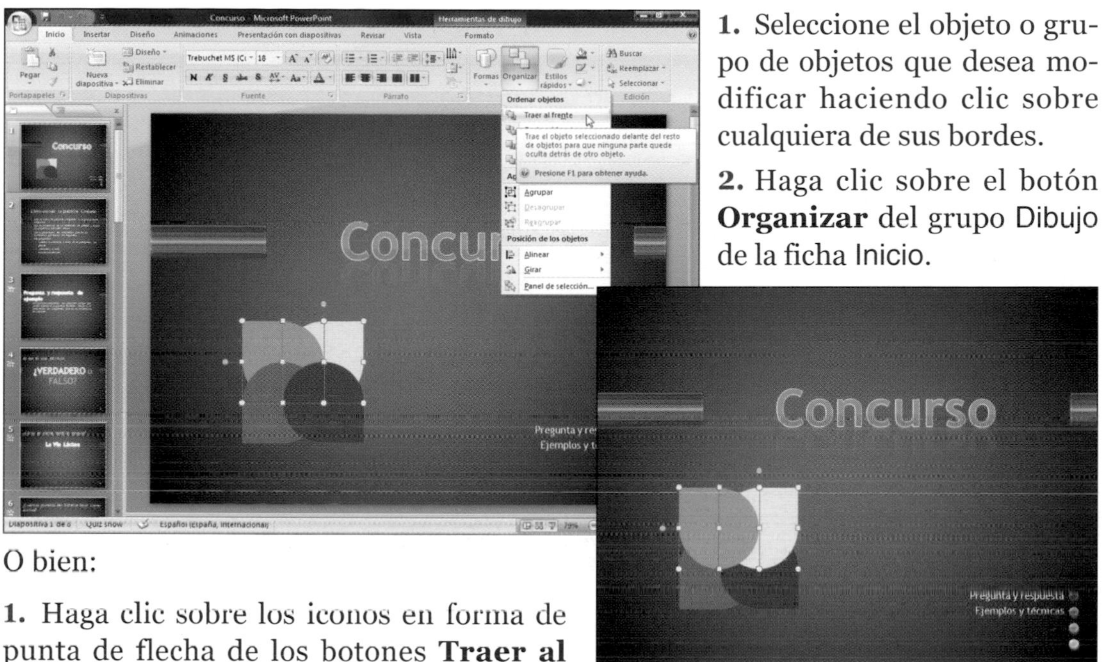

1. Seleccione el objeto o grupo de objetos que desea modificar haciendo clic sobre cualquiera de sus bordes.

2. Haga clic sobre el botón **Organizar** del grupo Dibujo de la ficha Inicio.

O bien:

1. Haga clic sobre los iconos en forma de punta de flecha de los botones **Traer al frente** o **Enviar al fondo** del grupo Organizar de la ficha Formato.

2. Independientemente del procedimiento que haya elegido, ejecute cualquiera de los comandos de la siguiente tabla para modificar el orden relativo de los objetos seleccionados.

Comando	Descripción
Traer al frente	Coloca el objeto o grupo de objetos en primer plano, es decir, situándolos por encima de los restantes objetos de la diapositiva en el orden en que se encontraran originalmente.
Enviar al fondo	Coloca el objeto o grupo de objetos en el fondo, es decir, situándolos por debajo de los restantes objetos de la diapositiva en el orden en que se encontraran originalmente.
Traer adelante	Hace subir una posición al objeto o grupo de objetos seleccionado respecto a los restantes objetos de la diapositiva. Si se seleccionó un grupo de objetos, éstos mantendrán el mismo orden relativo en que se encontraran originalmente.
Enviar atrás	Hace bajar una posición al objeto o grupo de objetos seleccionado respecto a los restantes objetos de la diapositiva. Si se seleccionó un grupo de objetos, éstos mantendrán el mismo orden relativo en que se encontraran originalmente.

Alinear y distribuir objetos

PowerPoint 2007 nos ofrece varias opciones para alinear y distribuir objetos dentro de una diapositiva:

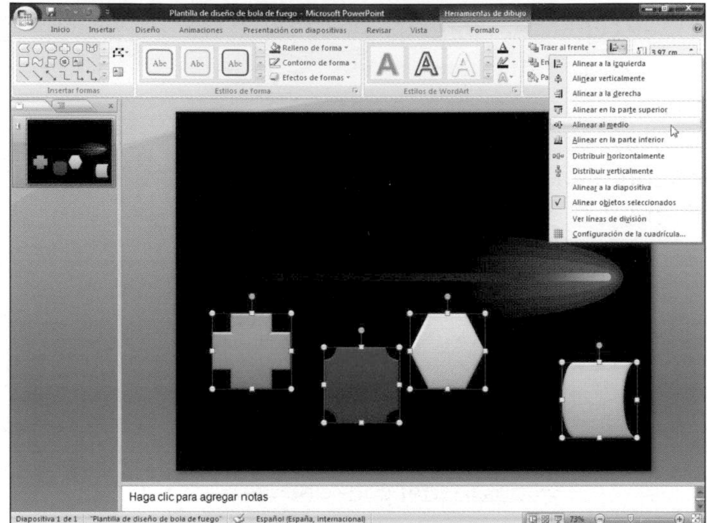

1. Seleccione el grupo de objetos que desee alinear o distribuir utilizando las técnicas habituales.

2. Haga clic sobre el botón **Alinear** del grupo Organizar de la ficha Formato de la Cinta de opciones o despliegue el submenú Alinear del botón **Organizar** del grupo Dibujo de la ficha Inicio.

3. Ejecute el comando correspondiente al tipo de operación que desee realizar según la tabla siguiente.

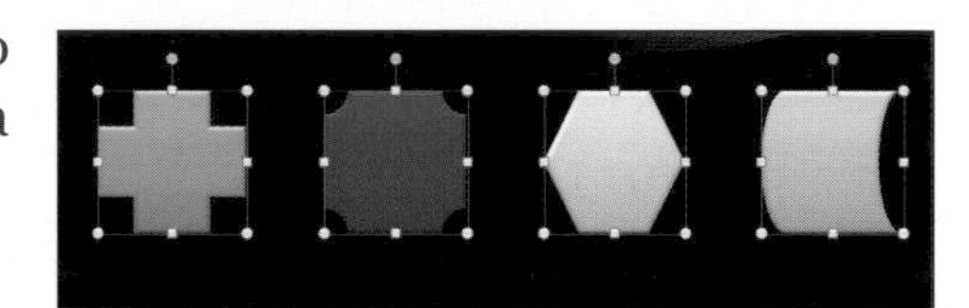

Comando	Descripción
Alinear a la izquierda y Alinear a la derecha	Alinea los laterales izquierdos o derechos de todos los objetos seleccionados.
Alinear verticalmente	Alinea los centros de los objetos seleccionados en sentido vertical.
Alinear en la parte superior y Alinear en la parte inferior	Alinea los laterales superiores o inferiores de los objetos seleccionados.
Alinear al medio	Alinea los centros de los objetos seleccionados en sentido horizontal.
Distribuir horizontalmente	Coloca los objetos de forma que exista la misma distancia de separación entre ellos en sentido horizontal.
Distribuir verticalmente	Coloca los objetos de forma que exista la misma distancia de separación entre ellos en sentido vertical.
Alinear objetos seleccionados y Alinear a la diapositiva	Especifica si las acciones de los comandos anteriores tendrán efecto sobre los objetos seleccionados o de forma relativa a los límites de la diapositiva.

Agrupar y desagrupar

Para agrupar un conjunto de objetos en una diapositiva de PowerPoint 2007:

1. Seleccione el conjunto de objetos que desea agrupar utilizando las técnicas habituales: crear un marco de selección o hacer clic sobre los distintos objetos mientras se mantienen presionadas las teclas **Control** o **Mayús**.

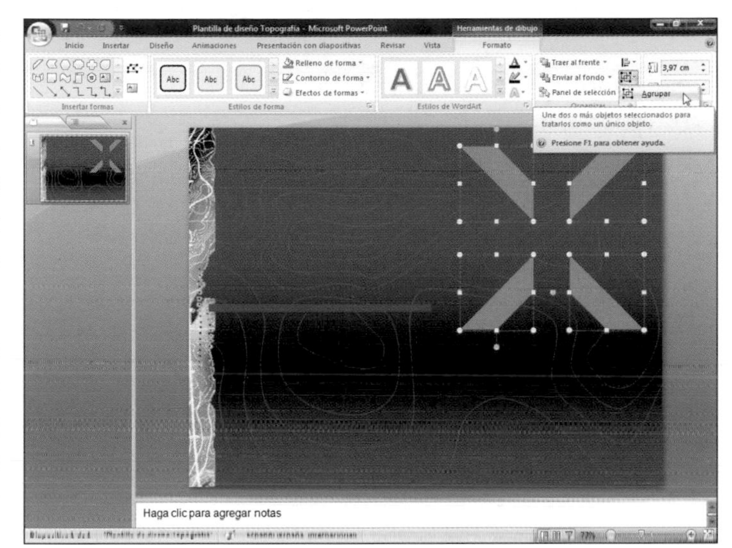

2. Haga clic sobre el botón **Agrupar** del grupo Organizar de la ficha Formato de la Cinta de opciones o sobre el botón **Organizar** del grupo Dibujo de la ficha Inicio.
3. Ejecute el comando Agrupar.

Cuando se agrupa un conjunto de objetos, todos ellos pasan a formar parte de la misma capa y se pueden manejar (para operaciones de movimiento, cambio de tamaño, etc.) como si se tratara de un solo elemento.

Para desagrupar un objeto agrupado y devolver la independencia a los distintos elementos que lo conforman:

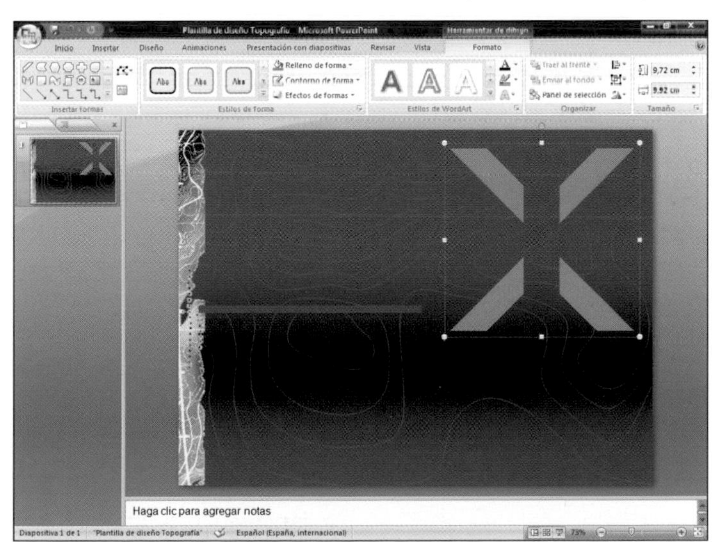

1. Seleccione el objeto agrupado haciendo clic sobre cualquiera de sus bordes.
2. Haga clic sobre el botón **Agrupar** del grupo Organizar de la ficha Formato de la Cinta de opciones o sobre el botón **Organizar** del grupo Dibujo de la ficha Inicio.
3. Finalmente, ejecute el comando Desagrupar.

Capítulo 4
Formato

Configuración de página

1. Haga clic sobre el botón **Orientación de la diapositiva** del grupo Configurar página de la ficha Diseño de la Cinta de opciones de PowerPoint.

2. En el menú desplegable, ejecute los comandos Vertical (para una orientación vertical) u Horizontal (para una orientación apaisada).

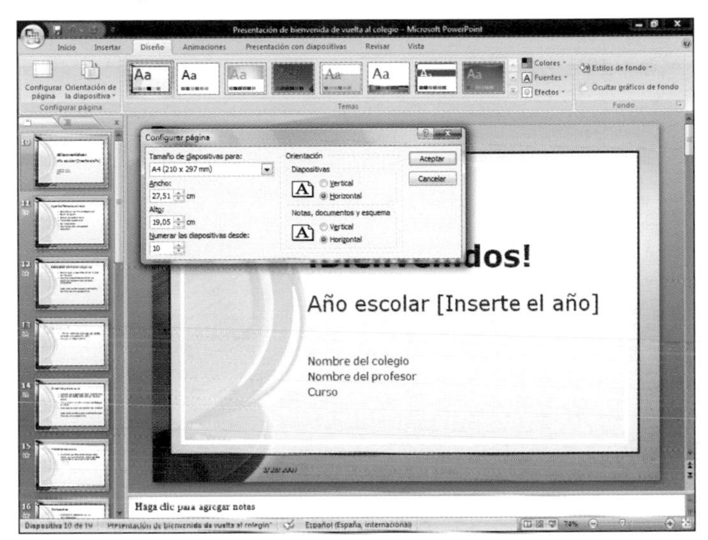

Para configurar el aspecto de las diapositivas, páginas de notas, documentos y esquemas de una presentación:

1. Haga clic sobre el botón **Configurar página** del grupo Configurar página de la ficha Diseño.

2. En la lista desplegable Tamaño de diapositivas para del cuadro de diálogo Configurar página, seleccione si lo desea cualquiera de las combinaciones de tamaño predeterminadas para las diapositivas: presentación en pantalla para distintos formatos, tamaño de carta, A3, A4, etc. O bien, en los cuadros de texto Ancho y Alto, especifique cualquier combinación de dimensiones personalizada.

3. En el cuadro de texto Numerar las diapositivas desde, indique el primer número de diapositiva que desea asignar a la presentación.

4. En la sección Orientación, especifique la orientación que desee para las diapositivas y las notas, documentos y esquemas de la presentación mediante los botones de opción Vertical u Horizontal correspondientes.

5. Finalmente, haga clic sobre el botón **Aceptar** para validar los cambios.

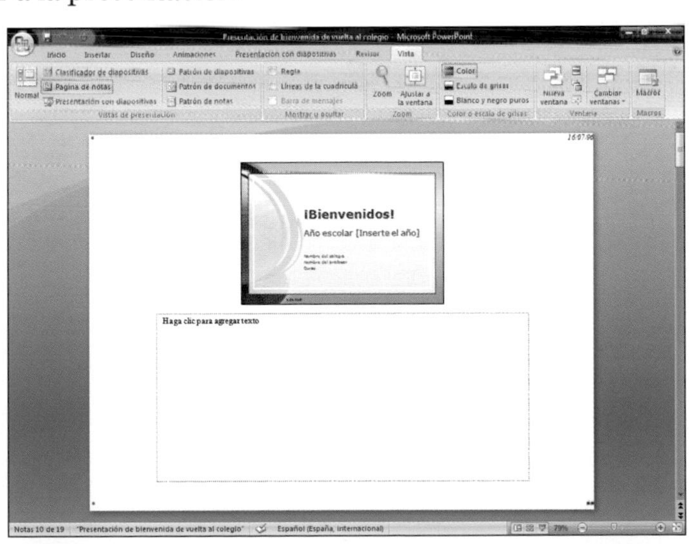

Temas y efectos

Los patrones de diapositivas de una presentación definen formatos a base de temas (combinaciones de colores y efectos) que se aplican a todos los objetos de las diapositivas y que permiten mantener un aspecto coherente entre todos los elementos. Para cambiar el tema de una presentación PowerPoint:

1. Abra la presentación que desea modificar.

2. En las vistas Normal o Clasificador de diapositivas, localice el grupo Temas de la ficha Diseño de la Cinta de opciones.

3. Para cambiar el tema de la presentación, haga clic sobre cualquiera de las opciones disponibles en el grupo. Puede recorrer los temas disponibles en el programa haciendo clic sobre los botones o o desplegar un menú con todas las opciones posibles haciendo clic sobre el botón .

4. Si lo desea, también puede cambiar el aspecto de los efectos que se utilizan en la presentación haciendo clic sobre el botón **Efectos** del grupo Temas de la ficha Diseño y eligiendo la opción que mejor se ajuste a sus necesidades.

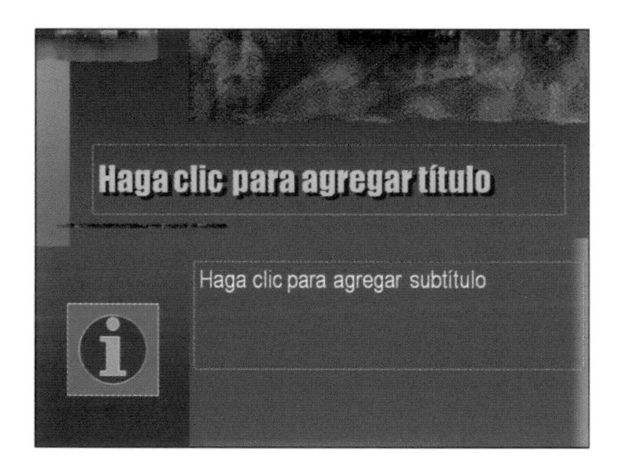

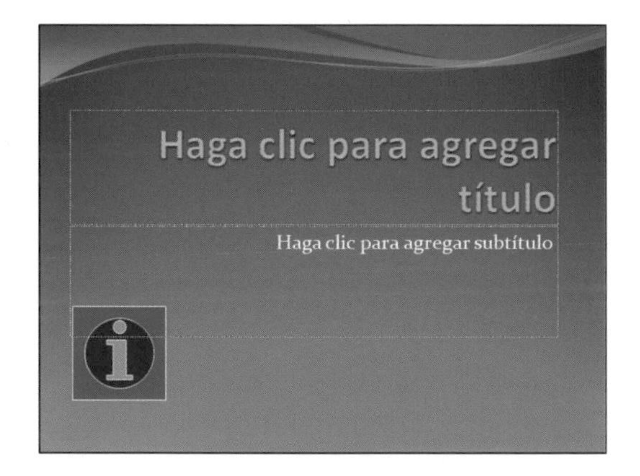

Colores y fuentes del tema

Para cambiar el esquema de colores y las tipografías que se aplican de forma genérica a una presentación de PowerPoint 2007:

1. Abra la presentación que desea modificar.

2. En las vistas Normal o Clasificador de diapositivas, localice el grupo Temas de la ficha Diseño de la Cinta de opciones.

3. Haga clic sobre el botón **Colores** y, en la lista desplegable, seleccione el esquema de colores que desee utilizar haciendo clic sobre su superficie.

4. Haga clic sobre el botón **Fuentes** del grupo Temas de la ficha Diseño de la Cinta de opciones y, en la lista desplegable, seleccione el conjunto de tipografías que desea utilizar haciendo clic sobre su representación.

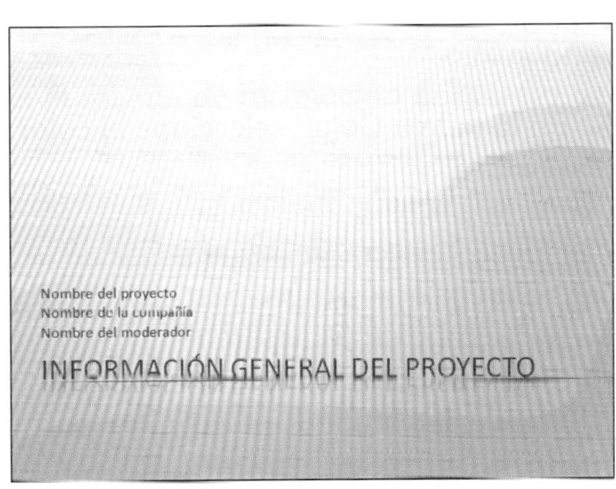

Nombre del proyecto
Nombre de la compañía
Nombre del moderador
INFORMACIÓN GENERAL DEL PROYECTO

Relleno con imagen o textura

1. En las vistas Normal o Clasificador de diapositivas, seleccione la diapositiva cuyo color de fondo desea cambiar.

2. Haga clic sobre el botón **Estilos de fondo** del grupo Fondo de la ficha Diseño.

3. Ejecute el comando Formato del fondo.

4. En el cuadro de diálogo Dar formato a fondo, active la categoría de opciones Relleno (lateral izquierdo) y la opción Relleno con imagen o textura.

5. En la paleta Textura, seleccione una textura (mosaico de fondo) o haga clic sobre los botones **Archivo**, **Portapapeles** o **Imágenes prediseñadas** para utilizar cualquier otra imagen como fondo de la diapositiva.

6. Si la imagen o textura seleccionadas no ocupan todo el espacio disponible en el fondo de la diapositiva, active la casilla de verificación Mosaico de imagen como textura, para distribuir varias copias como fondo de la diapositiva.

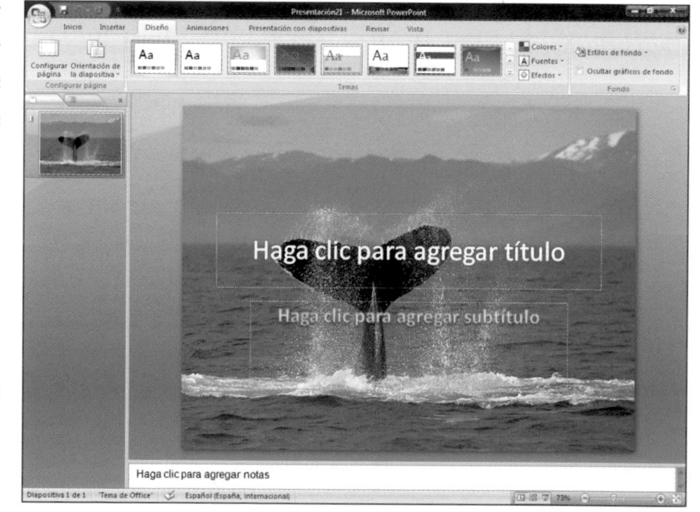

7. En la sección Opciones de mosaico, defina las características de colocación de las copias de la imagen que se utiliza como mosaico para el fondo de la diapositiva: desplazamiento, escala horizontal y vertical, alineación y simetría.

8. Finalmente, mediante la barra deslizante Transparencia, defina el porcentaje de transparencia de la imagen o utilice el cuadro de texto contiguo para especificar un valor numérico.

9. Haga clic sobre el botón **Cerrar** para aplicar los cambios a la diapositiva o grupo de diapositivas seleccionadas o sobre el botón **Aplicar a todo** para aplicarlos a todas las diapositivas de la presentación.

Ajuste de imágenes

1. En las vistas Normal o Clasificador de diapositivas, seleccione la diapositiva cuyo color de fondo desea cambiar.

2. Haga clic sobre el botón **Estilos de fondo** del grupo Fondo de la ficha Diseño de la Cinta de opciones.

3. Ejecute el comando Formato del fondo.

4. En el cuadro de diálogo Dar formato a fondo, active si es necesario la categoría de opciones Imagen (en el lateral izquierdo).

5. En la paleta Cambiar color, seleccione si lo desea cualquiera de los efectos de color disponibles para dar distintos efectos a la imagen (escala de grises, color sepia, variaciones de oscuridad y de luz, etc.).

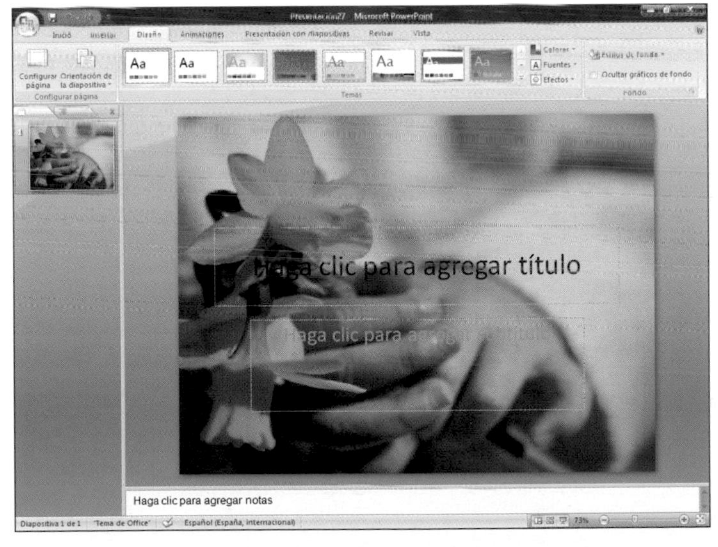

6. Con las barras deslizantes Brillo y Contraste, ajuste si lo desea el brillo y el contraste de la imagen o escriba los valores numéricos que desee en los cuadros de texto correspondientes.

7. Haga clic sobre el botón **Cerrar** para aplicar los cambios a la diapositiva o grupo de diapositivas seleccionadas o sobre el botón **Aplicar a todo** para aplicarlos a todas las diapositivas de la presentación.

El botón **Restablecer imagen** permite recuperar el aspecto original de la imagen.

Convertir una forma en un gráfico SmartArt

PowerPoint 2007 permite convertir un objeto de texto en un gráfico SmartArt para presentar información en forma de listas gráficas, diagramas de procesos, etc.Para convertir un fragmento de texto en un gráfico SmartArt:

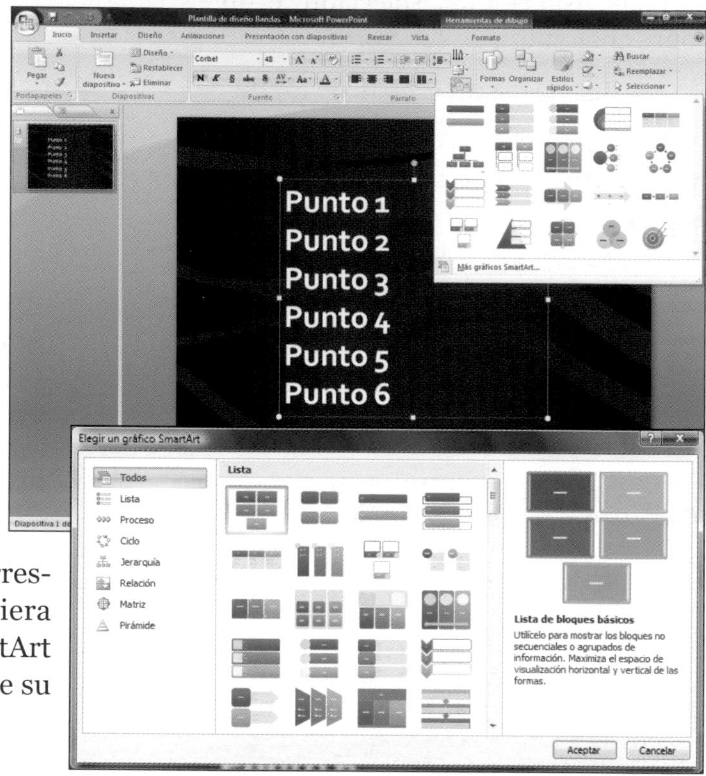

1. Seleccione el objeto de texto que desea convertir en gráfico SmartArt haciendo clic sobre cualquiera de sus bordes.

2. Haga clic sobre el botón del grupo Párrafo de la ficha Inicio de la Cinta de opciones de PowerPoint.

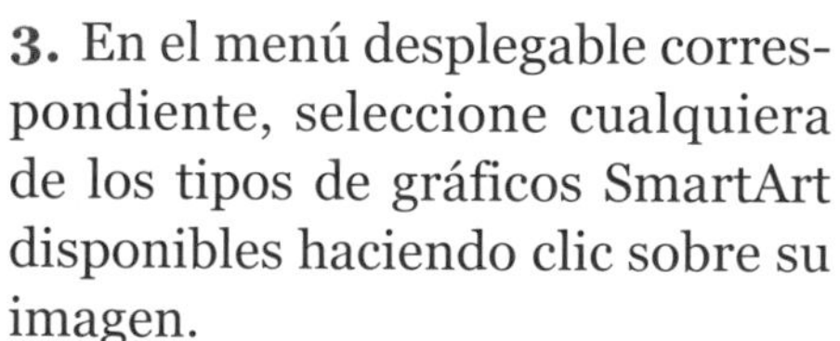

3. En el menú desplegable correspondiente, seleccione cualquiera de los tipos de gráficos SmartArt disponibles haciendo clic sobre su imagen.

O bien:

1. En el menú desplegable, ejecute el comando Más gráficos SmartArt.

2. En el cuadro de diálogo Elegir un gráfico SmartArt, seleccione la categoría de gráfico y el tipo que desee dentro de la categoría seleccionada.

3. Haga clic sobre el botón **Aceptar**.

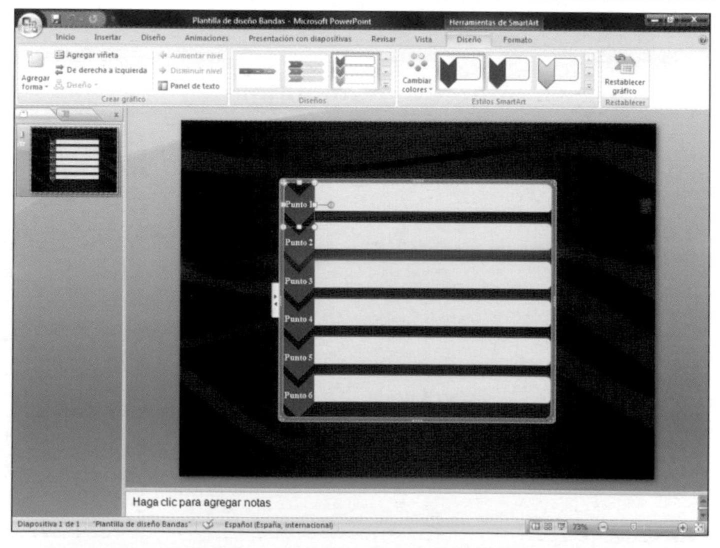

Estilos y efectos de formas

PowerPoint pone a nuestra disposición en cada plantilla distintos conjuntos de estilos y efectos para modificar el aspecto de los objetos de una diapositiva:

1. En la vista Normal, seleccione el objeto cuyo aspecto desea modificar haciendo clic sobre cualquiera de sus bordes.

2. Localice el grupo Estilos de forma de la ficha Formato de la Cinta de opciones.

3. Para cambiar el aspecto general del objeto, haga clic sobre cualquiera de las opciones de estilo disponibles en el grupo. Puede recorrer los estilos disponibles en el programa haciendo clic sobre los botones o o desplegar un menú con todas las opciones posibles haciendo clic sobre el botón .

4. Finalmente, haga clic sobre el botón **Efectos de formas** del grupo Estilos de forma de la ficha Formato de la Cinta de opciones. Despliegue el submenú correspondiente al tipo de efecto que desee asignar al objeto y haga clic sobre cualquiera de las opciones disponibles.

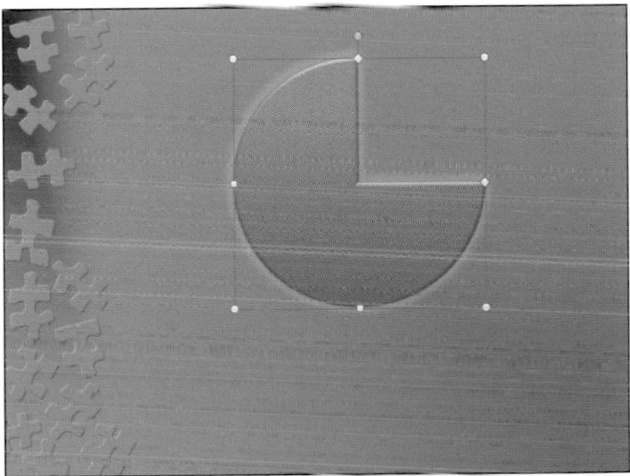

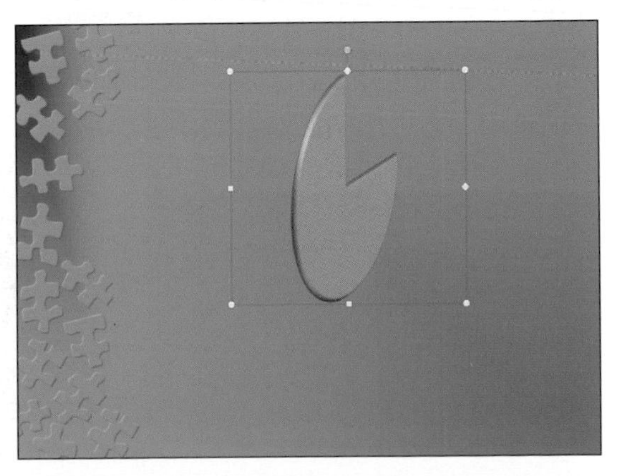

Rellenos de formas

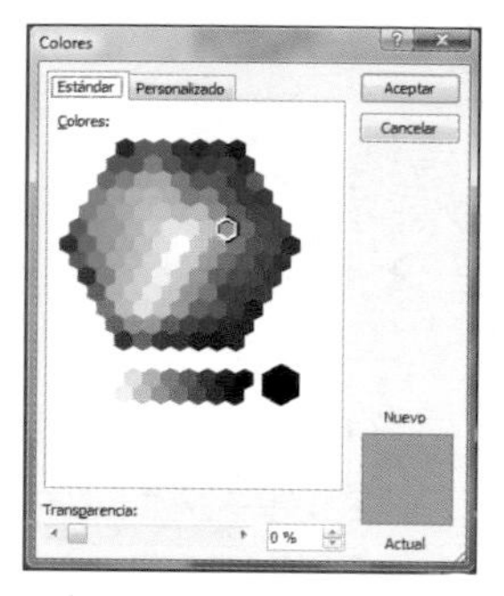

1. Seleccione el objeto cuyo relleno desea modificar haciendo clic sobre cualquiera de sus bordes.

2. Haga clic sobre el botón **Relleno de forma** del grupo Estilos de forma de la ficha Formato de la Cinta de opciones.

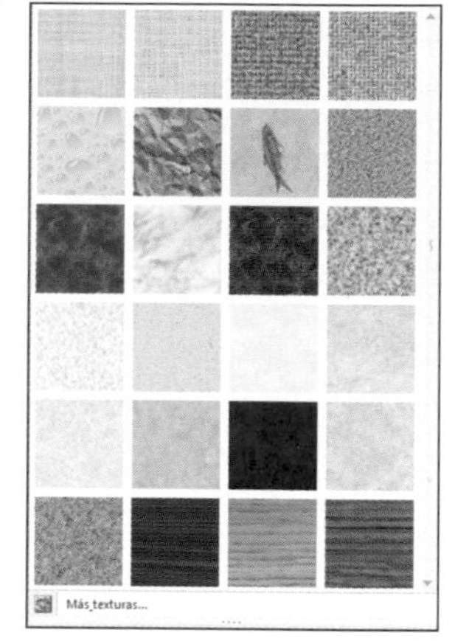

3. En la paleta desplegable, seleccione cualquiera de los colores planos de relleno disponibles o ejecute cualquiera de los siguientes comandos:

- Sin relleno. Elimina el color de relleno de la forma.
- Más colores de relleno. Abre un cuadro de diálogo con una paleta completa de colores planos para elegir.
- Imagen. Permite seleccionar una imagen en el sistema para utilizar como relleno en el objeto.

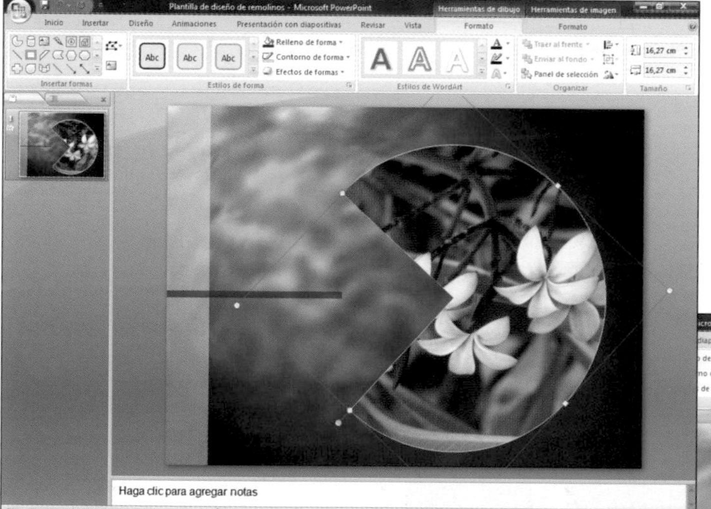

- Degradado. Despliegue el submenú y elija cualquiera de los degradados predeterminados del programa o ejecute el comando Más degradados para definir el aspecto del degradado de forma manual.

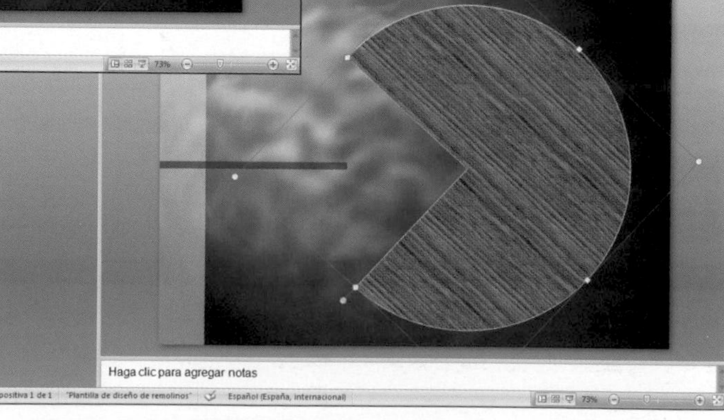

- Textura. Despliegue el submenú y elija cualquiera de las texturas predefinidas en el programa o ejecute el comando Más texturas para definir una textura de relleno personalizada.

Contornos de formas

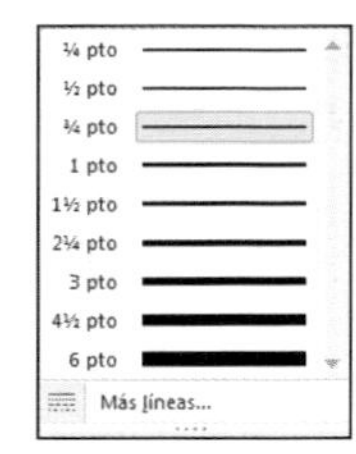

1. Seleccione el objeto cuyo contorno desea modificar haciendo clic sobre cualquiera de sus bordes.

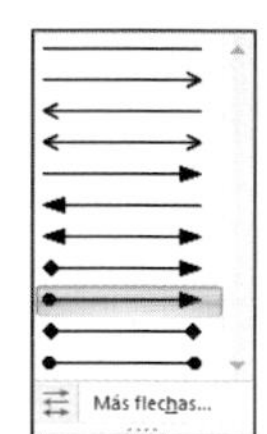

2. Haga clic sobre el botón **Contorno de forma** del grupo Estilos de forma de la ficha Formato de la Cinta de opciones de PowerPoint.

3. En la paleta desplegable, seleccione cualquiera de los colores planos de contorno disponibles o ejecute cualquiera de los siguientes comandos:

- Sin contorno. Elimina el color de contorno de la forma (el contorno se hace transparente y sólo se muestra el diseño de fondo).

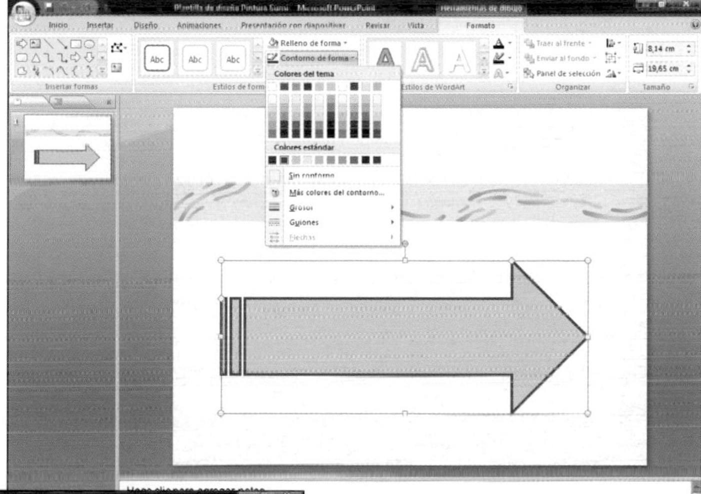

- Más colores del contorno. Abre un cuadro de diálogo con una paleta completa de colores planos entre los que el usuario puede elegir.
- Grosor. Despliegue el submenú y elija cualquiera de los grosores de contorno predeterminados del programa o ejecute el comando Más líneas para especificar un grosor de contorno personalizado.

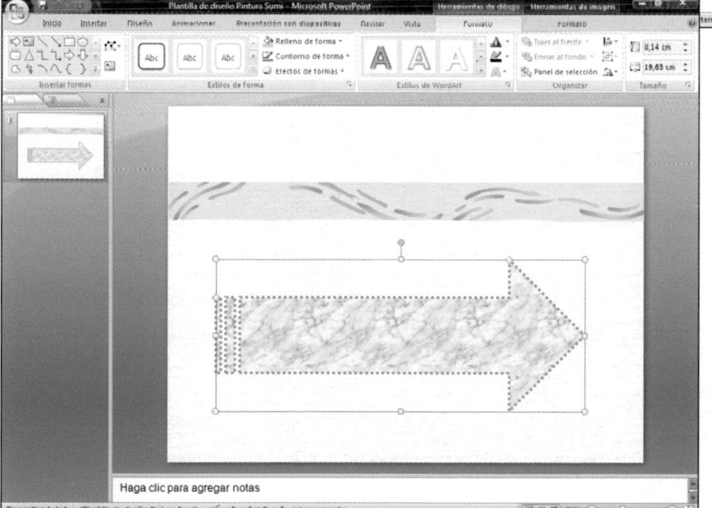

- Guiones. Despliegue el submenú y elija cualquiera de los tipos de línea predeterminados o ejecute el comando Más líneas para definir un tipo de línea personalizado.
- Flechas. Despliegue el submenú y elija cualquiera de los tipos de flecha predeterminados o ejecute el comando Más flechas para definir un tipo de flecha personalizado.

Formato de fuente

1. En la diapositiva, seleccione el objeto de texto o fragmento de texto cuyo formato desee modificar.

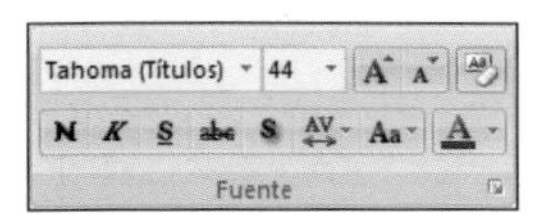

2. En el grupo Fuente de la ficha Inicio de la Cinta de opciones de PowerPoint, escoja mediante los controles correspondientes las nuevas características de formato del texto seleccionado: fuente, tamaño, estilo, espaciado, color, etc.

O bien:

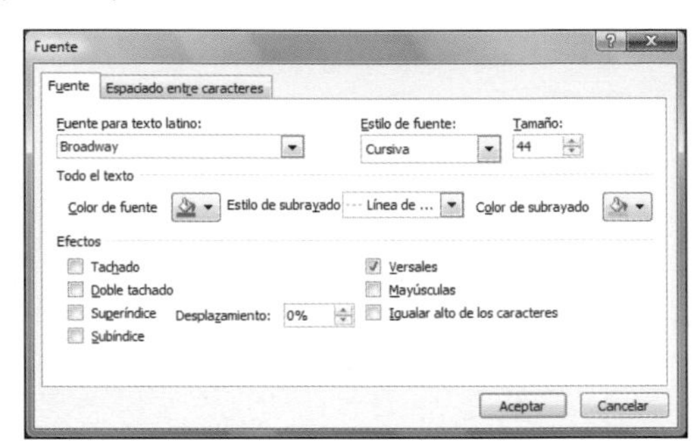

3. Haga clic sobre el icono del iniciador de cuadros de diálogo del grupo Fuente de la ficha Inicio de la Cinta de opciones para abrir el cuadro de diálogo Fuente.

4. En la lista desplegable Fuente para texto de la ficha Fuente, seleccione la tipografía que desea utilizar para el texto.

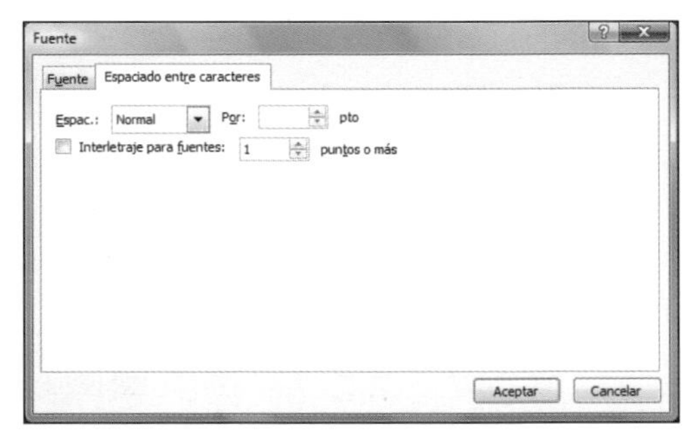

5. En la lista desplegable Estilo de fuente, seleccione el estilo: Normal, Cursiva, Negrita o Negrita Cursiva.

6. En el cuadro de texto Tamaño, especifique el tamaño de la fuente.

7. En la sección Todo el texto, defina el color del texto, el tipo de subrayado y el color del subrayado.

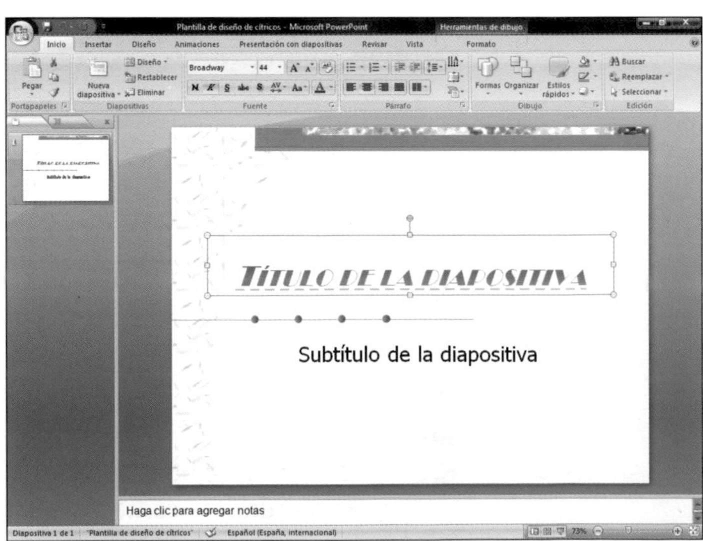

8. En la sección Efectos, especifique los efectos adicionales que desea aplicar al texto: tachado, subíndice o superíndice, versales, etc.

9. En la ficha Espaciado entre caracteres, especifique la separación entre los caracteres del texto y las condiciones de interletraje.

10. Haga clic sobre el botón **Aceptar** para validar los cambios.

Formatos de párrafo

1. En la diapositiva, seleccione el objeto de texto o fragmento de texto cuyo formato desee modificar.

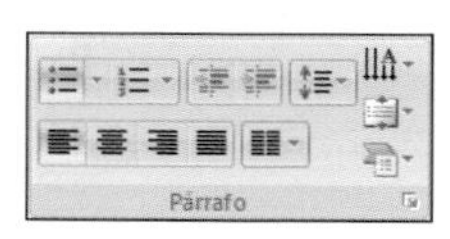

2. En el grupo Párrafo de la ficha Inicio de la Cinta de opciones de PowerPoint, escoja mediante los controles correspondientes las nuevas características de formato del texto seleccionado: viñetas, numeración, alineación, columnas, etc.

O bien:

3. Haga clic sobre el icono del iniciador de cuadros de diálogo del grupo Párrafo de la ficha Inicio de la Cinta de opciones para abrir el cuadro de diálogo Párrafo.

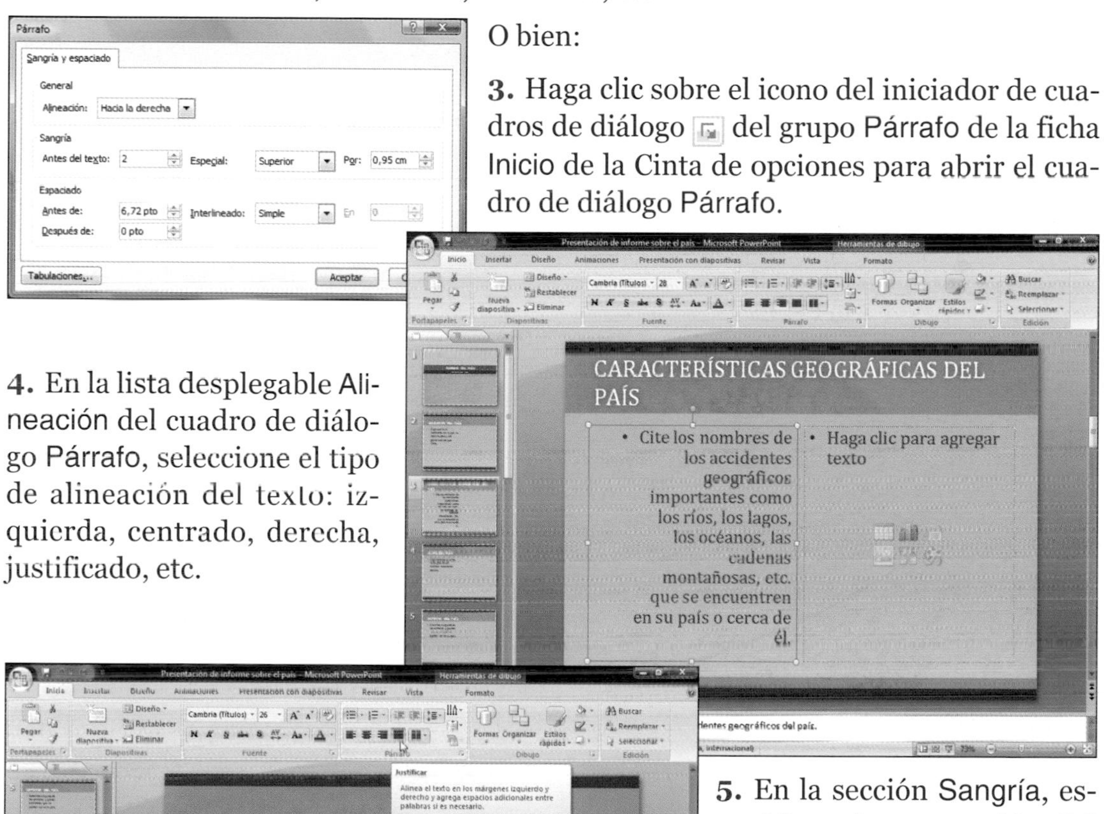

4. En la lista desplegable Alineación del cuadro de diálogo Párrafo, seleccione el tipo de alineación del texto: izquierda, centrado, derecha, justificado, etc.

5. En la sección Sangría, especifique la separación del texto respecto a los límites del marco de texto.

6. En la sección Espaciado, defina la separación entre los párrafos del texto y entre las líneas de cada párrafo.

7. Haga clic sobre **Aceptar** para validar los cambios.

Dirección y alineación de texto

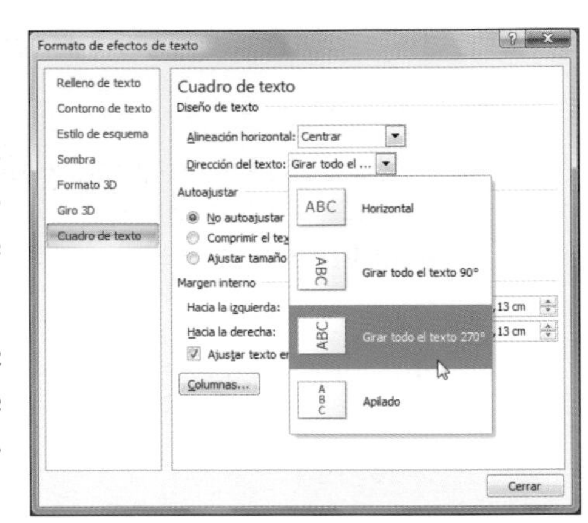

1. En la diapositiva, seleccione el cuadro de texto cuya dirección o alineación desee modificar.

2. En el grupo Párrafo de la ficha Inicio de la Cinta de opciones, haga clic sobre el botón **Dirección del texto** y seleccione cualquiera de las opciones de dirección predeterminadas.

3. En el mismo grupo de la ficha Inicio, haga clic sobre el botón **Alinear texto** y seleccione cualquiera de las opciones de alineación predeterminadas.

O bien:

4. Ejecute el comando Más opciones del menú de los botones **Dirección del texto** o **Alinear texto** del grupo Párrafo de la ficha Inicio de la Cinta de opciones.

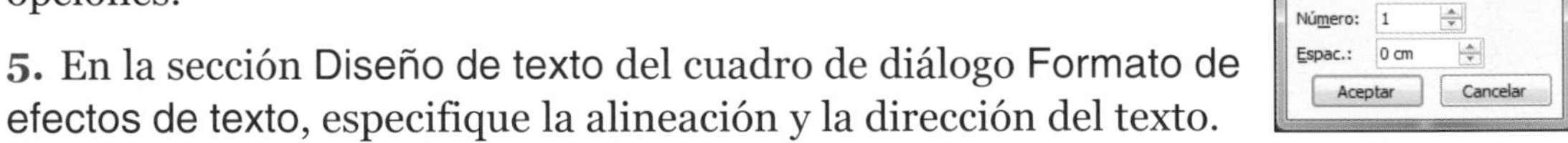

5. En la sección Diseño de texto del cuadro de diálogo Formato de efectos de texto, especifique la alineación y la dirección del texto.

6. En la sección Autoajustar, especifique el comportamiento del texto y el marco de texto respecto al ajuste automático de tamaño.

7. En la sección Margen interno, especifique la separación del texto con los bordes del cuadro de texto.

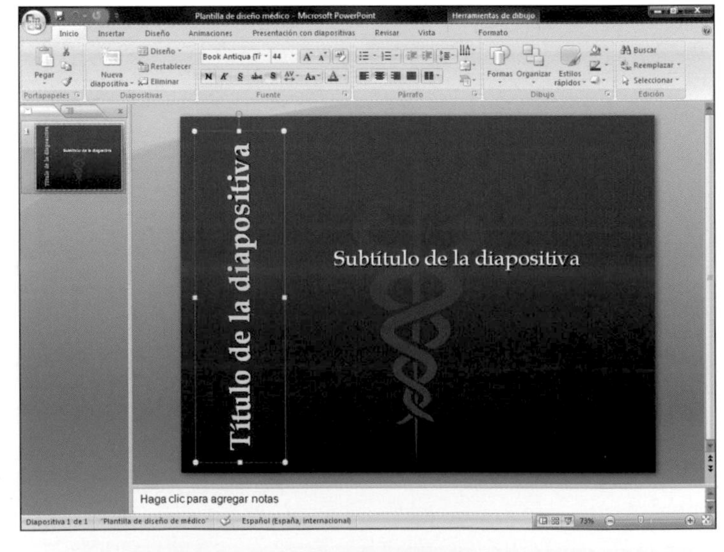

8. Si lo desea, haga clic sobre el botón **Columnas** para especificar el número de columnas en que se distribuirá el texto del cuadro de texto. Escriba el número de columnas deseado y la separación entre columnas y haga clic sobre el botón **Aceptar**.

9. Haga clic sobre el botón **Aceptar** para validar los cambios y cerrar el cuadro de diálogo Formato de efectos de texto.

Estilos y efectos de WordArt

1. En la diapositiva, seleccione el objeto WordArt cuyo formato desee modificar.

2. Localice el grupo Estilos de WordArt de la ficha Formato de la Cinta de opciones.

3. Para cambiar el aspecto general del objeto, haga clic sobre cualquiera de las opciones de estilo disponibles en el grupo. Puede recorrer los estilos disponibles en el programa haciendo clic sobre los botones o o desplegar un menú con todas las opciones posibles haciendo clic sobre el botón .

4. Haga clic sobre el botón **Efectos de texto** del grupo Estilos de WordArt de la ficha Formato. Despliegue el submenú correspondiente al tipo de efecto que desee asignar al objeto y haga clic sobre cualquiera de las opciones disponibles.

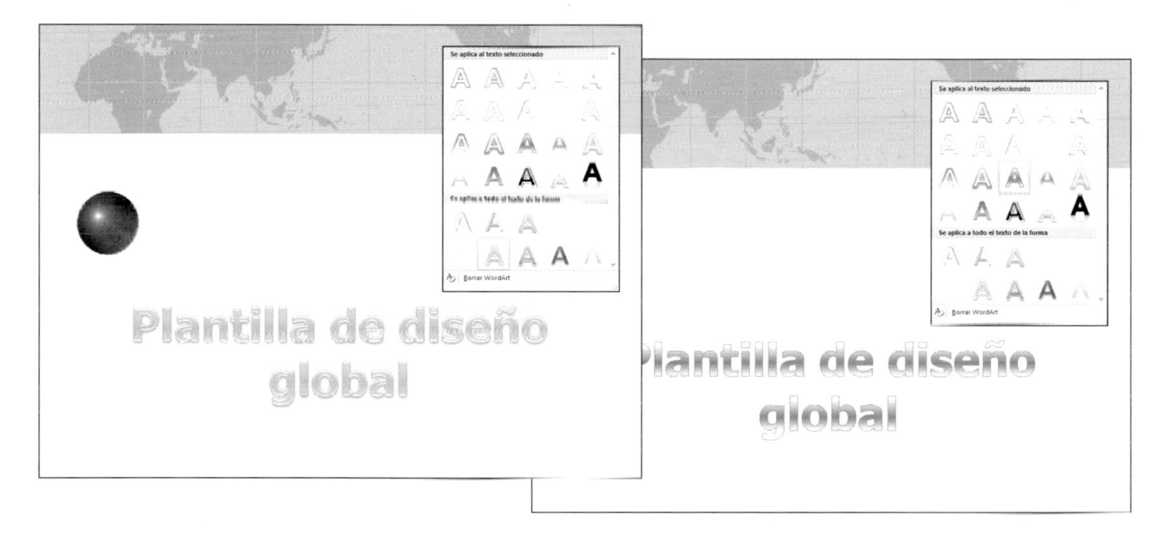

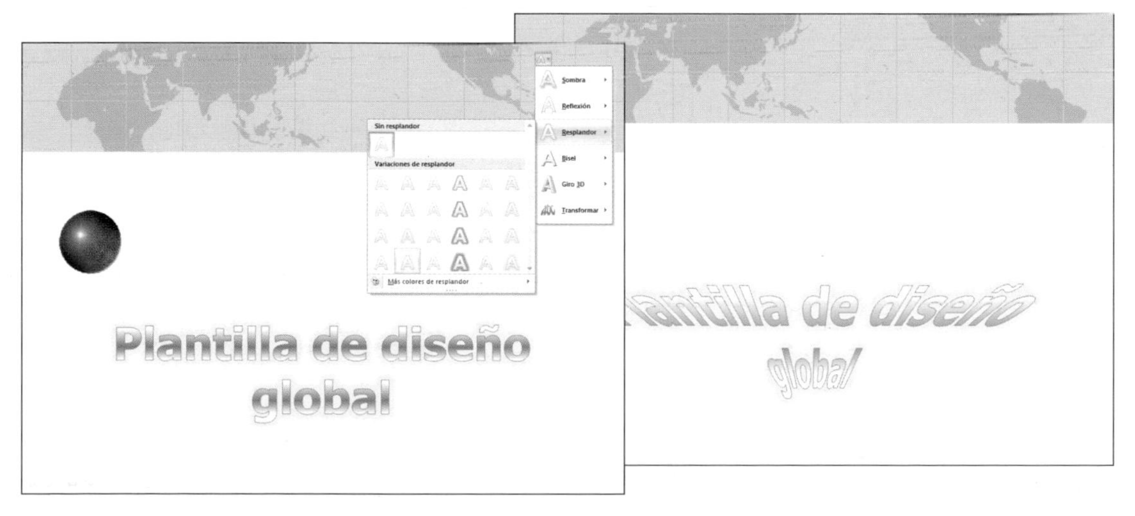

Relleno y contorno de texto WordArt

Para modificar el relleno de un objeto WordArt en PowerPoint:

1. En la diapositiva, seleccione el objeto WordArt cuyo relleno desea modificar.

2. Haga clic sobre el botón **Relleno de texto** del grupo Estilos de WordArt de la ficha Formato de la Cinta de opciones.

3. En la paleta desplegable, seleccione cualquiera de los colores planos de relleno disponibles o ejecute cualquiera de los comandos disponibles: Sin relleno (elimina el color de relleno), Mas colores de relleno (paleta completa de colores planos), Imagen (una imagen como fondo del texto) Degradado (un degradado como fondo del texto) o Textura (una textura como imagen de fondo).

Para modificar el contorno de un objeto WordArt:

1. En la diapositiva, seleccione el objeto WordArt cuyo contorno desea modificar.

2. Haga clic sobre el botón **Contorno de texto** del grupo Estilos de WordArt de la ficha Formato de la Cinta de opciones.

3. En la paleta desplegable, seleccione cualquiera de los colores planos de contorno disponibles o ejecute cualquiera de los comandos disponibles: Sin contorno (elimina las líneas de contorno), Más colores del contorno (paleta completa de colores planos), Grosor (grosor de las líneas de contorno) o Guiones (tipo de línea de contorno).

Ajuste de imágenes

1. En la diapositiva, seleccione la imagen que desea ajustar haciendo clic sobre su superficie.

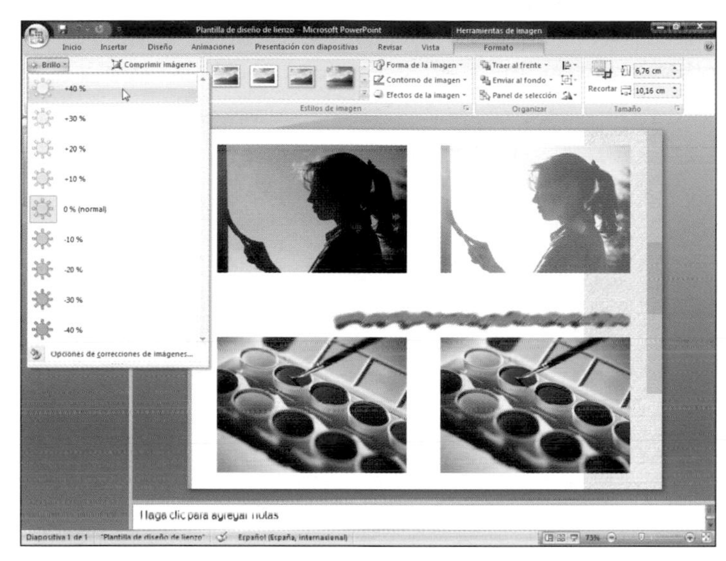

2. Localice el grupo Ajustar de la ficha Formato de la Cinta de opciones.

3. Utilice los controles del grupo para modificar el aspecto de la imagen:

- Brillo. Seleccione cualquiera de los porcentajes de brillo preestablecidos o ejecute el comando Opciones de correcciones de imágenes para escoger un valor que no se encuentre en la lista.
- Contraste. Seleccione cualquiera de los porcentajes de contraste predefinidos o ejecute el comando Opciones de correcciones de imágenes para escoger un valor que no se encuentre en la lista.
- Volver a colorear. Escoja cualquiera de los esquemas de color disponibles en el menú, seleccione un color en la paleta Más variaciones o ejecute el comando Definir color transparente para seleccionar en la imagen un color para la transparencia.

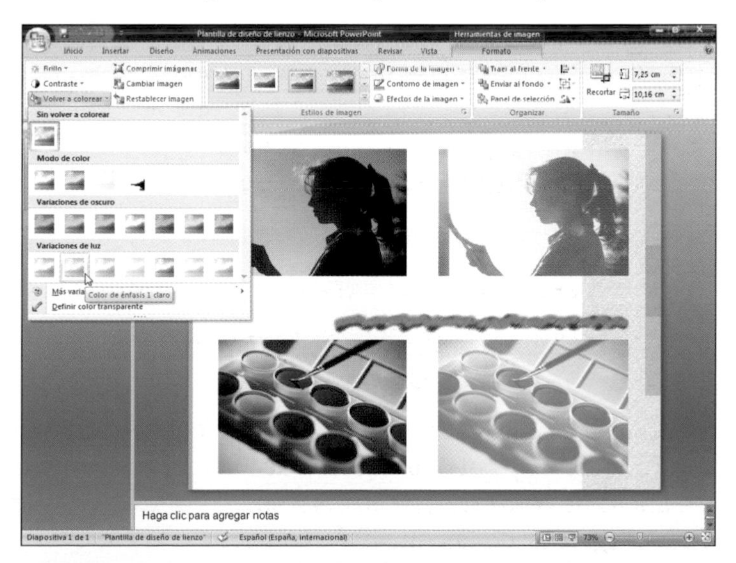

- Comprimir imágenes. Reduce el tamaño del archivo de imagen mediante técnicas de compresión.
- Cambiar imagen. Permite sustituir la imagen seleccionada por cualquier otra imagen del sistema.
- Restablecer imagen. Recupera el estado original de la imagen seleccionada después de realizar algún ajuste.

Estilos de imágenes

1. En la diapositiva, seleccione la imagen cuyo estilo desea modificar haciendo clic sobre su superficie.

2. Localice el grupo Estilos de imagen de la ficha Formato de la Cinta de opciones de PowerPoint 2007.

3. Para cambiar el aspecto general de la imagen, haga clic sobre cualquiera de las opciones de estilo disponibles en el grupo. Puede recorrer los estilos disponibles en el programa haciendo clic sobre los botones ▲ o ▼ o desplegar un menú con todas las opciones posibles haciendo clic sobre el botón ▼.

Formas de imágenes

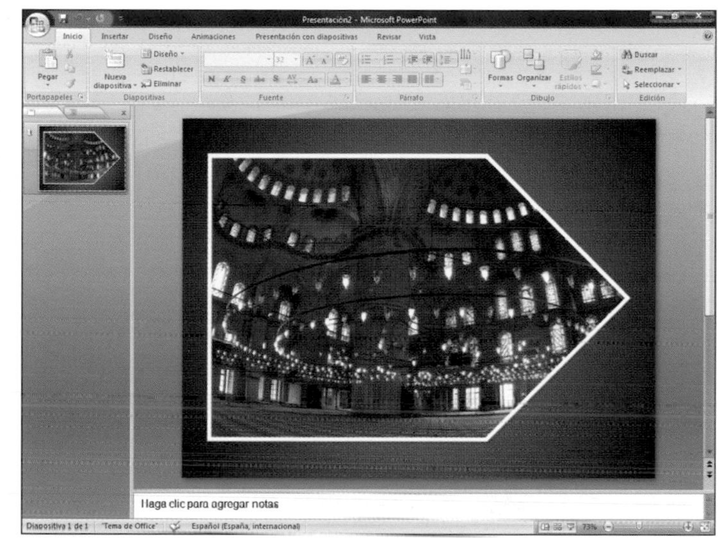

1. En la diapositiva, seleccione la imagen cuya forma desee cambiar.

2. Haga clic sobre el botón **Forma de la imagen** del grupo Estilos de imagen de la ficha Formato. Por categorías, el programa ofrece distintas formas predefinidas para nuestras imágenes:

- Rectángulos. Todo tipo de rectángulos rectos, redondeados y truncados.
- Formas básicas. Triángulos, polígonos y símbolos comunes.
- Flechas de bloque. Distintos tipos de diseños con forma de flecha.
- Formas de ecuación. Formas que representan diferentes símbolos matemáticos.
- Diagrama de flujo. Formas para la construcción de bloques de diagramas de flujo.
- Cintas y estrellas. Estrellas regulares e irregulares con distintos números de puntas y formas de cintas.
- Llamadas. Formas de llamadas o bocadillos de texto.
- Botones de acción. Formas ideadas para utilizar como botones para realizar acciones durante la reproducción de una representación.

3. Escoja la forma que desee aplicar a la imagen y haga clic sobre su icono.

Para recuperar la forma original de la imagen, haga clic sobre el botón **Restablecer imagen** del grupo Ajustar de la ficha Formato.

Contorno de imágenes

1. En la diapositiva, seleccione la imagen cuyo contorno desea modificar haciendo clic sobre su superficie.

2. Haga clic sobre el botón **Contorno de imagen** del grupo Estilos de imagen de la ficha Formato de la Cinta de opciones de PowerPoint.

3. En la paleta desplegable, seleccione cualquiera de los colores planos de contorno disponibles o ejecute cualquiera de los siguientes comandos:

- Sin contorno. Elimina el color de contorno de la imagen (contorno transparente).
- Más colores del contorno. Abre un cuadro de diálogo con una paleta completa de colores planos entre los que el usuario puede elegir.
- Grosor. Despliegue el submenú y elija cualquiera de los grosores de contorno predeterminados del programa o ejecute el comando Más líneas para especificar un grosor de contorno personalizado.
- Guiones. Despliegue el submenú y elija cualquiera de los tipos de línea predeterminados o ejecute el comando Más líneas para definir un tipo de línea personalizado.

Efectos de imágenes

1. En la diapositiva, seleccione la imagen a la que desea añadir el efecto.

2. Haga clic sobre el botón **Efectos de la imagen** del grupo Estilos de imagen de la ficha Formato de la Cinta de opciones de PowerPoint.

3. Seleccione el submenú que contiene el efecto a aplicar y haga clic sobre su icono:

- Preestablecer. Distintos tipos de efectos predeterminados. Desde este submenú, también se puede obtener un efecto en tres dimensiones personalizado ejecutando el comando Opciones 3D.
- Sombra. Distintos efectos de sombra exterior, interior y en perspectiva. Ejecute el comando Opciones de sombra para crear un efecto de sombreado personalizado.
- Reflexión. Distintas variaciones de reflejos de la imagen.

- Resplandor. Brillos alrededor de la imagen en distintas tonalidades. Si la tonalidad que desea aplicar no se encuentra disponible, despliegue el submenú Más colores de resplandor para obtener una paleta completa de colores.
- Bordes suaves. Suavizado de los bordes exteriores.
- Bisel. Distintos retoques de las aristas de la imagen en tres dimensiones. Se pueden obtener efectos personalizados ejecutando el comando Opciones 3D.
- Giro 3D. Rotación de la imagen en tres dimensiones. Mediante el comando Opciones de giro 3D, podrá obtener un efecto en tres dimensiones personalizado.

Recortar una imagen

PowerPoint 2007 incluye una herramienta para recortar imágenes, es decir, mostrar en la diapositiva solamente un fragmento de la figura original. Para recortar una imagen:

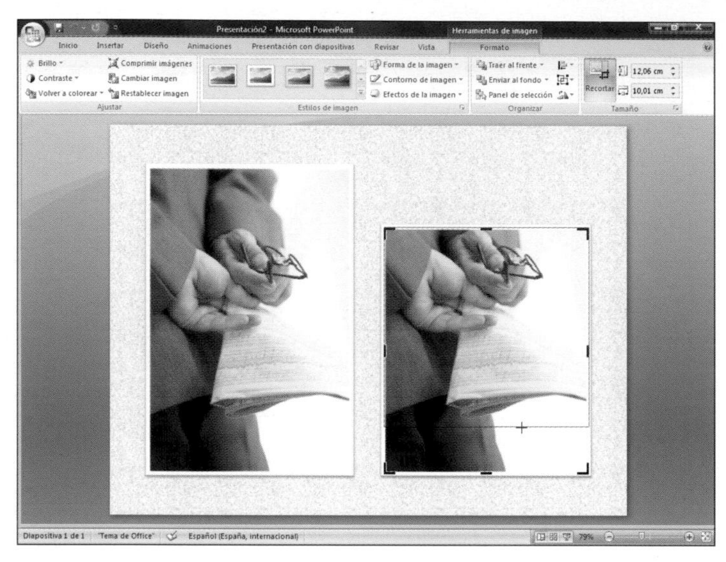

1. En la diapositiva, seleccione la imagen que desea recortar haciendo clic sobre su superficie.

2. Haga clic sobre el botón **Recortar** del grupo Tamaño de la ficha Formato de la Cinta de opcones.

3. Sitúe el puntero del ratón sobre cualquiera de los manejadores de recorte de la imagen, hasta que se produzca un cambio de forma.

4. Haga clic y, manteniendo presionado el botón izquierdo del ratón, arrástrelo hasta conseguir el recorte deseado.

O bien:

2. Haga clic sobre el icono del iniciador de cuadros de diálogo del grupo Tamaño de la ficha Formato.

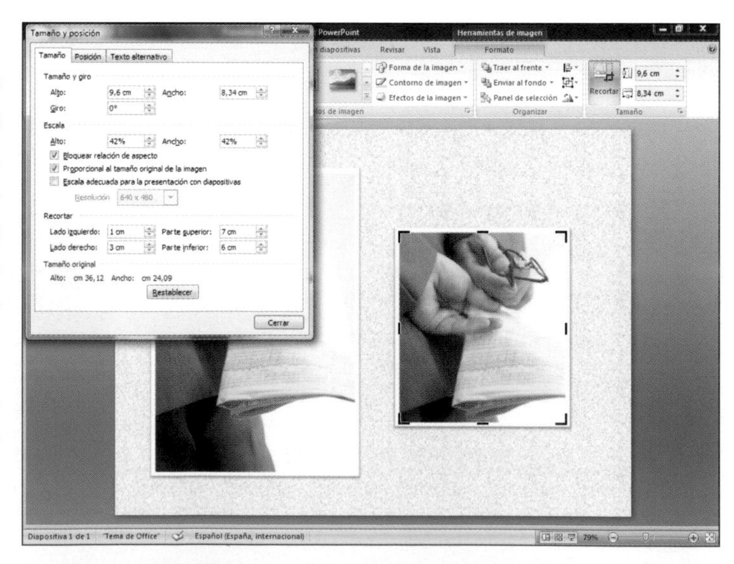

3. En la sección Recortar de la ficha Tamaño del cuadro de diálogo Tamaño y posición, especifique los límites de recorte que desee mediante los cuadros de texto Lado izquierdo, Lado derecho, Parte superior y Parte inferior.

4. Haga clic sobre el botón **Cerrar** para completar el proceso.

Cambiar y restablecer imágenes

Para cambiar una imagen de una diapositiva PowerPoint por otra manteniendo todos los formatos y efectos aplicados a la imagen original:

1. En la diapositiva, seleccione la imagen que desea cambiar haciendo clic sobre su superficie.
2. Haga clic sobre el botón **Cambiar imagen** del grupo Ajustar de la ficha Formato de la Cinta de opciones.
3. En el cuadro de diálogo Insertar imagen, localice la carpeta que contiene la nueva imagen que desea utilizar.

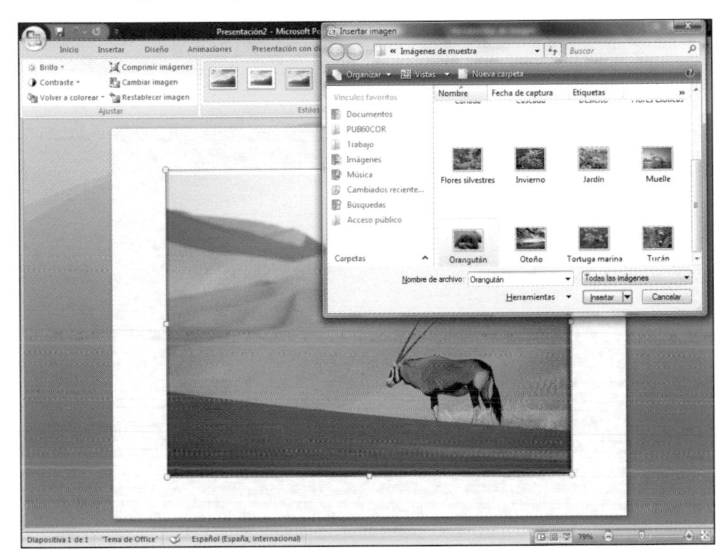

4. Seleccione el archivo de imagen en la lista central o escriba su nombre en el cuadro de texto Nombre de archivo.
5. Haga clic sobre el botón **Insertar**.

Para recuperar el aspecto original de una imagen (tamaño, posición, recorte, etc.) y eliminar todos los formatos y efectos aplicados a la misma:

1. En la diapositiva, seleccione la imagen que desea restablecer haciendo clic sobre su superficie.
2. Haga clic sobre el botón **Restablecer imagen** del grupo Ajustar de la ficha Formato de la Cinta de opciones.

Opciones de películas

1. En la diapositiva, seleccione la película o animación cuyas opciones desea configurar haciendo clic sobre cualquier punto de su superficie.

2. Active la ficha Opciones de la Cinta de opciones.

3. Haga clic sobre el botón **Volumen de la presentación** del grupo Opciones de las películas para definir el volumen con el que se reproducirá el vídeo.

4. En la lista desplegable Reproducir película del grupo Opciones de las películas, seleccione la forma en que desea iniciar la reproducción del vídeo: automáticamente, al hacer clic sobre su imagen o reproducir en todas las diapositivas.

5. Para no mostrar el vídeo durante la reproducción de la presentación, active la casilla de verificación Ocultar durante presentación.

6. Para mostrar el vídeo a pantalla completa, active la casilla de verificación Reproducir a pantalla completa.

7. Para repetir de forma continua la reproducción del vídeo durante el tiempo que permanezca en pantalla la diapositiva, active la casilla de verificación Repetir la reproducción hasta su interrupción.

8. Para volver al inicio del vídeo después de finalizar su reproducción, active la casilla de verificación Rebobinar la película al terminar la reproducción.

Para visualizar el vídeo en el modo de diseño de la diapositiva, haga clic sobre el botón **Vista previa** del grupo Reproducir de la ficha Opciones de la Cinta de opciones.

Opciones de sonidos

1. En la diapositiva, seleccione el icono de sonido cuyas opciones desea configurar haciendo clic sobre su superficie.

2. Active la ficha Opciones de la Cinta de opciones.

3. Haga clic sobre el botón **Volumen de la presentación** del grupo Opciones de sonido para definir el volumen con el que se reproducirá el sonido.

4. Para ocultar el icono del sonido durante la reproducción de la presentación, active la casilla de verificación Ocultar durante presentación.

5. Para repetir de forma continua la reproducción del sonido durante el tiempo que permanezca en pantalla la diapositiva, active la casilla de verificación Repetir la reproducción hasta su interrupción.

6. En la lista desplegable Reproducir sonido, seleccione la forma en que desea iniciar la reproducción del sonido: automáticamente, al hacer clic sobre su icono o reproducir en todas las diapositivas.

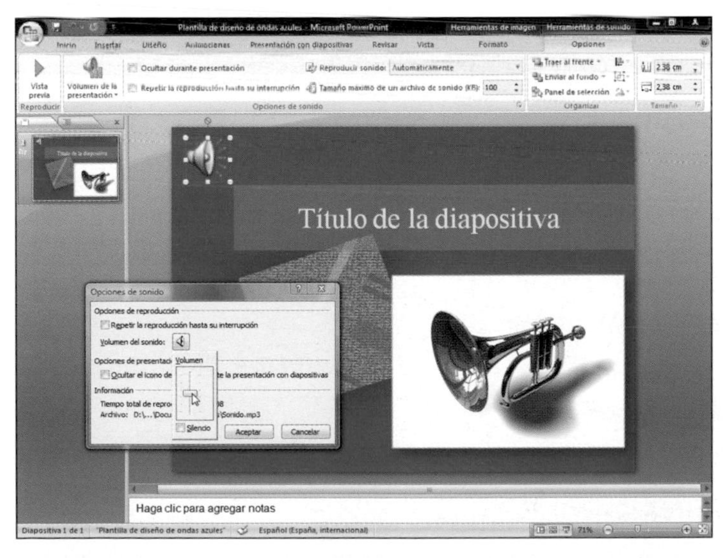

7. Para limitar el tamaño de cualquier archivo de sonido en la presentación, escriba el valor que desee (en Kilobytes) en el cuadro de texto Tamaño máximo de un archivo de sonido (KB).

También puede acceder a las opciones de control de sonido de una diapositiva haciendo clic sobre el icono del iniciador de cuadros de diálogo del grupo Opciones de sonido de la ficha Opciones.

Capítulo 5
Objetos complejos

Insertar una tabla

Para insertar una tabla en una diapositiva PowerPoint:

1. En la vista Normal de la diapositiva, haga clic sobre el botón **Tabla** del grupo Tablas de la ficha Insertar de la Cinta de opciones.

2. En la cuadrícula, haga clic sobre el recuadro que represente el número de filas y columnas que desea generar en la tabla.

Cuando sitúe el puntero del ratón sobre la cuadrícula del botón **Tabla** del grupo Tablas de la ficha Insertar, PowerPoint mostrará el aspecto de la tabla resultante en cada momento sobre la superficie de la diapositiva.

O bien:

2. Ejecute el comando Insertar tabla haciendo clic sobre su nombre.

3. En el cuadro de texto Número de columnas del cuadro de diálogo Insertar tabla, escriba el número de columnas que desea crear en su tabla.

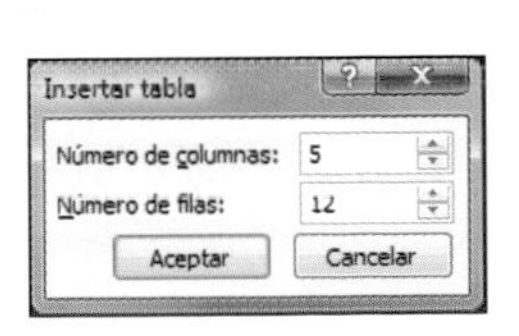

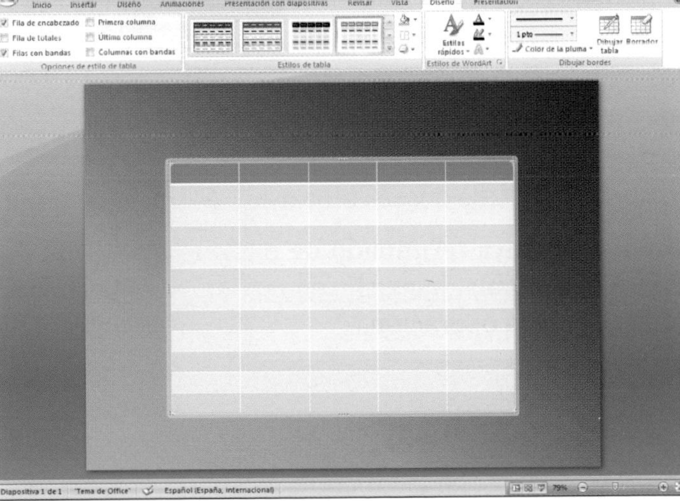

4. En el cuadro de texto Número de filas, especifique el número de filas que desea para la tabla.

5. Haga clic sobre el botón **Aceptar** para completar la creación de la tabla.

Borrador de tabla

1. En la diapositiva, seleccione la tabla que desea editar haciendo clic sobre sus bordes.

2. Haga clic sobre el botón **Borrador** del grupo Dibujar bordes de la ficha Diseño de la Cinta de opciones.

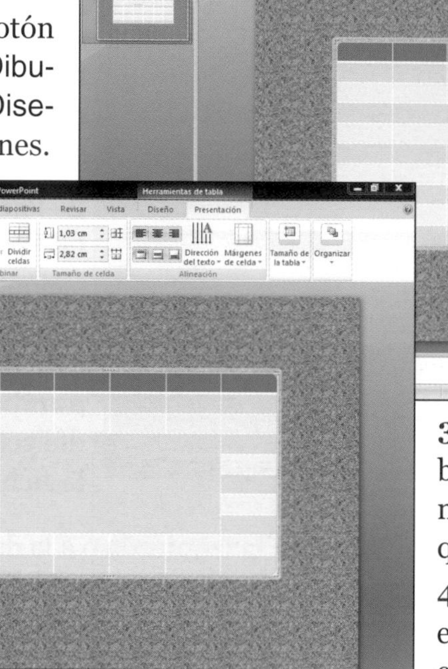

3. Con el puntero en forma de borrador, haga clic sobre la línea de división entre celdas que desee eliminar.

4. Cuando haya terminado de eliminar líneas, haga clic sobre cualquier espacio vacío de la diapositiva, fuera de la tabla.

Para combinar varias celdas de una tabla en una sola:

1. Seleccione las celdas que desea combinar haciendo clic sobre la primera de ellas y arrastrando el ratón hasta abarcar todo el rango de celdas.

2. Haga clic sobre el botón **Combinar celdas** del grupo Combinar de la ficha Presentación de la Cinta de opciones.

Para volver a dividir una celda resultante de una combinación de celdas o una celda normal de una tabla:

1. Seleccione o sitúe el cursor de edición sobre la celda que desea dividir.

2. Haga clic sobre el botón **Dividir celdas** del grupo Combinar de la ficha Presentación de la Cinta de opciones.

3. En el cuadro de diálogo Dividir celdas, especifique el número de filas y columnas en las que desea dividir la celda mediante los cuadros de texto Número de columnas y Número de filas.

4. Haga clic sobre el botón **Aceptar**.

Seleccionar celdas

Para seleccionar un grupo de celdas contiguas:

1. Haga clic sobre la primera de las celdas y, manteniendo presionado el botón izquierdo del ratón, arrástrelo hasta la última celda del grupo que desee seleccionar.

Para seleccionar una fila de una tabla:

1. Sitúe el puntero del ratón en los laterales izquierdo o derecho de la fila (fuera de los límites de la tabla) hasta que tome la forma de una flecha de color negro apuntando a izquierda o derecha y haga clic.

O bien:

1. Sitúe el cursor de edición en cualquiera de las celdas de la fila que desee seleccionar.

2. Haga clic sobre el botón **Seleccionar** del grupo Tabla de la ficha Presentación.

3. Ejecute el comando Seleccionar fila.

Para seleccionar una columna de una tabla:

1. Sitúe el puntero del ratón en los bordes superior o inferior de la columna (fuera de los límites de la tabla) hasta que tome la forma de una flecha de color negro apuntando hacia abajo o hacia arriba y haga clic

O bien:

1. Sitúe el cursor de edición sobre cualquiera de las celdas de la columna que desee seleccionar.

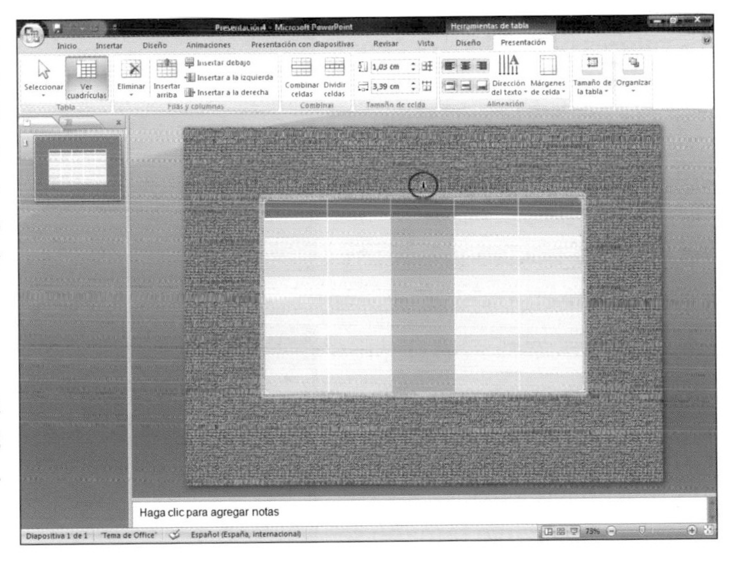

2. Haga clic sobre el botón **Seleccionar** del grupo Tabla de la ficha Presentación.

3. Ejecute el comando Seleccionar columna.

Seleccionar tabla
Seleccionar columna
Seleccionar fila

Para seleccionar toda la tabla:

1. Sitúe el cursor de edición sobre cualquier celda de la tabla.

2. Haga clic sobre el botón **Seleccionar** del grupo Tabla de la ficha Presentación.

3. Ejecute el comando Seleccionar tabla.

Editar texto

Para modificar el texto de un gráfico SmartArt en una diapositiva de PowerPoint:

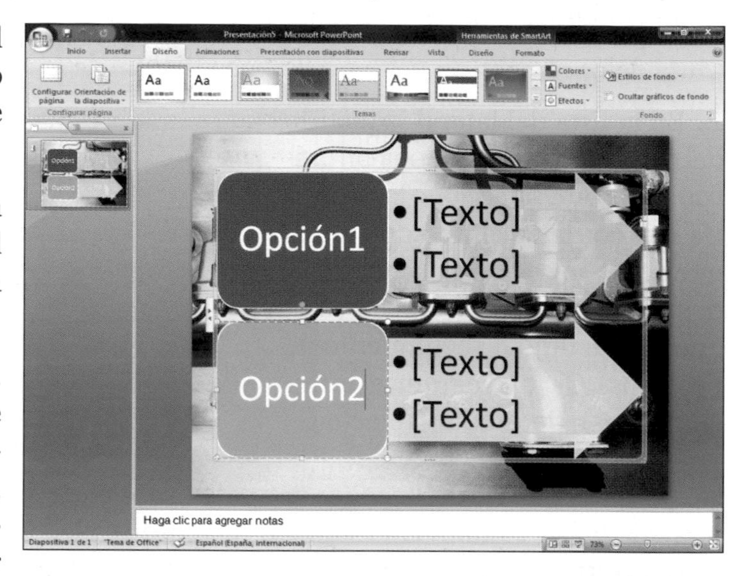

1. Si es necesario, active el gráfico SmartArt haciendo clic sobre cualquier punto de su superficie.

2. Haga clic sobre cualquiera de las etiquetas de texto del gráfico (inicialmente con la leyenda "[Texto]").

3. Escriba el texto que desee. Puede utilizar las técnicas de edición habituales de cualquier tratamiento de texto, empleando las teclas **Retroceso** o **Supr** para eliminar caracteres, pulsando la tecla **Intro** para crear una nueva línea, etc.

4. Cuando haya finalizado la edición, haga clic sobre cualquier punto fuera del texto para validar los cambios.

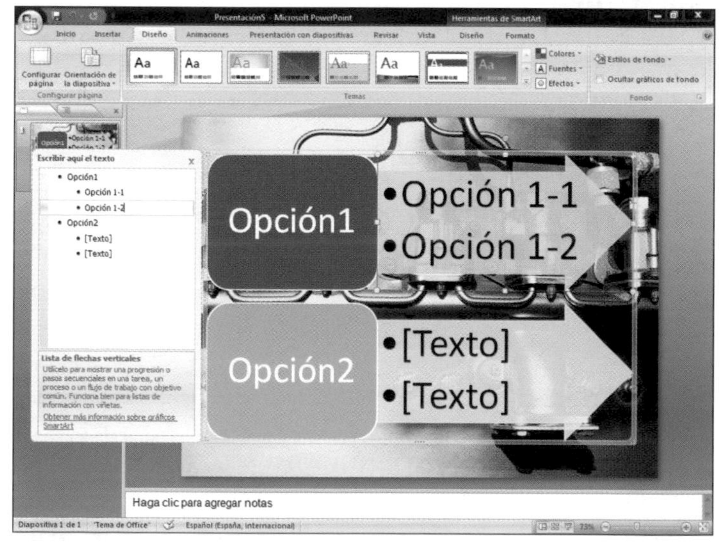

O bien:

2. Haga clic sobre el icono situado en el lateral izquierdo del marco del gráfico SmartArt.

3. En el panel Escriba aquí el texto, haga clic sobre el elemento de texto que desee editar (inicialmente etiquetado como "[Texto]").

4. Escriba el texto deseado. Observe que, en esta ocasión, si pulsa la tecla **Intro** no se creará una nueva línea de texto, sino que se añadirá un nuevo elemento al diagrama.

5. Cuando haya finalizado la edición, haga clic sobre el botón **Cerrar** situado en la esquina superior derecha del panel.

Cambiar el diseño de un gráfico SmartArt

1. Si es necesario, seleccione el gráfico SmartArt que desee modificar haciendo clic sobre cualquier punto de su superficie.

2. Localice el grupo Diseños de la ficha Diseño de la Cinta de opciones.

3. Para cambiar el tipo de gráfico, haga clic sobre cualquiera de las opciones disponibles en el grupo. Puede recorrer los diseños disponibles en el programa haciendo clic sobre los botones o o desplegar un menú con todas las opciones posibles haciendo clic sobre el botón .

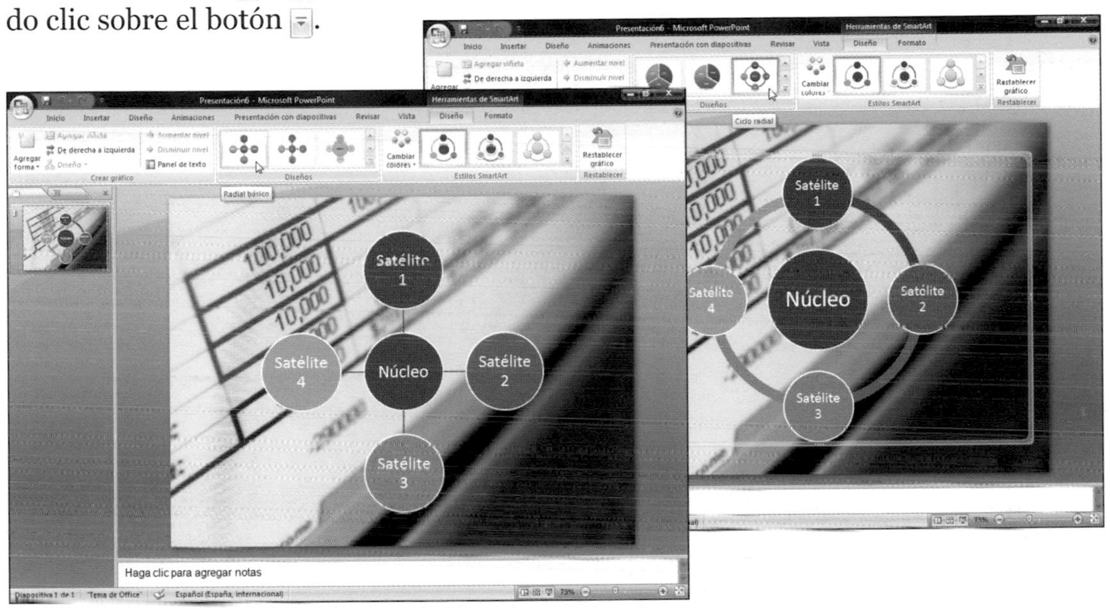

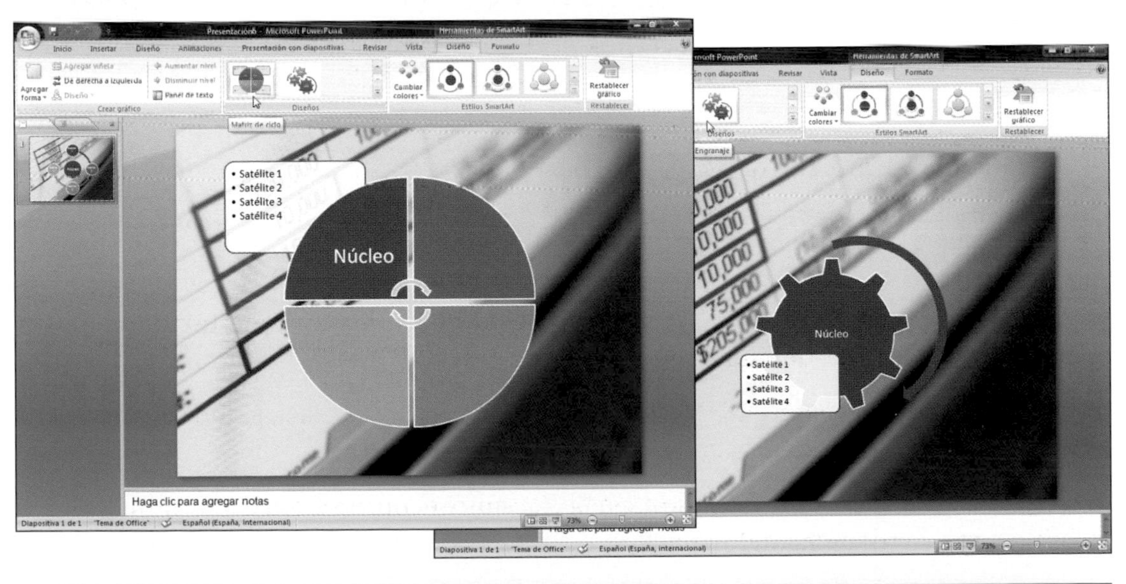

Estilos y colores

Para modificar el aspecto global de un gráfico SmartArt:

1. Si es necesario, seleccione el gráfico que desea modificar haciendo clic sobre cualquier punto de su superficie.

2. Localice el grupo Estilos SmartArt de la ficha Diseño.

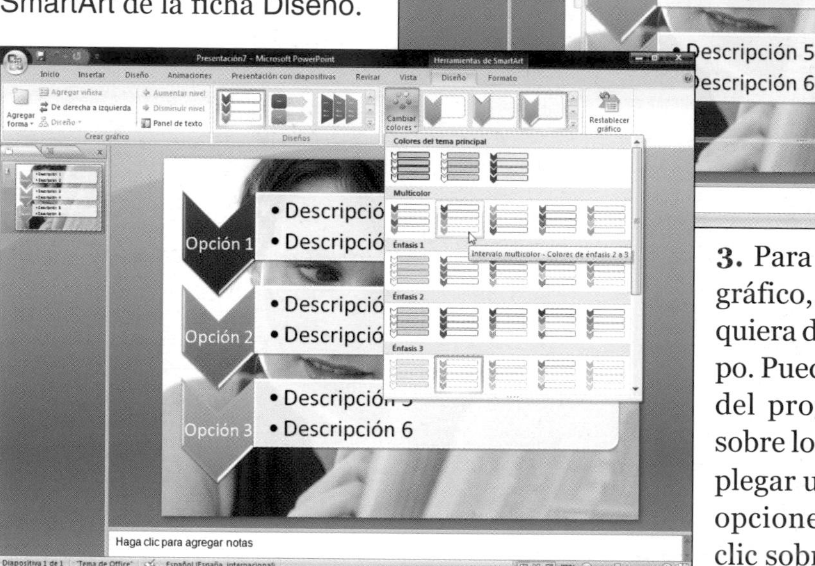

3. Para cambiar el aspecto del gráfico, haga clic sobre cualquiera de las opciones del grupo. Puede recorrer los diseños del programa haciendo clic sobre los botones o o desplegar un menú con todas las opciones posibles haciendo clic sobre el botón .

Para modificar el esquema de colores del gráfico:

1. Si es necesario, seleccione el gráfico SmartArt haciendo clic sobre su superficie.

2. Haga clic en el botón **Cambiar colores** del grupo Estilos SmartArt de la ficha Diseño.

3. En el menú desplegable, seleccione el tipo de combinación de colores que desea utilizar para el gráfico haciendo clic sobre su representación.

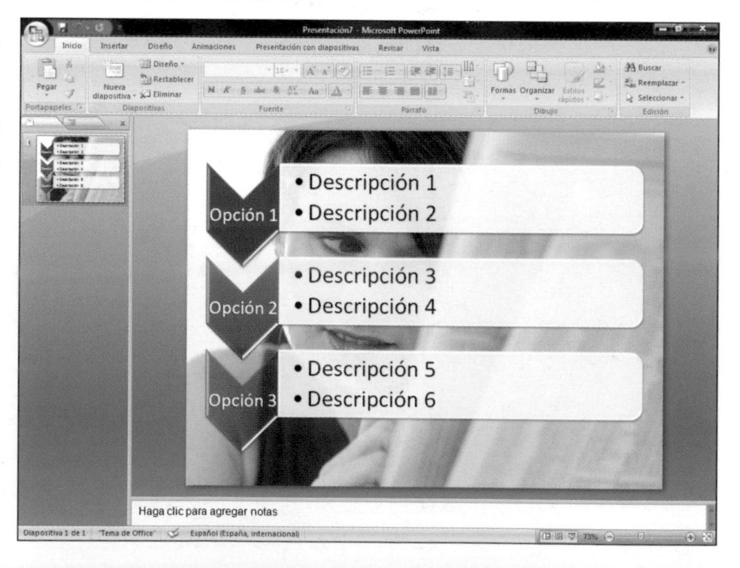

Agregar elementos a un gráfico SmartArt

Cuando se crea un gráfico SmartArt nuevo en una diapositiva PowerPoint, éste incluye un número predeterminado de elementos. Sin embargo, el programa ofrece la posibilidad de aumentar o reducir el número de estos elementos según nuestras necesidades. Para añadir un nuevo elemento a un gráfico SmartArt:

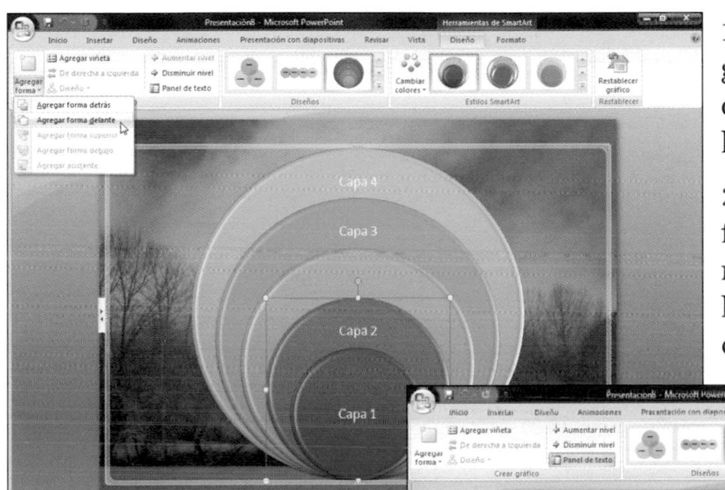

1. Seleccione el elemento del gráfico SmartArt junto al que desee añadir la nueva forma haciendo clic sobre él.

2. Haga clic sobre la mitad inferior del botón **Agregar forma** del grupo Crear gráfico de la ficha Diseño de la Cinta de opciones de PowerPoint 2007.

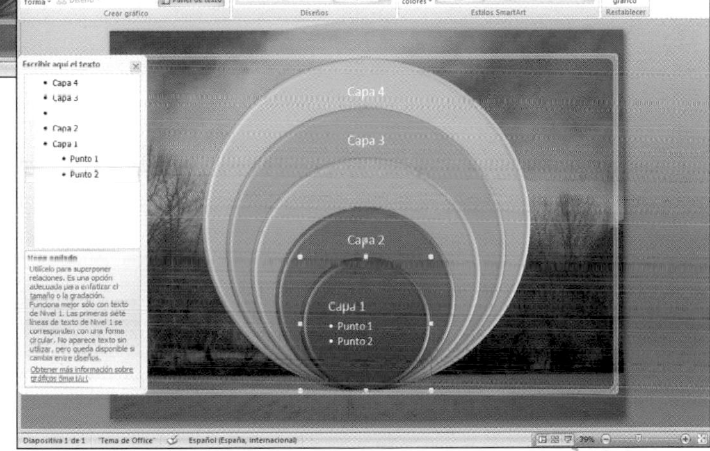

3. En el menú, seleccione la posición donde desee añadir el nuevo elemento del gráfico ejecutando el comando correspondiente: Agregar forma detrás, Agregar forma delante, Agregar forma superior, Agregar forma debajo o Agregar asistente.

También es posible añadir viñetas o listas de puntos al texto de cualquiera de los elementos que conforman un gráfico SmartArt:

1. Seleccione el elemento del gráfico SmartArt donde desea añadir la nueva viñeta.

2. Haga clic sobre el botón **Agregar viñeta** del grupo Crear gráfico de la ficha Diseño de la Cinta de opciones.

3. Escriba el texto de la nueva lista de viñetas. Para crear más de un punto en la lista, puede utilizar la tecla **Intro** tanto si trabaja directamente sobre el gráfico como si introduce su contenido desde el panel Escriba aquí el texto.

Diseño de formas SmartArt

PowerPoint nos ofrece varias opciones para especificar la distribución de los elementos de los distintos tipos de gráficos y, especialmente, cuando trabajamos con organigramas jerárquicos. Dichas opciones se encuentran recogidas en el grupo Crear gráfico de la ficha Diseño de la Cinta de opciones (accesible cuando se ha seleccionado un gráfico SmartArt o cualquiera de sus elementos).

- Botón **De derecha a izquierda**. Cambia la colocación de los elementos de un gráfico SmartArt intercambiándolos de derecha a izquierda.

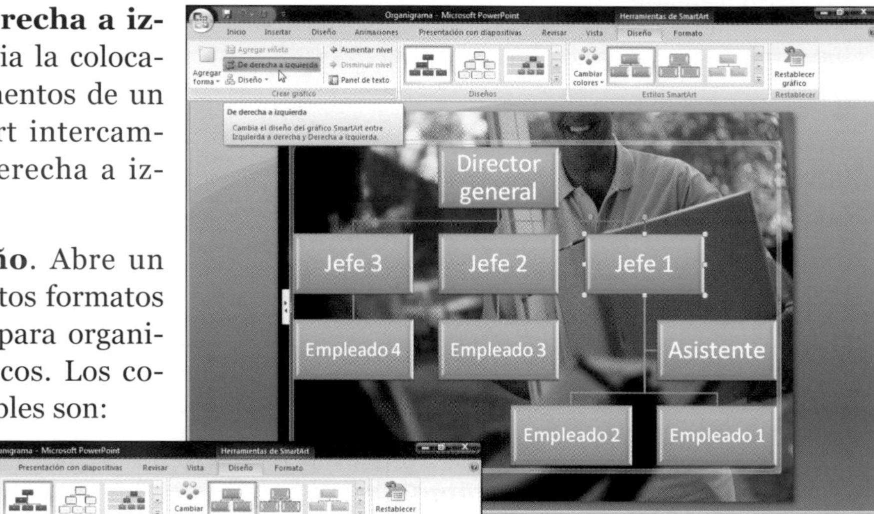

- Botón **Diseño**. Abre un menú con distintos formatos de distribución para organigramas jerárquicos. Los comandos disponibles son:

- Estándar. Un organigrama normal, con los elementos colocados jerárquicamente por orden de importancia desde arriba hacia abajo.
- Ambos. En este tipo de organigrama, los elementos dependientes se pueden situar a ambos lados el elemento superior.
- Dependientes a la izquierda y Dependientes a la derecha. Los elementos subordinados de un elemento determinado, se colocan en el lateral izquierdo o derecho.

- Botón **Aumentar un nivel**. Mediante este botón, se puede aumentar un nivel en la jerarquía la posición de un elemento en un gráfico SmartArt o de una viñeta.
- Botón **Disminuir un nivel**. Es el comando complementario del anterior. Hace bajar una posición en la jerarquía el elemento o viñeta seleccionada.

Tamaño de gráfico y edición de formas

Para modificar el tamaño de un gráfico SmartArt:

1. Sitúe el puntero del ratón sobre cualquiera de los manejadores del contorno del gráfico SmartArt, hasta que tome la forma de una doble punta de flecha.

2. Haga clic y, manteniendo presionado el botón izquierdo del ratón, arrástrelo hasta la posición deseada.

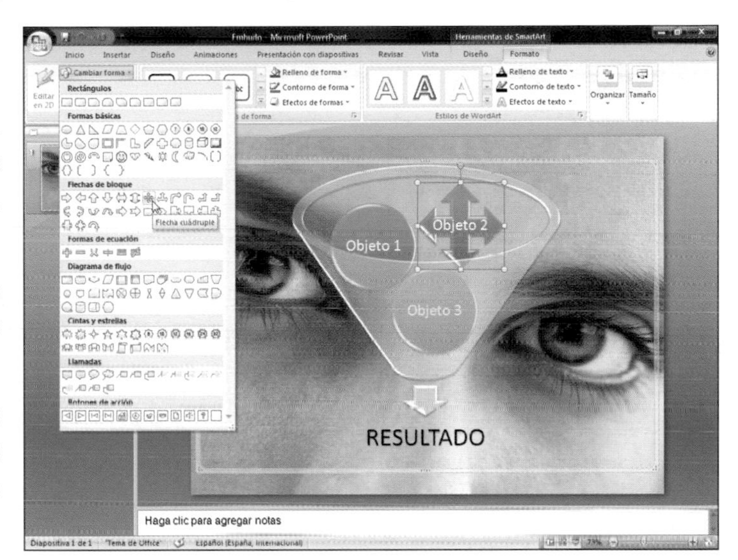

O bien:

1. Una vez seleccionado el gráfico SmartArt, haga clic sobre el botón **Tamaño** de la ficha Formato.

2. En los cuadros de texto Alto y Ancho, introduzca las nuevas dimensiones:

Para cambiar el aspecto de cualquiera de los elementos que conforman un gráfico SmartArt:

1. Seleccione el elemento cuyo aspecto desea modificar.

2. Haga clic sobre el botón **Cambiar forma** del grupo Formas de la ficha Formato de la Cinta de opciones.

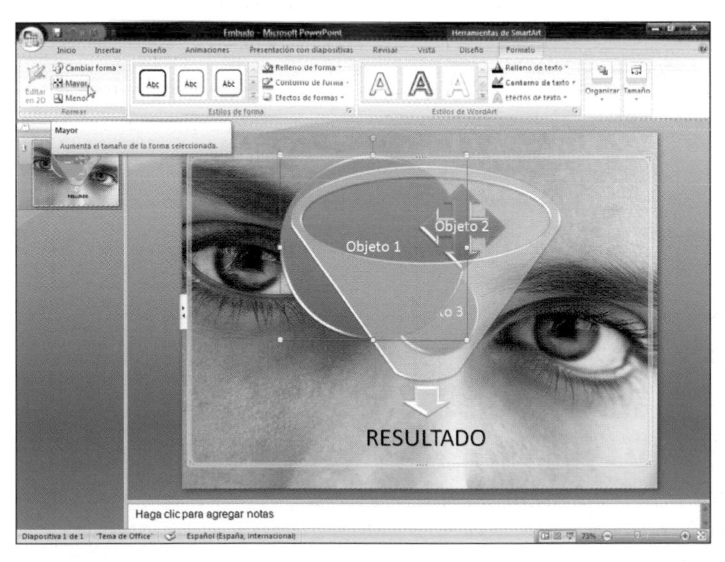

3. En el menú desplegable, localice la categoría que contiene la forma que desea utilizar para el elemento del gráfico SmartArt y haga clic sobre su icono para aplicarlo.

Para modificar el tamaño de un elemento:

1. Seleccione el elemento cuyo tamaño desea modificar.

2. Haga clic sobre los botones **Mayor** o **Menor** del grupo Formas de la ficha Formato.

Estilos y efectos de formas

Para cambiar el estilo de un elemento de un gráfico SmartArt:

1. Seleccione el elemento que desea modificar haciendo clic sobre su superficie.

2. Localice el grupo Estilos de forma de la ficha Formato de la Cinta de opciones.

3. Para cambiar el aspecto del elemento, haga clic sobre cualquiera de las opciones del grupo. Puede recorrer los diseños disponibles en el programa haciendo clic sobre los botones o o desplegar un menú con todas las opciones posibles haciendo clic sobre el botón .

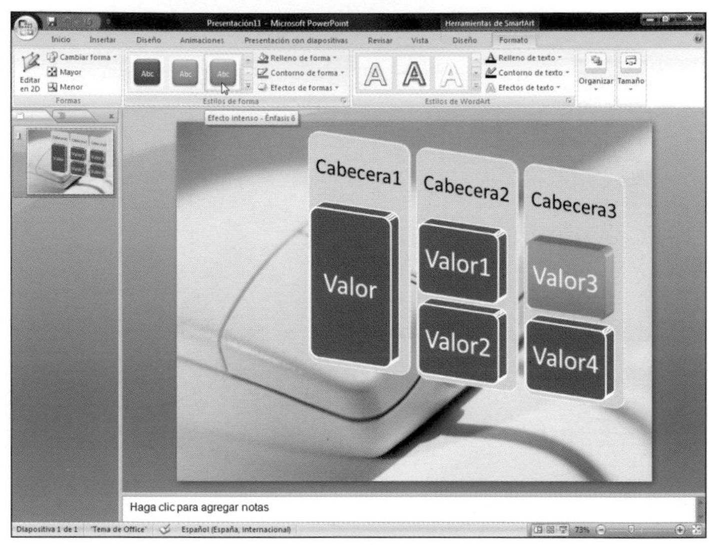

Para cambiar los efectos especiales de un elemento de un gráfico SmartArt:

1. Seleccione el elemento que desea modificar.

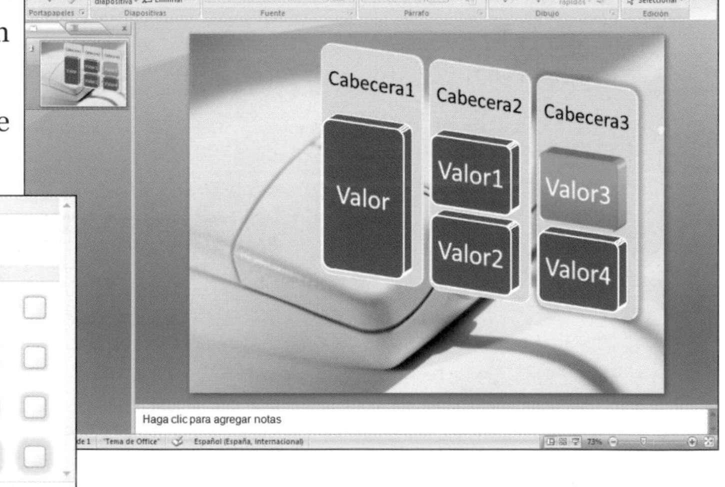

2. Haga clic sobre el botón **Efectos de formas** del grupo Estilos de forma de la ficha Formato de la Cinta de opciones.

3. Despliegue el submenú correspondiente al tipo de efecto que desee aplicar a la forma: sombras, efectos de reflexión, resplandor, suavizado de bordes, etc.

4. Seleccione el tipo de efecto que desee utilizar haciendo clic sobre su icono.

Relleno de formas

Para cambiar el efecto de relleno de cualquiera de los elementos de un gráfico SmartArt:

1. En el gráfico, seleccione el elemento cuyo aspecto desee modificar.

2. Haga clic sobre el botón **Relleno de forma** del grupo Estilos de forma de la ficha Formato de la Cinta de opciones.

3. En la paleta desplegable, seleccione cualquiera de los colores planos de relleno disponibles o ejecute cualquiera de estos comandos:

- Sin relleno. Elimina el color de relleno del elemento (el elemento se convierte en transparente).
- Más colores de relleno. Abre un cuadro de diálogo con una paleta completa de colores planos entre los que el usuario puede elegir.
- Imagen. Permite seleccionar una imagen en el sistema para utilizar como relleno en elemento.
- Degradado. Despliegue el submenú y elija cualquiera de los degradados predeterminados del programa o ejecute el comando Más degradados para definir el aspecto del degradado de forma manual.
- Textura. Despliegue el submenú y elija cualquiera de las texturas predefinidas en el programa o ejecute el comando Más texturas para definir una textura de relleno personalizada.

Contornos

1. En el gráfico SmartArt, seleccione el elemento cuyo contorno desea modificar haciendo clic sobre su superficie.

2. Haga clic sobre el botón **Contorno de forma** del grupo Estilos de forma de la ficha Formato de la Cinta de opciones de PowerPoint.

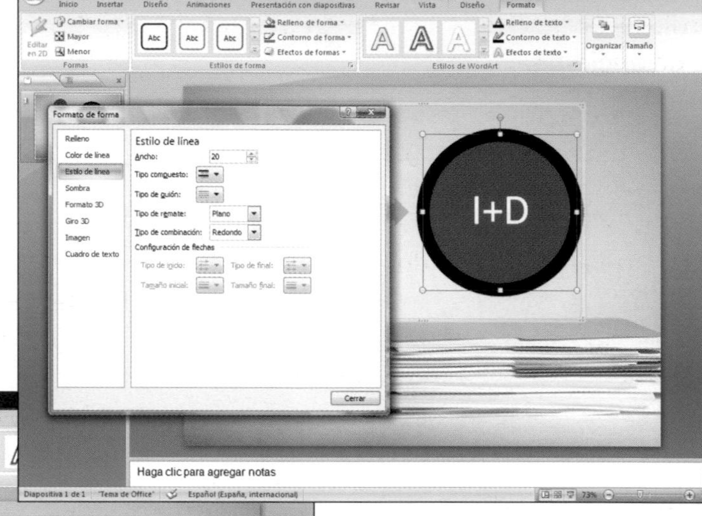

3. En la paleta, seleccione cualquiera de los colores planos de contorno disponibles o ejecute cualquiera de los siguientes comandos:

- Sin contorno. Elimina el color de contorno del elemento (el contorno se hace transparente y sólo se muestra el diseño de fondo).
- Más colores del contorno. Abre un cuadro de diálogo con una paleta completa de colores planos entre los que el usuario puede elegir.
- Grosor. Despliegue el submenú y elija cualquiera de los grosores de contorno predeterminados del programa o ejecute el comando Más líneas para especificar un grosor de contorno personalizado.
- Guiones. Despliegue el submenú y elija cualquiera de los tipos de línea predeterminados del programa o ejecute el comando Más líneas para definir un tipo de línea personalizado.
- Flechas. Despliegue el submenú y elija cualquiera de los tipos de flecha predeterminados del programa o ejecute el comando Más flechas para definir un tipo de flecha personalizado.

Insertar un gráfico

1. En la vista Normal de PowerPoint, seleccione la diapositiva donde desea insertar el nuevo gráfico.

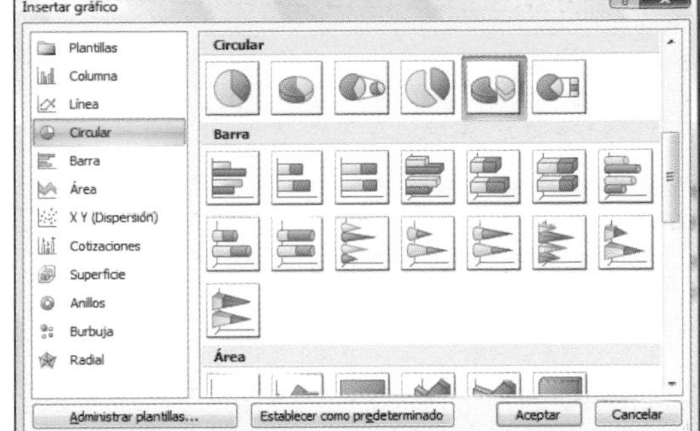

2. Haga clic sobre el botón **Gráfico** del grupo Ilustraciones de la ficha Insertar de la Cinta de opciones.

3. En la lista del lateral izquierdo del cuadro de diálogo Insertar gráfico, seleccione la categoría que contiene el tipo de gráfico que desea insertar: Columna (columnas verticales), Línea (puntos unidos mediante líneas), Circular (gráficos de tarta y de sectores), Barra (barras horizontales), Área (superficies en dos dimensiones), Dispersión (puntos de datos dispersos), Cotizaciones (gráficos de máximos y mínimos), Superficie (superficies en tres dimensiones), Anillos (gráficos circulares en forma de anillo), Burbuja (datos representados mediante esferas) o Radial (datos representados a partir de un origen radial).

4. En la lista central, seleccione el tipo de gráfico que desea utilizar.

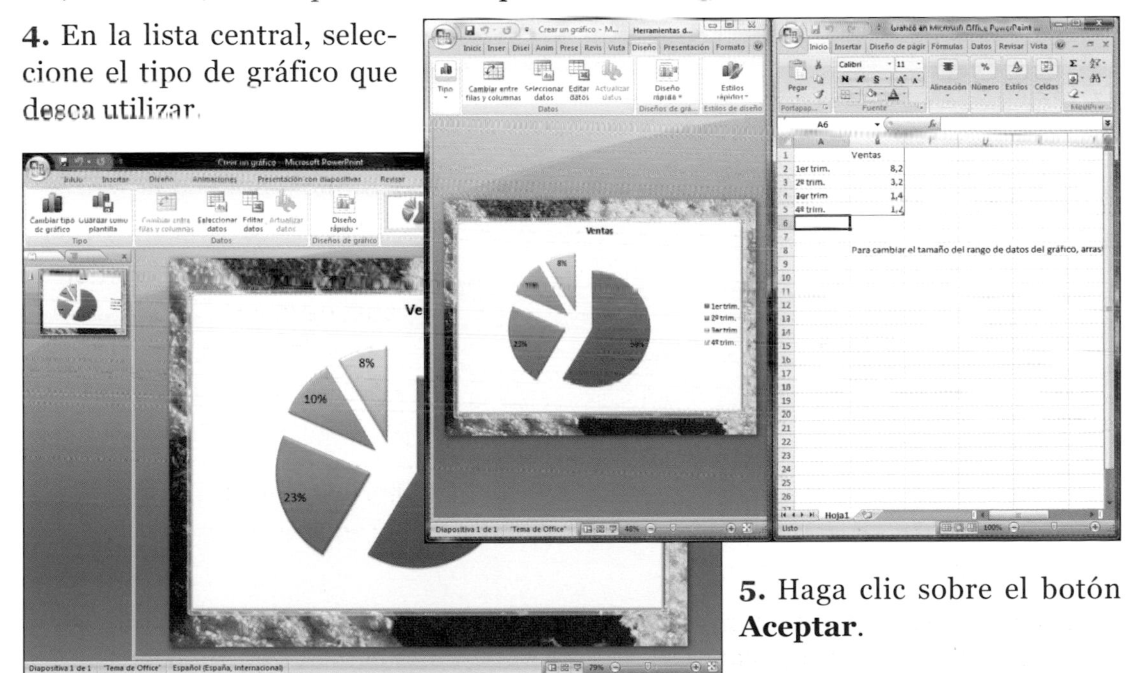

5. Haga clic sobre el botón **Aceptar**.

PowerPoint abrirá una hoja de cálculo Microsoft Excel con un conjunto de datos de prueba para generar el gráfico.

Cambiar el tipo de un gráfico

Una vez seleccionado un tipo de gráfico, podemos cambiarlo fácilmente sin necesidad de tener que rehacerlo por completo:

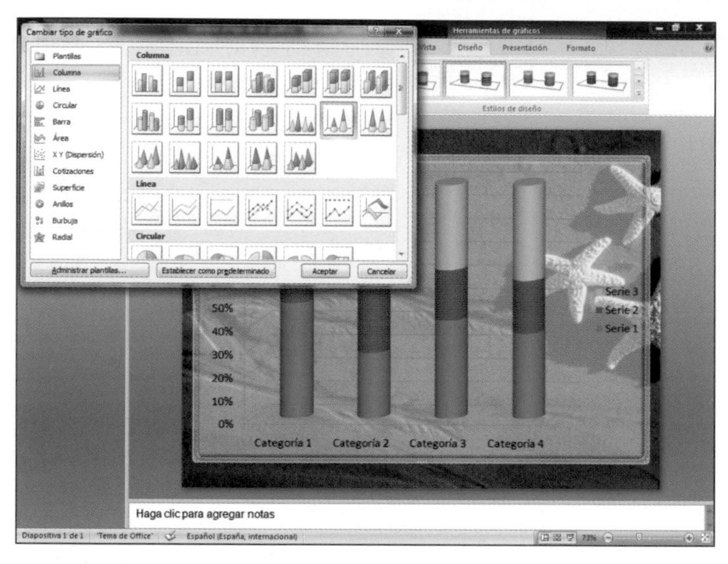

1. Si es necesario, seleccione el gráfico que desee modificar haciendo clic sobre cualquier punto de su superficie.

2. Haga clic sobre el botón **Cambiar tipo de gráfico** del grupo Tipo de la ficha Diseño de la Cinta de opciones de PowerPoint 2007.

3. En la lista del lateral izquierdo del cuadro de diálogo Cambiar tipo de gráfico, seleccione la categoría que contiene el nuevo tipo de gráfico que desea utilizar.

4. En la lista central del cuadro de diálogo, seleccione el nuevo tipo de gráfico haciendo clic sobre su imagen.

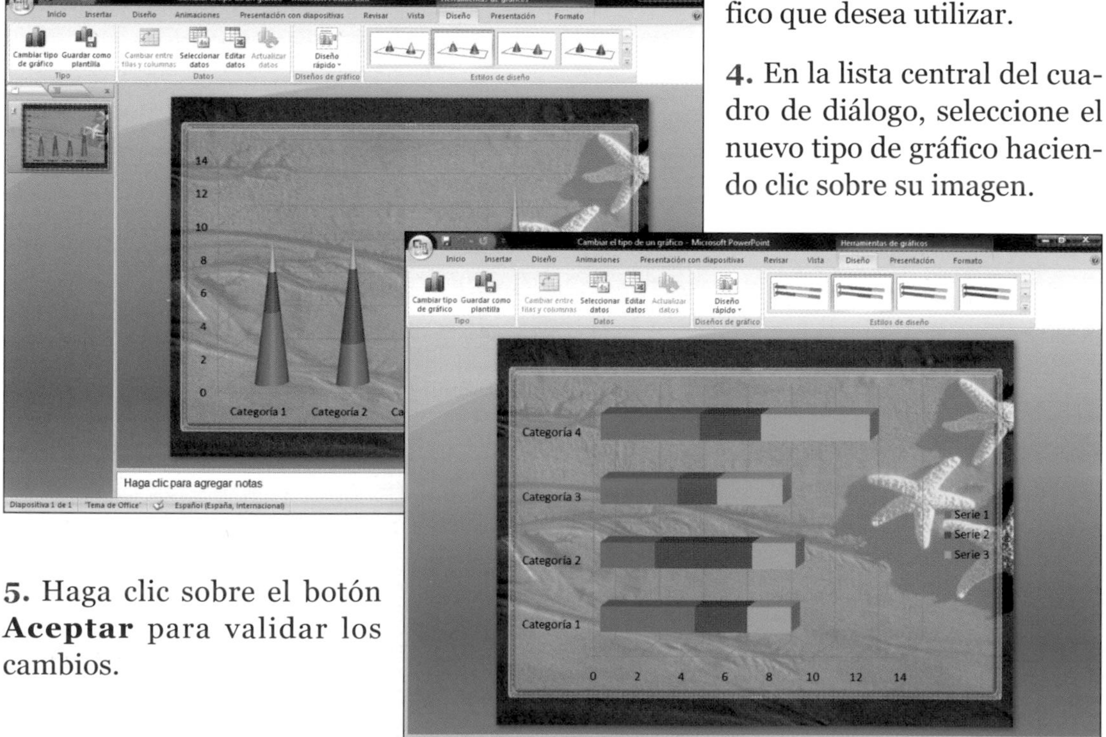

5. Haga clic sobre el botón **Aceptar** para validar los cambios.

Seleccionar y editar datos

Para editar los datos de un gráfico de PowerPoint 2007:

1. Seleccione el gráfico haciendo clic sobre cualquier punto de su superficie.

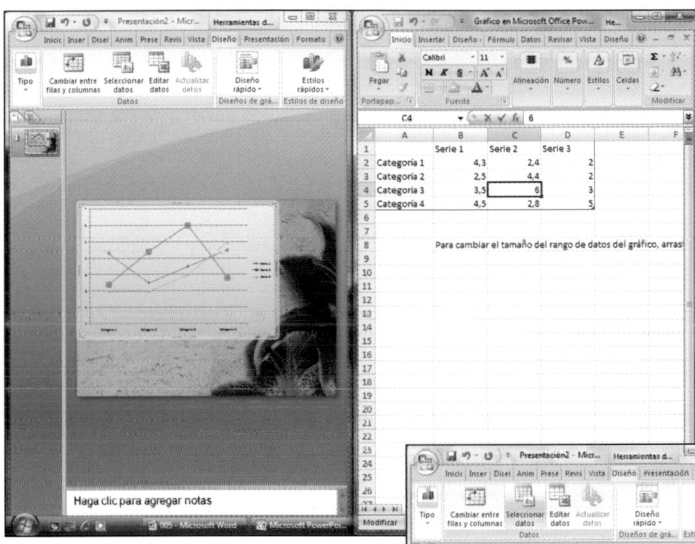

2. Haga clic sobre el botón **Editar datos** del grupo Datos de la ficha Diseño. Se abrirá una hoja de cálculo Microsoft Excel con los datos que conforman el gráfico.

3. Edite la hoja de cálculo con los nuevos datos. Cuando cambie de celda, la imagen del gráfico se actualizará automáticamente.

4. Cuando haya finalizado la edición, cierre la hoja de cálculo para regresar a la ventana de PowerPoint.

Para seleccionar un rango de datos diferente para un gráfico PowerPoint:

1. Seleccione el gráfico haciendo clic sobre cualquier punto de su superficie.

2. Haga clic sobre el botón **Seleccionar datos** del grupo Datos de la ficha Diseño.

3. Con el cuadro de texto Rango de datos del gráfico del cuadro de diálogo Seleccionar origen de datos seleccionado, haga clic sobre la hoja de cálculo en cualquiera de las esquinas del rango que contiene los nuevos datos y, manteniendo presionado el botón izquierdo del ratón, arrástrelo hasta la esquina opuesta.

4. Haga clic sobre el botón **Aceptar** para cerrar el cuadro de diálogo Seleccionar origen de datos.

5. Cierre la hoja de cálculo para regresar a la ventana de PowerPoint.

Editar los elementos de un gráfico

Para seleccionar cualquiera de los elementos de un gráfico para su edición:

1. Haga clic sobre el elemento del gráfico que desee editar. Si el elemento pertenece a un grupo de objetos (por ejemplo, una serie de datos), es posible que necesite un segundo clic para seleccionarlo de forma individual.

O bien:

1. En las fichas Presentación o Formato de la Cinta de opciones, localice el grupo Selección actual.

2. En la lista Elementos del gráfico (en el borde superior del grupo), seleccione el elemento con el que desea trabajar. Si el elemento pertenece a un grupo de objetos del gráfico, tendrá que hacer clic sobre él para seleccionarlo de forma individual.

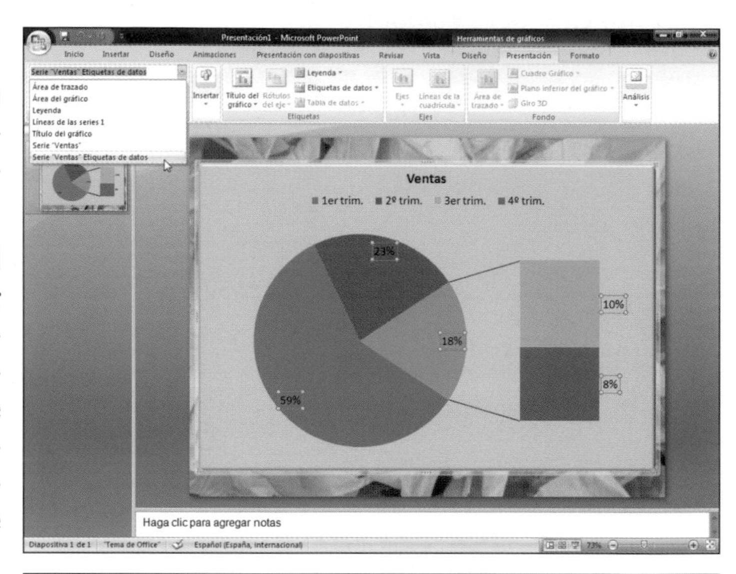

Para aplicar un formato específico al elemento seleccionado actualmente en el gráfico:

1. Haga clic sobre el botón **Aplicar formato a la selección** del grupo Selección actual de las fichas Presentación o Formato. Dependiendo del tipo de elemento seleccionado, se abrirá un cuadro de diálogo de formato con las opciones de diseño más frecuentes.

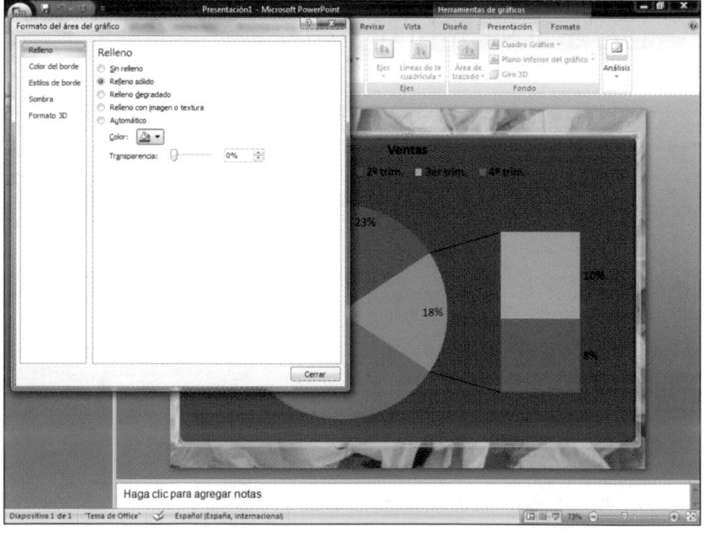

Después de realizar cambios en el formato de un elemento, para recuperar un diseño compatible con el estilo general aplicado al gráfico:

1. Haga clic sobre el botón **Restablecer para hacer coincidir el estilo** del grupo Selección actual de las fichas Presentación o Formato de la Cinta de opciones.

Insertar objetos en un gráfico

PowerPoint permite introducir diferentes objetos en un gráfico para integrarlos con el diseño del mismo. Para insertar un objeto en un gráfico:

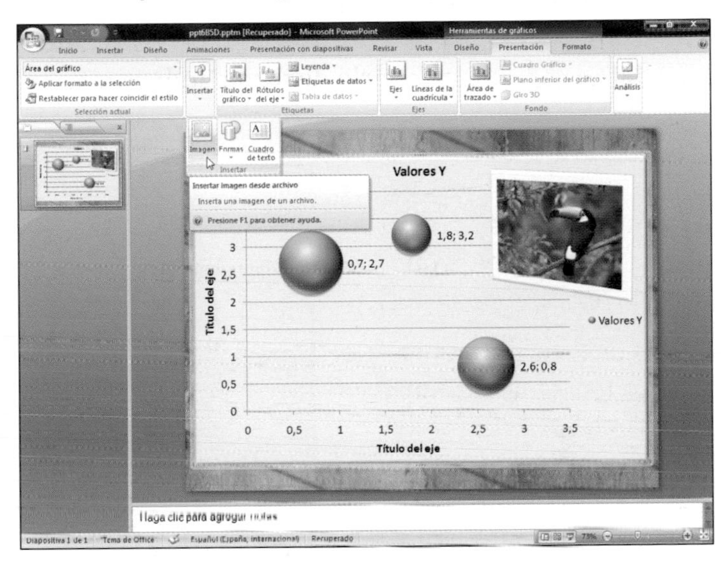

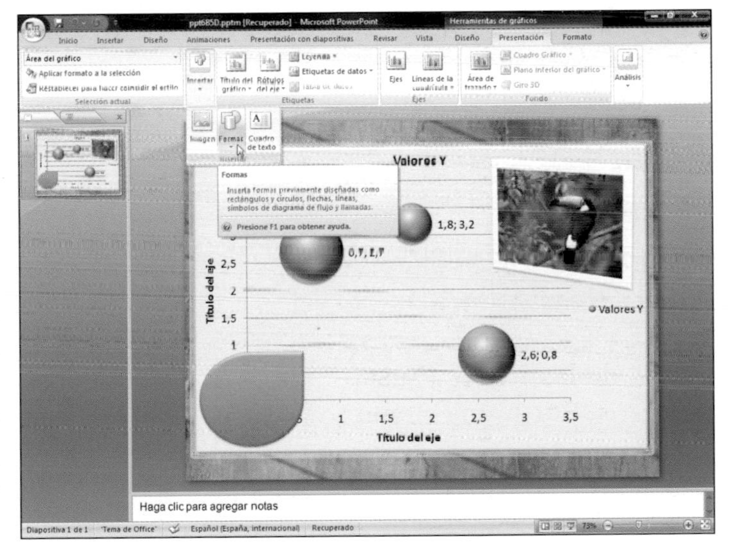

1. Seleccione el gráfico donde desee insertar el nuevo objeto haciendo clic sobre cualquier punto de su superficie.

2. Haga clic sobre el botón **Insertar** de la ficha Presentación de la Cinta de opciones de PowerPoint.

3. Para insertar una imagen en el gráfico, haga clic sobre el botón **Imagen** en el menú desplegable. En el cuadro de diálogo Insertar imagen, localice la carpeta que contiene la imagen que desea introducir y seleccione el archivo en la lista central o bien escriba su nombre en el cuadro de texto Nombre de archivo. Haga clic sobre el botón **Insertar** para completar la operación.

4. Para insertar una forma en el gráfico, haga clic sobre el botón **Formas** en el menú. En la lista de formas, localice la categoría que contiene la forma que desea añadir y haga clic sobre su icono. A continuación, haga clic sobre el gráfico para insertar la forma con su tamaño predeterminado o haga clic y arrastre el ratón para crear una forma con un tamaño específico.

5. Para introducir un cuadro de texto en el gráfico, haga clic sobre el botón **Cuadro de texto** en el menú desplegable. A continuación, haga clic sobre la superficie del gráfico para insertar un cuadro de texto con el tamaño predeterminado o haga clic y arrastre el ratón para crear un cuadro de texto con un tamaño específico.

Datos y leyendas

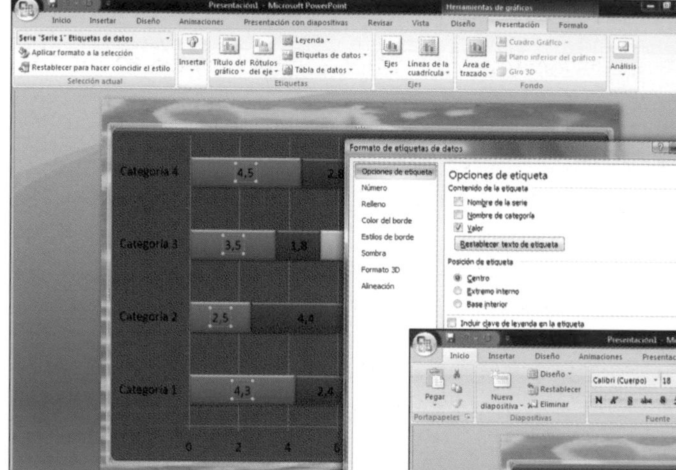

1. Seleccione el gráfico cuyos rótulos de datos desee mostrar haciendo clic sobre cualquier punto de su superficie.

2. Haga clic sobre el botón **Etiquetas de datos** del grupo Etiquetas de la ficha Presentación.

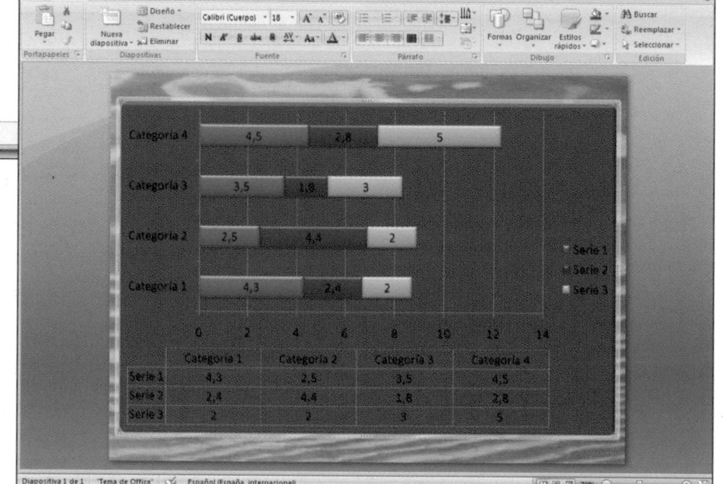

3. Seleccione la posición de los datos que desee haciendo clic sobre la opción correspondiente en el menú desplegable o ejecute el comando Más opciones de la etiqueta de datos para personalizar el formato y la posición de los rótulos de datos.

Para mostrar una tabla con los datos del gráfico:

1. Seleccione el gráfico.

2. Haga clic sobre el botón **Tabla de datos** del grupo Etiquetas de la ficha Presentación de la Cinta de opciones.

3. Seleccione la posición en la que desee colocar la tabla de datos haciendo clic sobre la opción correspondiente en el menú desplegable o ejecute el comando Más opciones de la tabla de datos para personalizar el formato y la posición de la tabla de datos.

Para mostrar u ocultar la leyenda de un gráfico:

1. Seleccione el gráfico.

2. Haga clic sobre el botón **Leyenda** del grupo Etiquetas de la ficha Presentación.

3. Seleccione la posición en la que desee colocar la leyenda haciendo clic sobre la opción correspondiente en el menú desplegable o ejecute el comando Más opciones de leyenda para personalizar el formato y la posición de la leyenda.

Ejes

Para modificar el formato de los ejes de un gráfico:

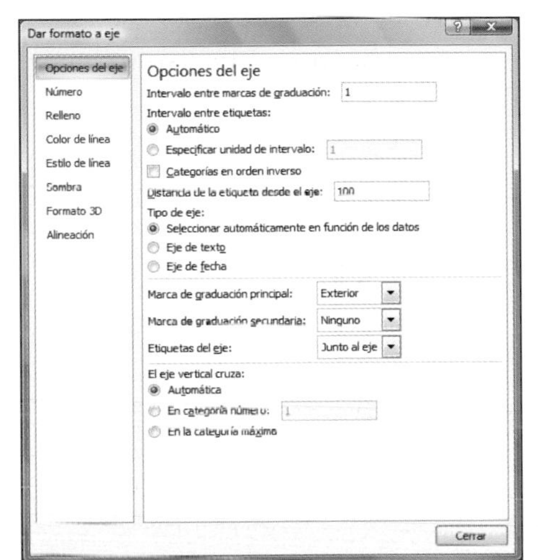

1. Seleccione el gráfico cuyos ejes desee modificar haciendo clic sobre su superficie.

2. Haga clic sobre el botón **Ejes** del grupo Ejes de la ficha Presentación de la Cinta de opciones.

3. Despliegue el submenú correspondiente al tipo de eje que desee modificar (horizontal o vertical).

4. Seleccione el formato que desee para el eje o ejecute el comando Más opciones del eje para personalizar el comportamiento y formato del eje seleccionado.

Dependiendo del tipo de eje que elija en cada momento, las opciones de configuración serán diferentes. Entre otras opciones, podrá especificar el intervalo entre marcas de graduación, la distancia de las etiquetas al eje, la posición de las marcas de graduación, el punto de cruce con el otro eje, los valores mínimo y máximo, las unidades primarias y secundarias, la creación de una escala logarítmica, las unidades de visualización, etc.

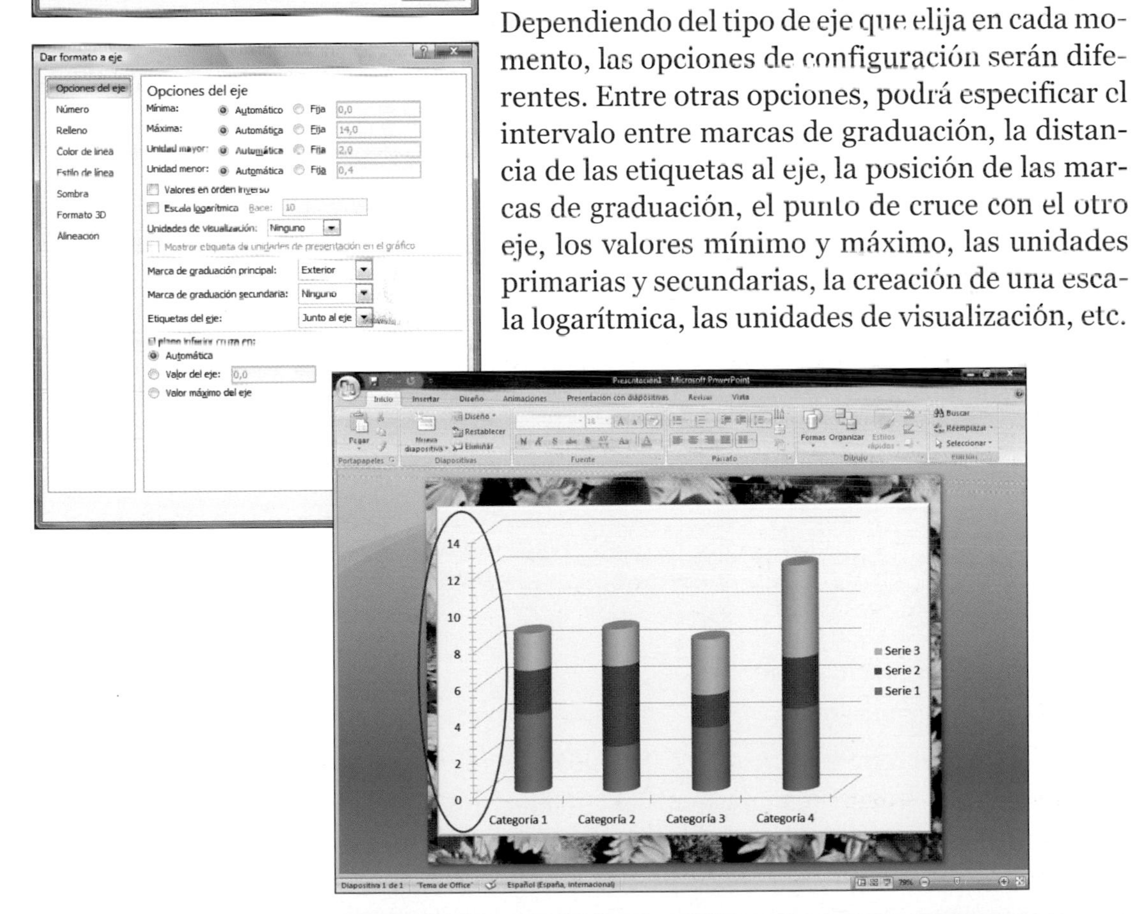

Análisis de datos

PowerPoint ofrece distintas ayudas para la interpretación y el análisis de datos:

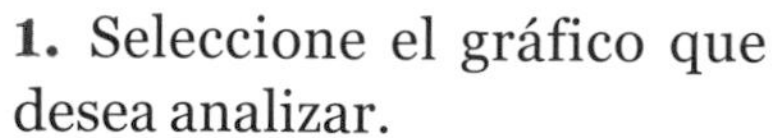

1. Seleccione el gráfico que desea analizar.

2. Active la ficha Presentación de la Cinta de opciones.

3. Haga clic sobre el botón **Análisis**.

4. Haga clic sobre el botón correspondiente al tipo de análisis que desee realizar:

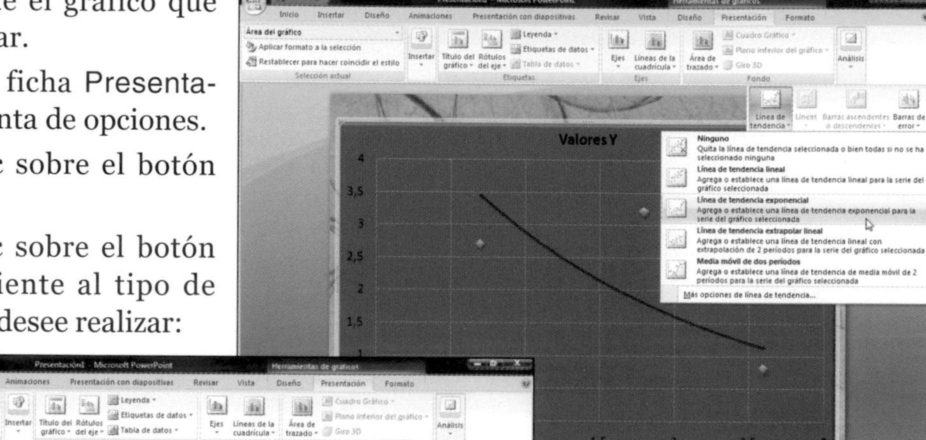

- **Línea de tendencia**. Define tendencias, por ejemplo, en un gráfico de dispersión.
- **Líneas**. Muestra las líneas de unión entre puntos en gráficos de áreas o de líneas.
- **Barras ascendentes o descendentes**. Agrega barras entre los puntos de datos para ilustrar las diferencias de valores.
- **Barras de error**. Distintos tipos de márgenes de error mediante barras.

5. Seleccione el tipo de análisis dentro de la categoría deseada, haciendo clic sobre su opción. O bien seleccione la opción Ninguno para eliminar el análisis del gráfico. O bien, ejecute el comando Más opciones de... para personalizar el formato del análisis.

Área de trazado

Para mostrar u ocultar el área de trazado de un gráfico:

1. Seleccione el gráfico cuya área de trazado desee mostrar u ocultar.
2. Haga clic sobre el botón **Área de trazado** del grupo Fondo de la ficha Presentación de la Cinta de opciones.
3. En el menú, haga clic sobre la opción Ninguno para ocultar el área de trazado, sobre la opción Mostrar área de trazado para recuperar el área de trazado después de ocultarla o ejecute el comando Más opciones de área de trazado para personalizar el aspecto del área de trazado.

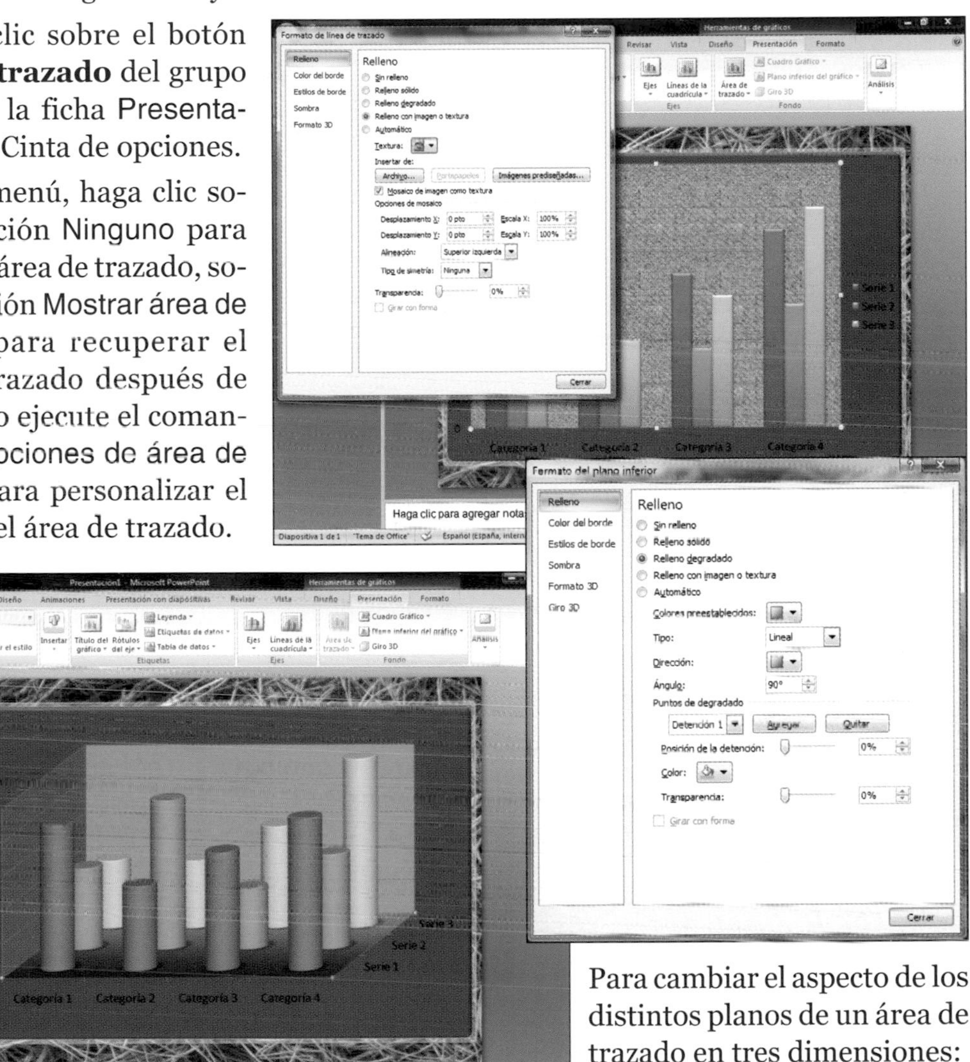

Para cambiar el aspecto de los distintos planos de un área de trazado en tres dimensiones:

1. Seleccione el gráfico en tres dimensiones cuya área de trazado desee modificar.
2. Haga clic sobre los botones **Cuadro gráfico** o **Plano inferior** del gráfico del grupo Fondo de la ficha Presentación.
3. En el menú desplegable, seleccione las opciones Ninguno (para ocultar el plano correspondiente), Mostrar... (para volver a mostrar el plano después de ocultarlo) o Más opciones de... (para personalizar el aspecto del plano).

Giro en 3D

Para modificar la posición en tres dimensiones de un gráfico:

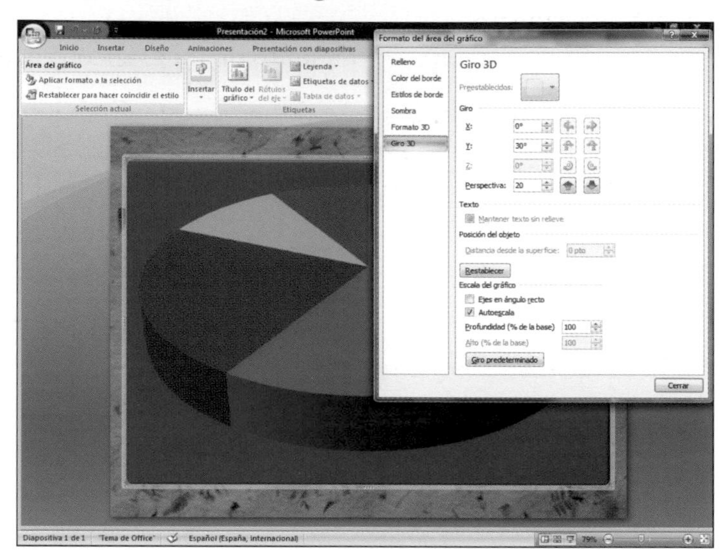

1. Seleccione el gráfico cuyo aspecto desea modificar haciendo clic sobre su superficie.

2. Haga clic sobre el botón **Giro 3D** del grupo Fondo de la ficha Presentación de la Cinta de opciones.

3. Si está disponible, en la paleta desplegable Preestablecidos del cuadro de diálogo Formato del área del gráfico, seleccione el formato 3D que desee para el área de trazado.

4. En la sección Giro, defina el ángulo de rotación de los ejes X, Y y Z del gráfico, así como el ángulo de la perspectiva de las series de datos. Utilice los cuadros de texto correspondientes o ayúdese de los botones contiguos para definir el sentido de giro de los distintos elementos.

5. En la sección Texto, active la casilla de verificación Mantener texto sin relieve para eliminar los efectos de relieve del texto del área de trazado del gráfico.

6. En la sección Posición del objeto, defina la distancia de las series de datos con la superficie del área de trazado.

7. En la sección Escala del gráfico, establezca el tipo de escala que desea utilizar para el área de trazado del gráfico, así como la profundidad y la altura de los planos del área de trazado (en porcentajes).

8. Cuando haya terminado de configurar el aspecto en tres dimensiones del gráfico, haga clic sobre el botón **Cerrar**.

Relleno de los elementos de un gráfico

Después de dar formato a un gráfico, podemos terminar de personalizarlo editando el aspecto de cada uno de los elementos que lo componen. Por ejemplo, para personalizar el relleno de cualquier elemento de un gráfico PowerPoint:

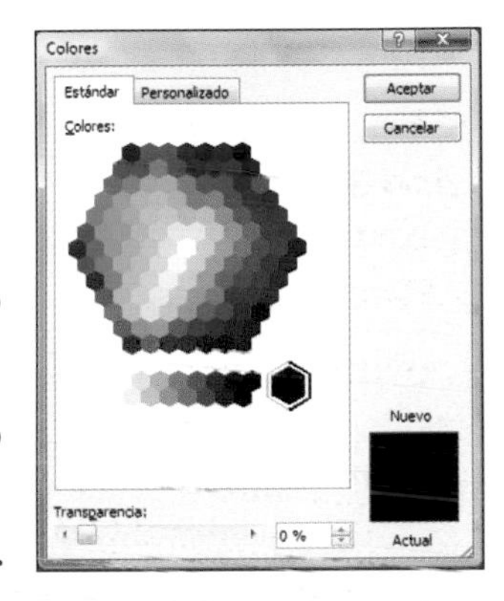

1. Seleccione el elemento que desea personalizar haciendo clic sobre su superficie o seleccionándolo en la lista Elementos de gráfico del grupo Selección actual de la ficha Formato de la Cinta de opciones.

2. Haga clic sobre el botón **Relleno de forma** del grupo Estilos de forma de la ficha Formato de la Cinta de opciones.

3. Seleccione el tipo de relleno que desee para el elemento del gráfico:

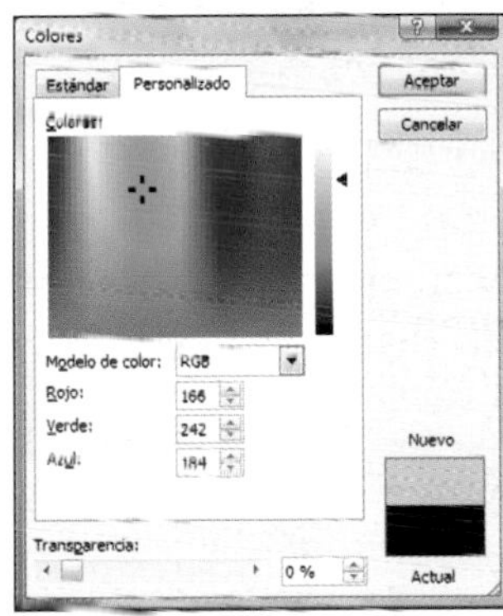

- Elija un color del tema o cualquiera de los colores estándar o ejecute el comando Sin relleno para hacer que el elemento sea transparente.
- Ejecute el comando Más colores de relleno para elegir un color de relleno personalizado. Haga clic sobre el color de la paleta, defina un color mediante su proporción de rojo, verde y azul y defina un porcentaje de transparencia para el elemento.
- Ejecute el comando Imagen para utilizar una imagen del sistema como fondo del elemento.

- Utilice las opciones del submenú Degradado para crear un fondo de degradado en el elemento.
- Utilice las opciones del submenú Textura para emplear una textura de relleno como fondo del elemento.

Estilos y efectos en un gráfico

Los elementos de un gráfico también son susceptibles de personalizarse mediante la utilización de estilos y efectos predeterminados. Para modificar el aspecto de un elemento de un gráfico PowerPoint:

1. Seleccione el elemento que desea personalizar haciendo clic sobre su superficie o seleccionándolo en la lista Elementos de gráfico del grupo Selección actual de la ficha Formato de la Cinta de opciones.

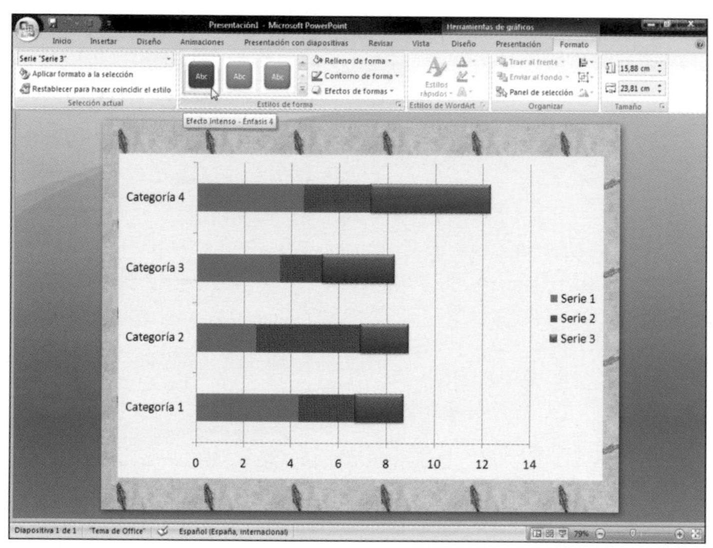

2. Localice el grupo Estilos de forma de la ficha Formato de la Cinta de opciones.

3. Para cambiar el aspecto del elemento, haga clic sobre cualquiera de las opciones del grupo. Puede recorrer los diseños disponibles en el programa haciendo clic sobre los botones ▲ o ▼ o desplegar un menú con todas las opciones posibles haciendo clic sobre el botón ▼.

Para cambiar los efectos especiales de un elemento de un gráfico:

1. Seleccione el elemento cuyo formato desee modificar.

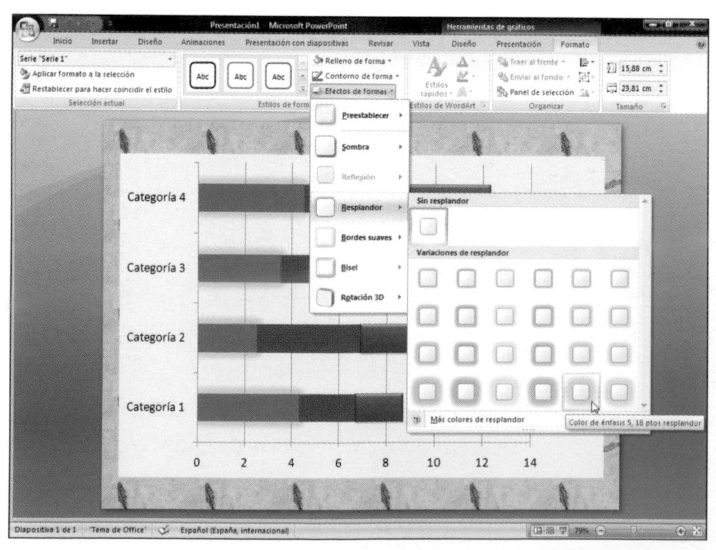

2. Haga clic sobre el botón **Efectos de formas** del grupo Estilos de forma de la ficha Formato de la Cinta de opciones.

3. Despliegue el submenú correspondiente al tipo de efecto que desee aplicar: sombras, efectos de reflexión, resplandor, suavizado de bordes, etc.

4. Seleccione el tipo de efecto que desee utilizar haciendo clic sobre su icono.

Crear un álbum de fotografías

1. Haga clic sobre la mitad superior del botón **Álbum de fotografías** del grupo Ilustraciones de la ficha Insertar de la Cinta de opciones. O bien, haga clic sobre la mitad inferior del botón y ejecute el comando Nuevo álbum de fotografías.

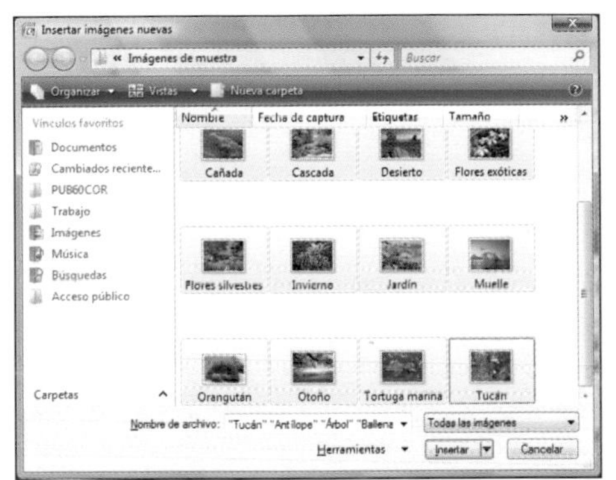

2. En el cuadro de diálogo Álbum de fotografías, haga clic sobre el botón **Archivo o disco** para seleccionar el grupo de fotografías con el que desea trabajar. En el cuadro de diálogo Insertar imágenes nuevas, localice la carpeta que contiene las imágenes y seleccione todos los archivos que desee en la lista central. Haga clic sobre el botón **Insertar**.

3. Para insertar un cuadro de texto en el álbum de fotografías, seleccione la posición deseada en la lista Imágenes del álbum y haga clic sobre el botón **Nuevo cuadro de texto**.

4. En la sección Opciones de imagen, especifique si desea incluir un título debajo de las imágenes del álbum y si desea aplicar un efecto de fotografía en blanco y negro.

5. En la lista desplegable Diseño de la imagen, seleccione el número de fotografías que desea incluir en cada página de la presentación y si desea utilizar un formato de imagen con título.

6. En la lista desplegable Forma del marco, especifique el tipo de marco que desea utilizar para las fotografías del álbum.

7. En el cuadro de texto Tema, escriba la ruta completa y el nombre de un archivo de tema de Microsoft Office o haga clic sobre el botón **Examinar** para localizarlo en el sistema.

8. Haga clic sobre el botón **Crear** para generar el álbum de fotografías.

Editar un álbum de fotografías

Para editar un álbum de fotografías:

1. En PowerPoint, abra la presentación que contiene el álbum de fotografías que desea editar.

2. Haga clic sobre la mitad inferior del botón **Álbum de fotografías** del grupo Ilustraciones de la ficha Insertar de la Cinta de opciones.

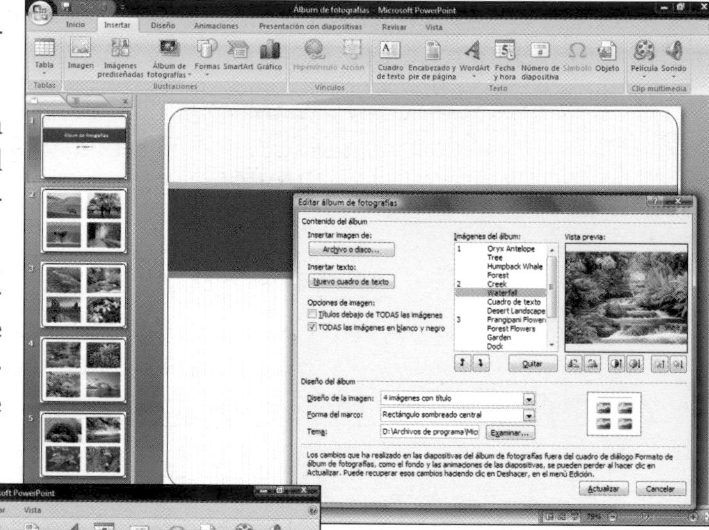

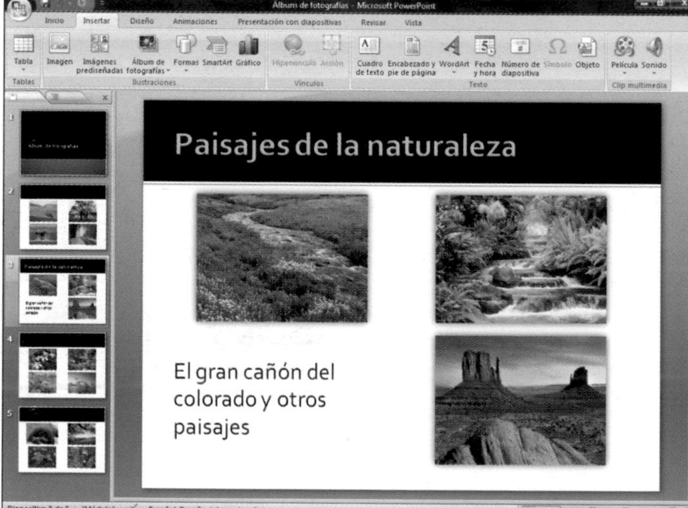

3. Ejecute el comando Editar álbum de fotografías en el menú desplegable.

4. En el cuadro de diálogo Editar álbum de fotografías, para añadir nuevas fotografías o cuadros de texto, seleccione la posición que desee en la lista Imágenes del álbum y haga clic sobre los botones **Archivo o disco** o **Nuevo cuadro de texto**.

5. Para modificar el orden relativo de las imágenes o cuadros de texto en el álbum de fotografías, seleccione el elemento cuya posición desee variar en la lista Imágenes del álbum y haga clic sobre los botones ↑ o ↓.

6. Para eliminar una imagen o cuadro de texto del álbum de fotografías, selecciónelo en la lista Imágenes del álbum y haga clic sobre el botón **Quitar**.

7. Realice cualquier cambio adicional que desee en las secciones Opciones de imagen y Diseño del álbum.

8. Haga clic sobre el botón **Actualizar** para validar los cambios realizados en el álbum de fotografías.

Retoque de imágenes

PowerPoint 2007 ofrece la posibilidad de realizar determinados ajustes en las fotografías de un álbum de fotografías:

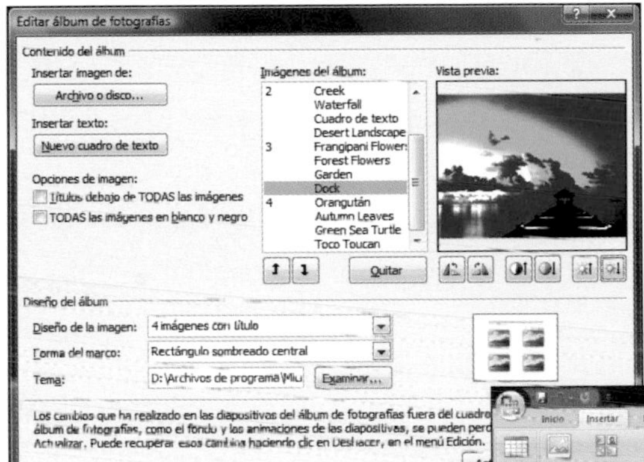

1. Abra la presentación que contiene el álbum de fotografías que desea editar.

2. Haga clic sobre la mitad inferior del botón **Álbum de fotografías** del grupo Ilustraciones de la ficha Insertar.

3. Ejecute el comando Editar álbum de fotografías en el menú desplegable.

4. En el cuadro de diálogo Editar álbum de fotografías, seleccione la imagen que desea retocar en la lista Imágenes del álbum.

5. Utilice los botones situados bajo el área de muestra Vista previa para realizar los ajustes deseados.

6. Cuando haya terminado, haga clic sobre el botón **Actualizar** para validar los cambios en el álbum de fotografías.

Botón	Descripción
	Gira 90 grados la imagen en el sentido contrario a las agujas del reloj.
	Gira 90 grados la imagen en el sentido de las agujas del reloj.
	Aumenta el contraste de la imagen.
	Disminuye el contraste de la imagen.
	Aumenta el brillo de la imagen.
	Disminuye el contraste de la imagen.

Temas

PowerPoint dispone de un buen número de temas (combinaciones de colores, fuentes y diseños de fondo) para aplicar en nuestros álbumes de fotos.

Para cambiar el tema de un álbum de fotos:

1. Abra la presentación que contiene el álbum de fotografías que desea editar.
2. Haga clic sobre la mitad inferior del botón **Álbum de fotografías** del grupo Ilustraciones de la ficha Insertar de la Cinta de opciones.
3. Ejecute el comando Editar álbum de fotografías en el menú desplegable.
4. En el cuadro de diálogo Editar álbum de fotografías, haga clic sobre el botón **Examinar** situado junto al cuadro de texto Tema.
5. Seleccione el tema que desea utilizar para su álbum de fotos haciendo clic icono en el cuadro de diálogo Elegir tema.
6. Haga clic sobre el botón **Seleccionar**.
7. Haga clic sobre el botón **Actualizar** en el cuadro de diálogo Editar álbum de fotografías para validar los cambios.

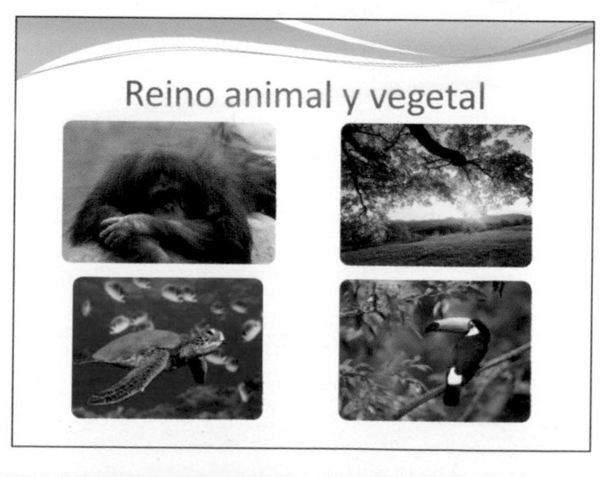

Insertar una hoja de cálculo Excel

PowerPoint dispone de la capacidad de interconectarse fácilmente con las restantes aplicaciones del paquete integrado de Microsoft Office. Por ejemplo, una de las aplicaciones que puede necesitar utilizar con mayor frecuencia en una presentación PowerPoint, puede ser Microsoft Excel, para insertar una hoja de cálculo dentro de una diapositiva:

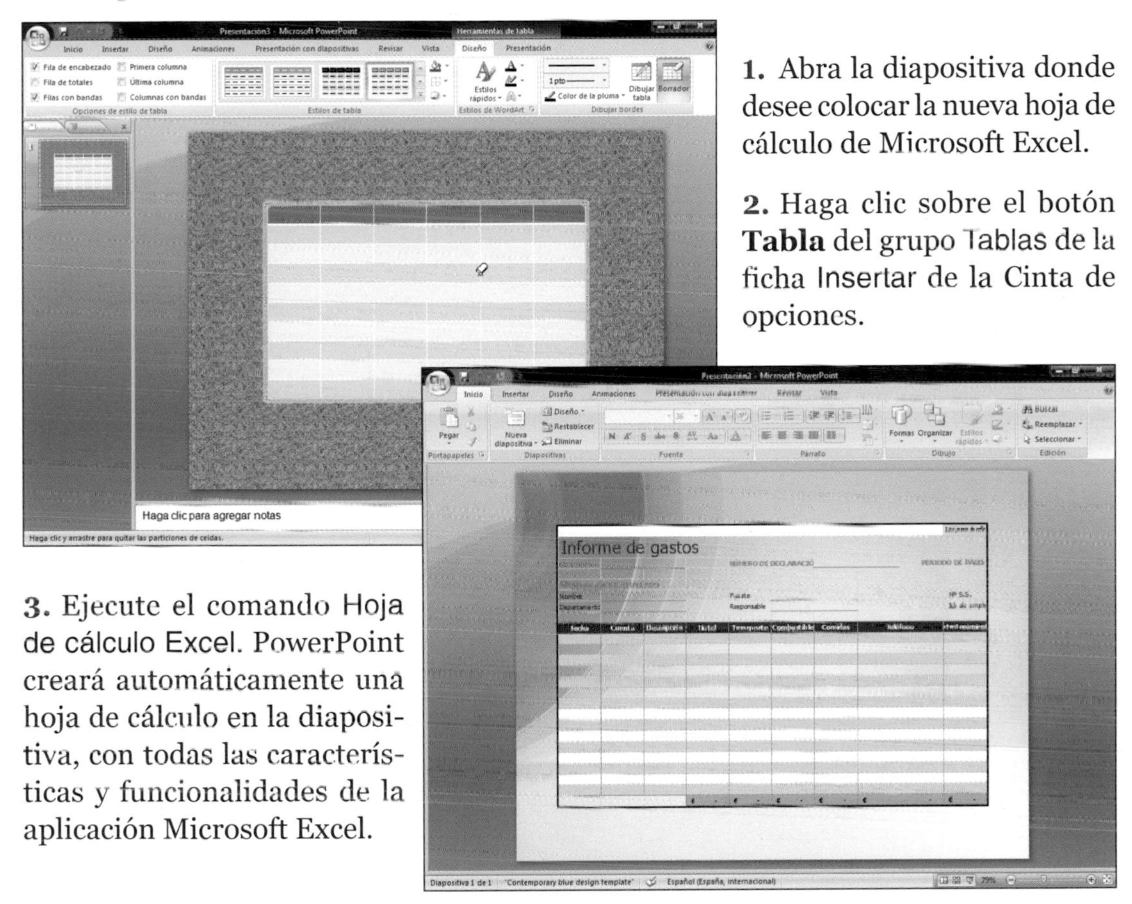

1. Abra la diapositiva donde desee colocar la nueva hoja de cálculo de Microsoft Excel.

2. Haga clic sobre el botón **Tabla** del grupo Tablas de la ficha Insertar de la Cinta de opciones.

3. Ejecute el comando Hoja de cálculo Excel. PowerPoint creará automáticamente una hoja de cálculo en la diapositiva, con todas las características y funcionalidades de la aplicación Microsoft Excel.

4. Edite la hoja de cálculo como sea necesario, utilizando las mismas técnicas de trabajo que en Microsoft Excel.

5. Cuando haya terminado la edición, haga clic en cualquier punto fuera del área de la hoja de cálculo para regresar a la interfaz de PowerPoint.

Para editar el contenido de una hoja de cálculo Excel incrustada en una diapositiva de PowerPoint, haga doble clic sobre su superficie.

Capítulo 6
Animaciones

Transición de diapositivas

Para definir un efecto de transición en una diapositiva PowerPoint:

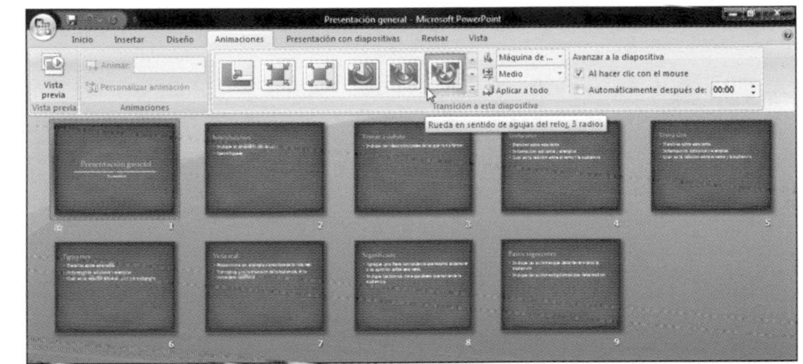

1. En las vistas Normal o Clasificador de diapositivas, seleccione la diapositiva a la que desea añadir el nuevo efecto de transición.

2. Localice el grupo Transición a esta diapositiva de la ficha Animaciones.

3. Para seleccionar un efecto de transición, haga clic sobre cualquiera de las opciones disponibles en el grupo. Puede recorrer los efectos disponibles en el programa haciendo clic sobre los botones o o desplegar un menú con todas las opciones posibles haciendo clic sobre el botón .

En la vista Normal, situando el puntero del ratón sobre cualquiera de los efectos de transición del grupo, podrá observar su efecto sobre la diapositiva.

4. Para incluir un sonido en el efecto de transición de la diapositiva, seleccione cualquiera de las opciones disponibles en la lista desplegable Sonido de transición (en la esquina superior derecha del grupo Transición a esta diapositiva).

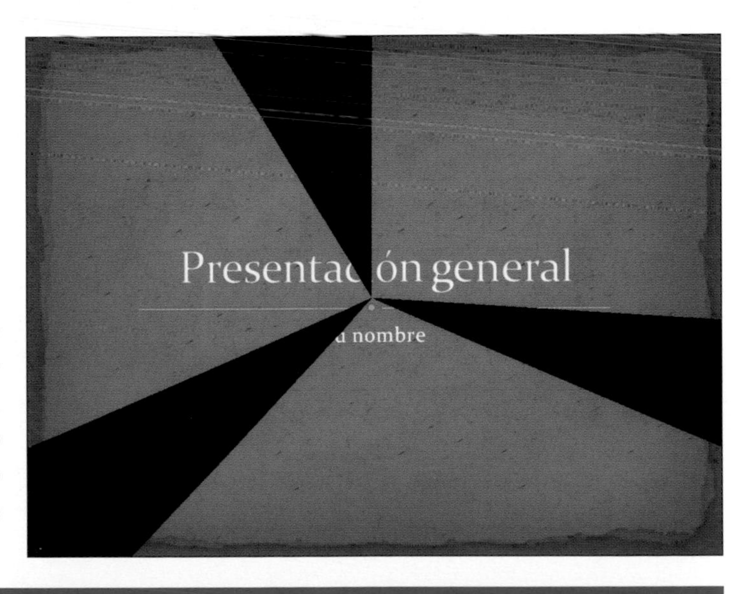

5. Defina la velocidad del efecto seleccionando cualquiera de los valores de la lista desplegable Velocidad de transición (situada debajo de la lista desplegable Sonido de transición).

6. Si desea aplicar el efecto seleccionado a todas las diapositivas de la presentación, haga clic sobre el botón **Aplicar a todo** situado bajo la lista desplegable Velocidad de transición.

Avance de diapositivas

Para configurar el modo en que el usuario podrá avanzar entre las distintas diapositivas de una presentación de PowerPoint 2007:

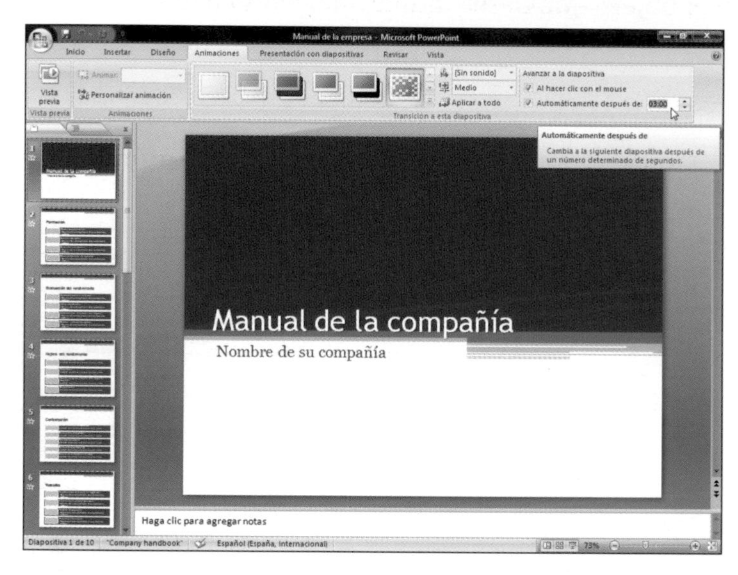

1. En las vistas Normal o Clasificador de diapositivas de la presentación, seleccione la diapositiva cuyo modo de avance desea configurar.

2. Active la casilla de verificación Al hacer clic con el mouse del grupo Transición a esta diapositiva de la ficha Animaciones de la Cinta de opciones de PowerPoint para permitir el cambio de diapositiva cuando el usuario haga clic con el botón izquierdo del ratón.

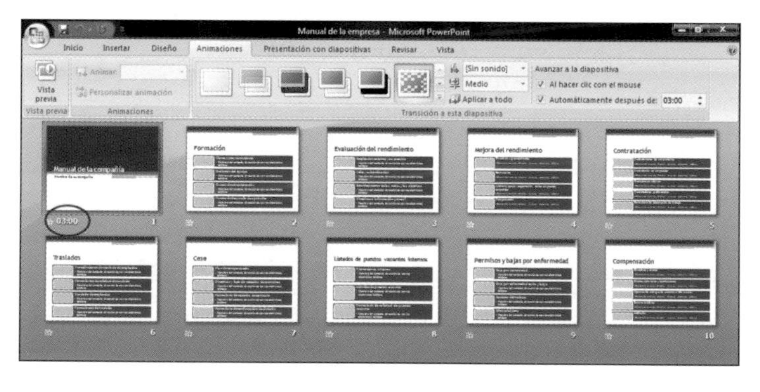

3. Active la casilla de verificación Automáticamente después de del grupo Transición a esta diapositiva de la ficha Animaciones de la Cinta de opciones para hacer que la diapositiva desaparezca de la pantalla para avanzar a la diapositiva siguiente después de transcurrido un período de tiempo determinado. En el cuadro de texto contiguo, especifique el intervalo de tiempo para el avance de la diapositiva con el formato *mm:ss* (minutos:segundos). Si lo desea, puede utilizar también los botones de *spin* situados en el lateral derecho del cuadro de texto para seleccionar el valor numérico de tiempo deseado.

Observe que cuando se activa la casilla de verificación Automáticamente después de del grupo Transición a esta diapositiva de la ficha Animaciones, la vista Clasificador de diapositivas muestra el tiempo de duración de la diapositiva en la pantalla del ordenador, junto con el resto de información de la misma.

Animación de objetos

Para añadir un efecto de animación a un objeto:

1. En la diapositiva, seleccione el objeto que desea animar haciendo clic sobre cualquiera de sus bordes.

2. Localice el grupo Animaciones de la ficha Animaciones de la Cinta de opciones.

3. En la lista desplegable Animar (en el borde superior del grupo), seleccione el tipo de animación que desee aplicar al objeto), elija la opción Sin animación para eliminar cualquier efecto de animación creado anteriormente o ejecute el comando Personalizar animación para crear un efecto de animación personalizado (tal como se verá más adelante en este mismo capítulo).

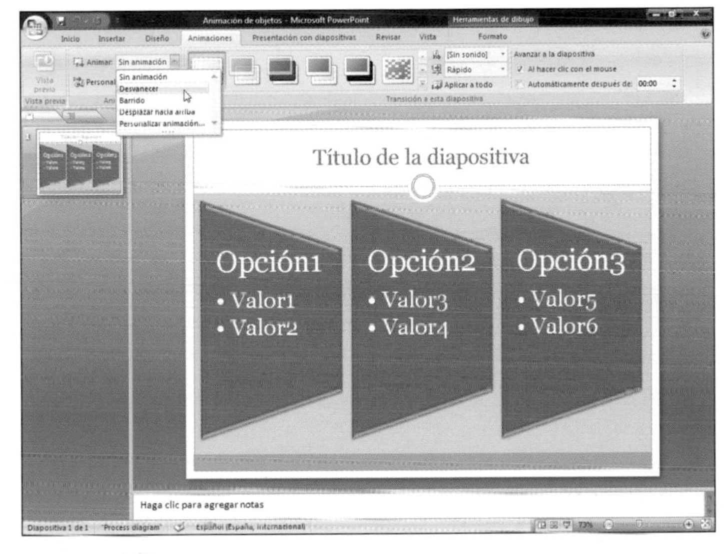

Después de seleccionar un efecto de animación, podrá observar su resultado inmediatamente en la vista Normal de la diapositiva.

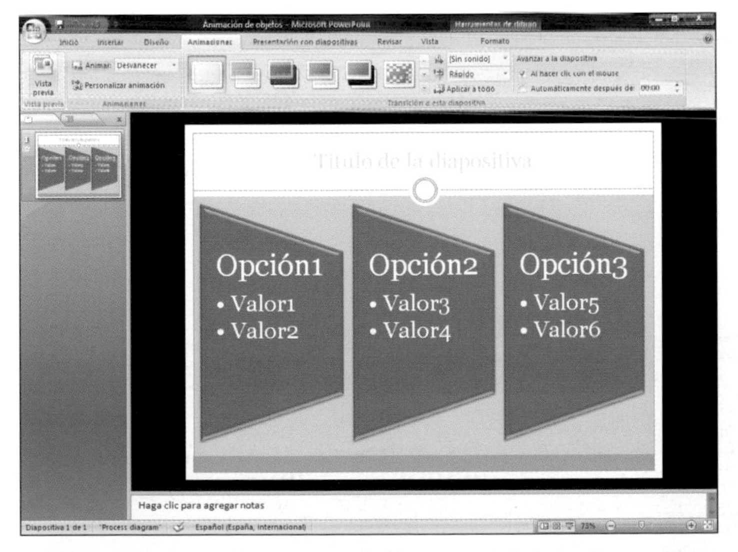

Si desea volver a ver el efecto de animación, podrá iniciar su reproducción haciendo clic sobre el botón **Vista previa** del grupo del mismo nombre de la ficha Animaciones.

Para detener la reproducción del efecto de animación, haga clic nuevamente sobre el botón **Vista previa** del grupo Vista previa de la ficha Animaciones de la Cinta de opciones.

Agregar y quitar efectos

Para agregar un efecto de animación a un objeto de una diapositiva PowerPoint:

1. En la diapositiva, seleccione el objeto en el que desee añadir o quitar efectos de animación.

2. Haga clic sobre el botón **Personalizar animación** del grupo Animaciones de la ficha Animaciones de la Cinta de opciones o ejecute el comando Personalizar animación de la lista desplegable Animar del mismo grupo.

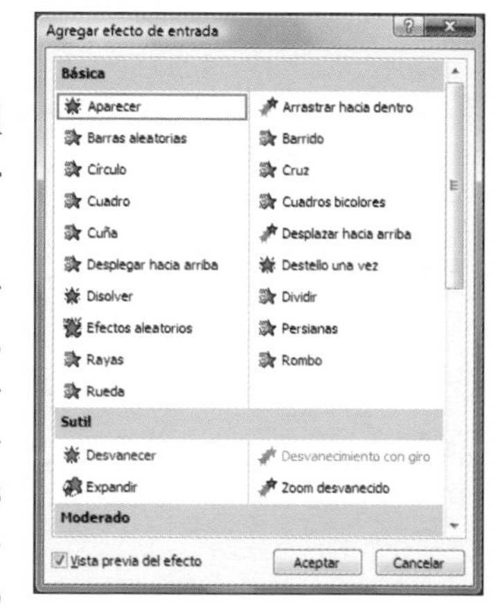

3. En el panel Personalizar animación que aparece en el lateral derecho de la pantalla, haga clic sobre el botón **Agregar efecto** situado en la esquina superior izquierda.

4. Despliegue el submenú correspondiente al tipo de animación que desee incorporar al objeto (entrada, énfasis, salida o animación con trayectoria) y seleccione cualquiera de los efectos disponibles haciendo clic sobre su nombre. O bien, ejecute el comando Más efectos (Más trayectorias de la animación en el caso del submenú Trayectoria de la animación) para abrir un cuadro de diálogo con todos los efectos disponibles en el programa.

Para eliminar un efecto de animación de un objeto de una diapositiva PowerPoint:

1. Seleccione el objeto en la diapositiva haciendo clic sobre cualquiera de sus bordes.

2. Haga clic sobre el botón **Personalizar animación** del grupo Animaciones de la ficha Animaciones de la Cinta de opciones.

3. En la lista del panel Personalizar animación, seleccione el efecto que desea eliminar.

4. Haga clic sobre el botón **Quitar**.

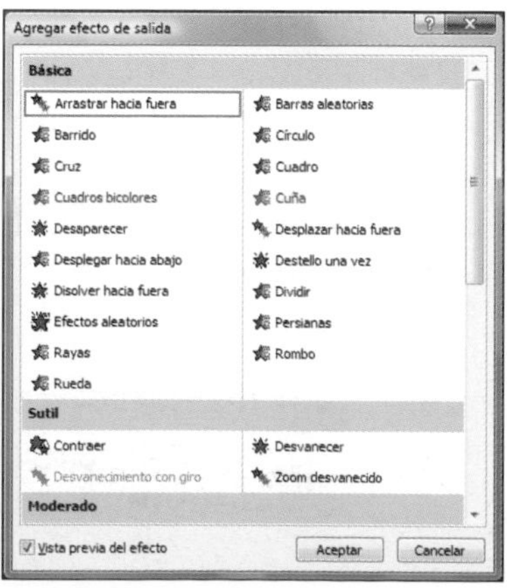

Cambiar un efecto

Para cambiar un efecto de animación no deseado en un objeto de una diapositiva:

1. Seleccione el objeto cuyo efecto de animación desee cambiar haciendo clic sobre cualquiera de sus bordes en la diapositiva.

2. Haga clic sobre el botón **Personalizar animación** del grupo Animaciones de la ficha Animaciones de la Cinta de opciones o ejecute el comando Personalizar animación de la lista desplegable Animar del mismo grupo.

3. En la lista de efectos del panel Personalizar animación, seleccione el efecto que desee cambiar haciendo clic sobre su entrada. O bien, en los recuadros numerados que aparecen junto al marco que define el contorno del objeto, haga clic sobre el número correspondiente al efecto que desee modificar.

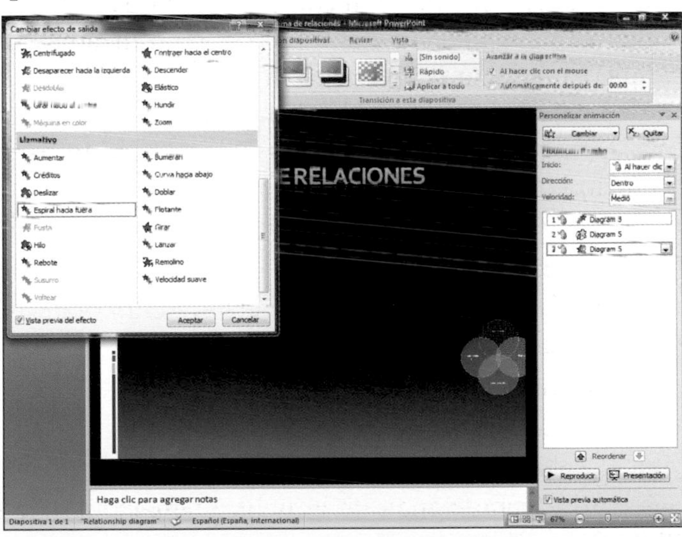

4. Haga clic sobre el botón **Cambiar** en la esquina superior izquierda del panel Personalizar animación.

5. Despliegue el submenú correspondiente al tipo de animación del nuevo efecto por el que desee sustituir el efecto anterior y haga clic a continuación sobre cualquiera de los efectos disponibles.

Recuerde que puede ejecutar el comando Más efectos (Más trayectorias de la animación en el submenú Trayectoria de la animación) para abrir un cuadro de diálogo con todos los efectos disponibles en el programa.

Editar un efecto

1. En la diapositiva, seleccione el objeto cuyo efecto de animación desee modificar.

2. Haga clic sobre el botón **Personalizar animación** del grupo Animaciones de la ficha Animaciones de la Cinta de opciones.

3. En la lista del panel, seleccione el efecto que desee editar haciendo clic sobre su nombre o bien haga clic sobre el recuadro correspondiente a su número junto al objeto en el diseño de la diapositiva.

4. En las listas desplegables del borde superior del panel, seleccione la forma de iniciar o activar el efecto (al hacer clic con el ratón, junto a la animación anterior o después de finalizar la animación anterior), el valor que desee para la propiedad del efecto (si es aplicable) y la velocidad del mismo.

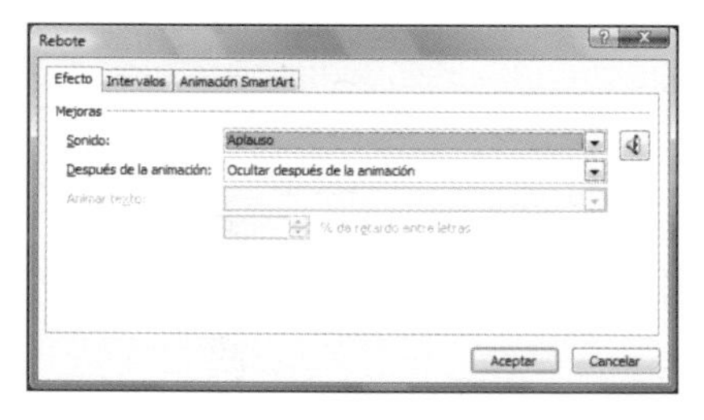

5. Para un mayor control de la configuración del efecto, haga clic sobre el icono en forma de punta de flecha que aparece a la derecha del nombre al seleccionar el efecto en la lista del panel y ejecute los comandos Opciones de efectos o Intervalos.

El cuadro de diálogo para configurar las características del efecto mostrará diferentes fichas dependiendo del objeto seleccionado. Entre otras: Efectos (configuración de las propiedades del efecto y otras mejoras tales como la inclusión de sonidos o la atenuación del elemento una vez finalizada la animación); Intervalos (permite definir la forma de activar o iniciar el efecto, el retardo del efecto, su velocidad, la repetición del mismo, etc.); Animación de texto (incluye distintas opciones de agrupación y de animación de objetos de texto); Animación SmartArt (permite animar el gráfico como un conjunto o cada uno de sus elementos por separado).

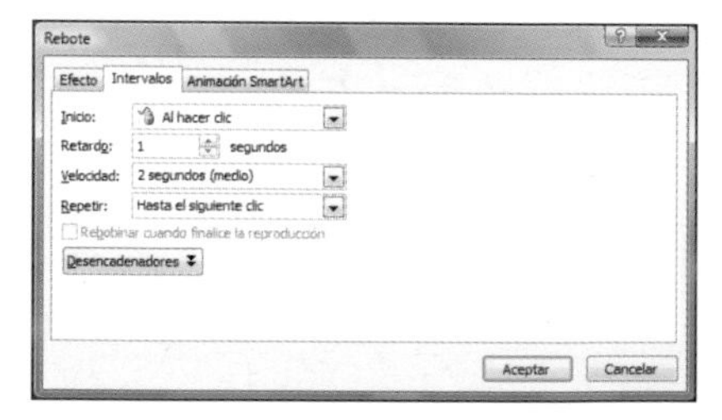

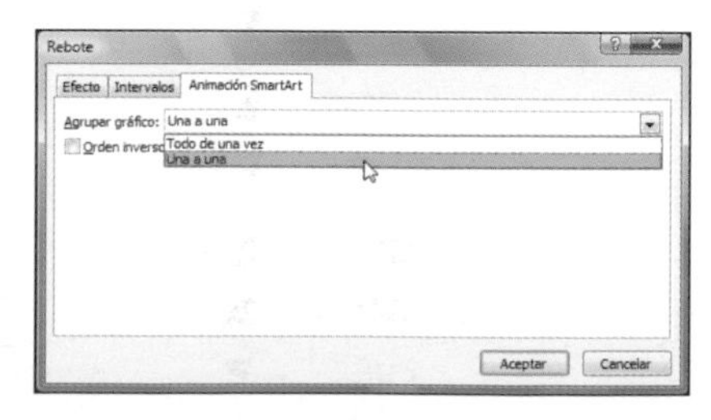

Reorganizar efectos

Para reorganizar el orden en que se reproducen los distintos efectos de animación de un objeto en PowerPoint 2007:

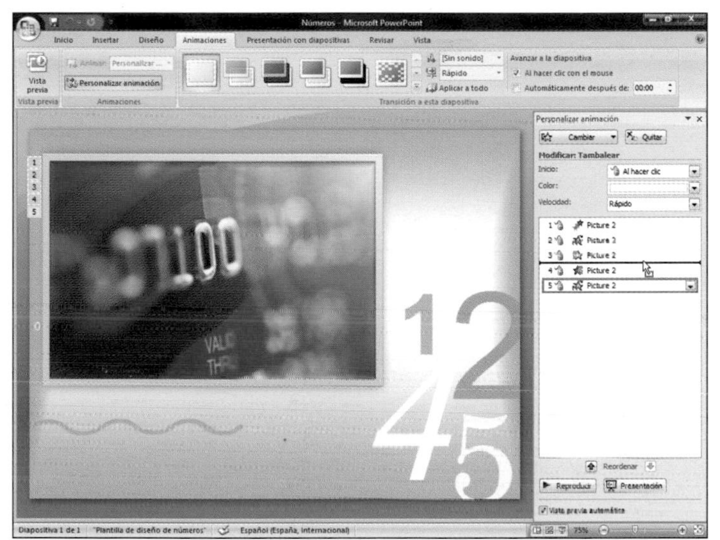

1. En la diapositiva, seleccione el objeto cuyos efectos de animación desea reorganizar.

2. Haga clic sobre el botón **Personalizar animación** del grupo Animaciones de la ficha Animaciones de la Cinta de opciones o ejecute el comando Personalizar animación de la lista desplegable Animar del mismo grupo.

3. En la lista del panel, seleccione el efecto cuya posición relativa desea modificar haciendo clic sobre su nombre o bien haga clic sobre el recuadro correspondiente a su número junto al objeto en el diseño de la diapositiva.

4. Haga clic nuevamente sobre el efecto en la lista del panel Personalizar animación y, manteniendo presionado el botón izquierdo del ratón, arrástrelo hasta su nueva posición.

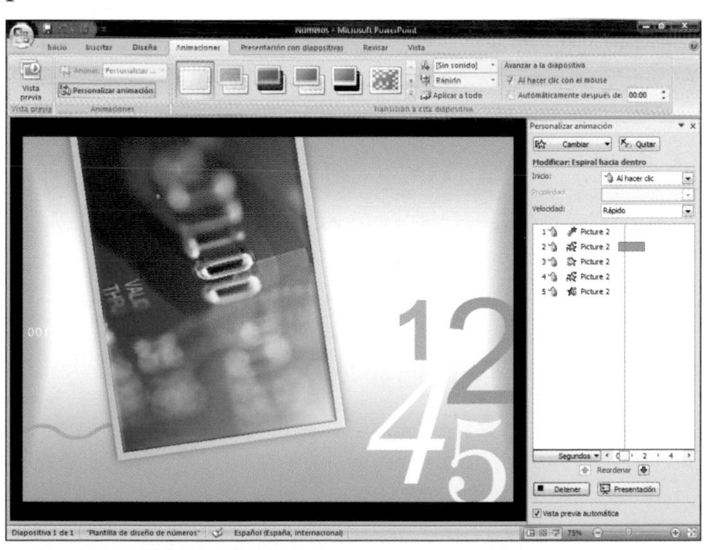

O bien:

4. Debajo de la lista de efectos de animación, haga clic sobre los botones [↑] o [↓] para hacer subir o bajar respectivamente el orden relativo del efecto en la lista.

Reproducción y presentación preliminar

Para previsualizar los efectos de animación de una diapositiva:

1. En la presentación, seleccione la diapositiva que desee examinar.

2. Haga clic sobre el botón **Personalizar animación** del grupo Animaciones de la ficha Animaciones de la Cinta de opciones o ejecute el comando Personalizar animación de la lista desplegable Animar del mismo grupo.

3. Haga clic sobre el botón **Reproducir** situado en la esquina inferior izquierda del panel Personalizar animación. La lista de efectos cambiará para mostrar una línea de tiempo que representa el recorrido de los distintos efectos de animación a lo largo del tiempo. Los distintos efectos se irán sucediendo en el área de trabajo de la vista Normal del programa.

Para observar el aspecto global de la presentación una vez introducidos todos los efectos de animación:

1. Haga clic sobre el botón **Presentación** en el borde inferior del panel Personalizar animación. Se iniciará la reproducción de la presentación de diapositivas.

Si desea visualizar el aspecto de cada efecto de animación durante su creación:

1. Active la casilla de verificación Vista previa automática situada en la esquina inferior izquierda del panel Personalizar animación.

Trayectorias de animación

Las trayectorias de animación permiten llevar a cabo el movimiento de cualquier objeto alrededor de la diapositiva. Para definir una trayectoria de animación para un objeto:

1. En la diapositiva, seleccione el objeto que desea animar.

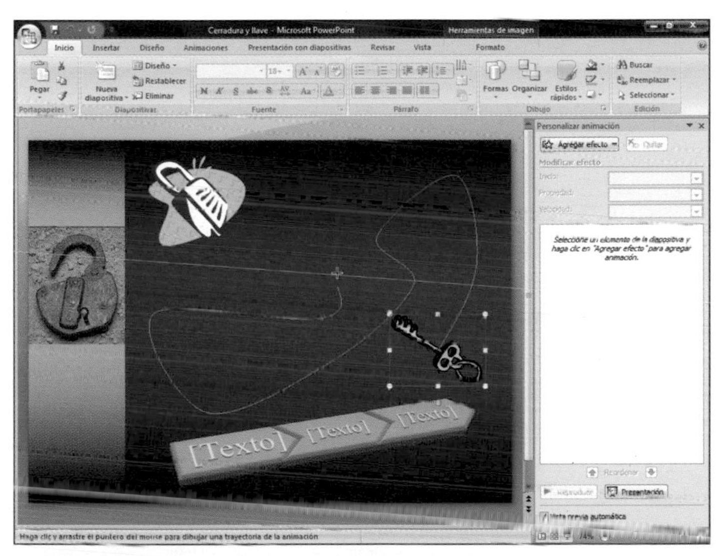

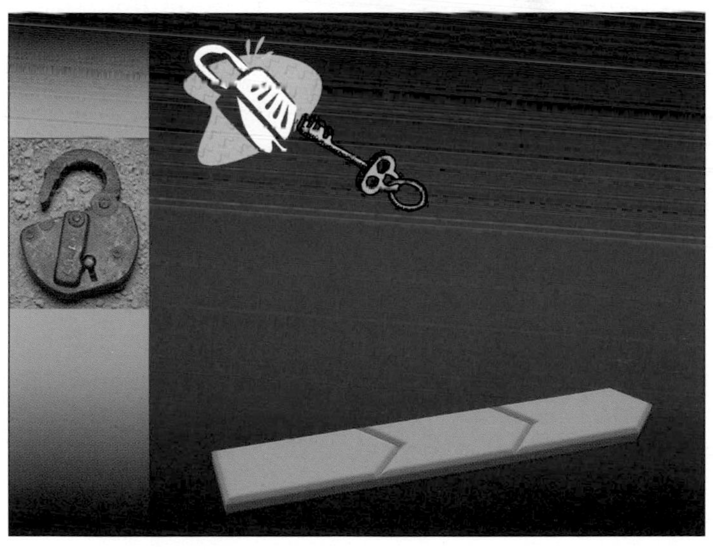

2. Haga clic sobre el botón **Personalizar animación** del grupo Animaciones de la ficha Animaciones de la Cinta de opciones.

3. Haga clic sobre el botón **Agregar efecto** del panel Personalizar animación.

4. A continuación, despliegue el submenú Trayectoria de la animación y elija cualquiera de los tipos de trayectoria disponibles o ejecute el comando Más trayectorias de la animación para crear una trayectoria personalizada. Por ejemplo, para crear una trayectoria en forma de curva, ejecute el comando Curva del submenú Dibujar desplazamiento personalizado.

5. Haga clic en el punto donde desee iniciar la trayectoria de desplazamiento.

6. Arrastre el puntero del ratón hasta el primer punto de inflexión de la curva y haga clic nuevamente.

7. Repita el punto 6 para crear todos los puntos de inflexión necesarios.

8. Finalmente, para dar por terminada la trayectoria, haga doble clic con el botón izquierdo del ratón.

Capítulo 7
Presentaciones

Iniciar una presentación

Para iniciar la reproducción de una presentación de PowerPoint:

1. Abra la presentación que desea reproducir.

2. Haga clic sobre el botón **Presentación con diapositivas** de la barra de herramientas **Vista**, situada en el lateral derecho de la barra de estado del programa.

O bien:

2. Pulse la tecla **F5**.

Mientras se encuentra trabajando con las diapositivas de su presentación:

- Para iniciar la reproducción de la presentación desde la primera diapositiva, haga clic sobre el botón **Desde el principio** del grupo Iniciar presentación con diapositivas de la ficha Presentación con diapositivas de la Cinta de opciones de PowerPoint 2007.

- Para iniciar la reproducción desde la diapositiva actualmente seleccionada en la presentación, haga clic sobre el botón **Desde la diapositiva actual** del grupo Iniciar presentación con diapositivas de la ficha Presentación con diapositivas.

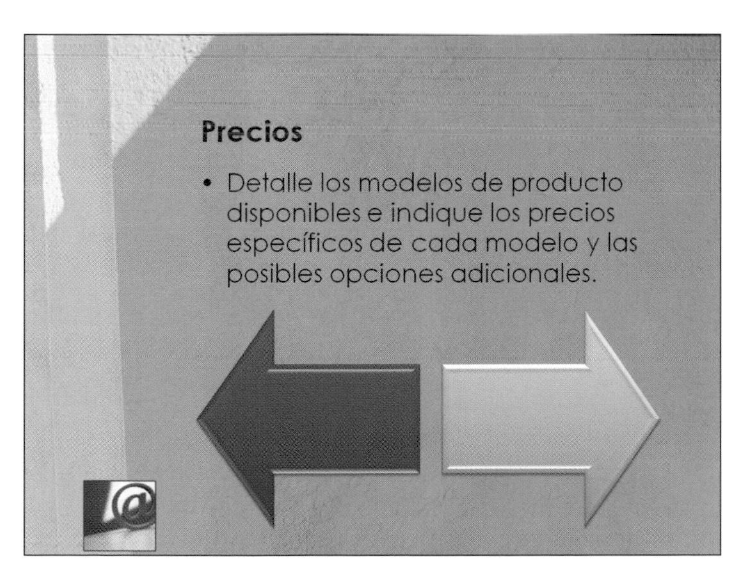

Si se encuentra trabajando con efectos de animación en su diapositiva:

1. Haga clic sobre el botón **Presentación** situado en el borde inferior del panel Personalizar animación. Recuerde que puede abrir este panel haciendo clic sobre el botón **Personalizar animación** del grupo Animaciones de la ficha del mismo nombre de la Cinta de opciones.

Configurar una presentación

Para configurar una presentación en PowerPoint 2007:

1. Con la presentación abierta en el programa, haga clic sobre el botón **Configuración de la presentación con diapositivas** del grupo Configurar de la ficha Presentación con diapositivas de la Cinta de opciones.

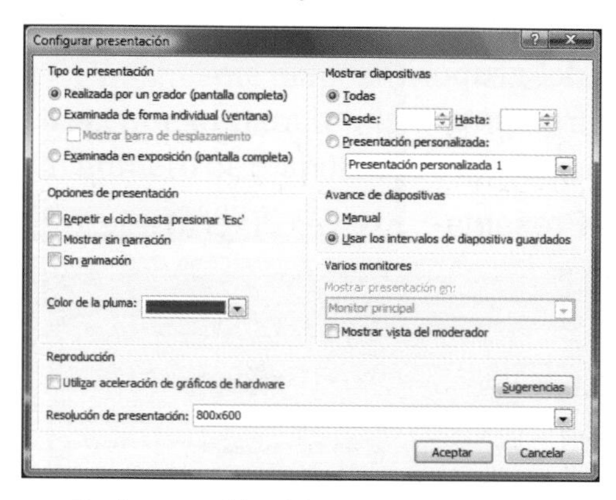

2. En la sección Tipo de presentación, especifique el formato en el que desea llevar a cabo la presentación (a pantalla completa o en una ventana).

3. En la sección Opciones de presentación, especifique si desea repetir de forma continua la reproducción de la presentación, eliminar las narraciones y las animaciones y defina el color de la pluma para realizar sus anotaciones.

4. En la sección Mostrar diapositivas, especifique el rango de diapositivas que desea reproducir: todas, un margen determinado de diapositivas o seleccione cualquier presentación personalizada que haya programado.

5. La sección Avance de diapositivas, le permitirá elegir la forma en que desea recorrer las diapositivas de la presentación: manualmente o empleando los intervalos de tiempo programados para cada diapositiva.

6. Si su sistema dispone de varios monitores, elija el que desee utilizar para realizar la presentación en la sección Varios monitores.

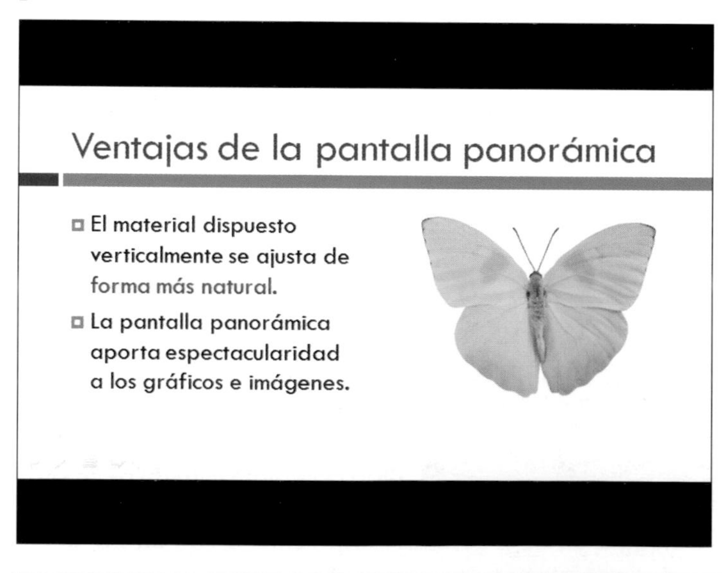

7. La sección Reproducción, le permitirá usar las características de aceleración hardware de su equipo (útil en el caso de presentaciones con imágenes o gráficos complejos) y reproducir la presentación con una resolución de pantalla distinta de la resolución seleccionada por defecto.

8. Cuando haya definido todas sus opciones de configuración, haga clic sobre **Aceptar** para validar los cambios.

Grabar una narración

PowerPoint le permite acompañar sus presentaciones de sus propias narraciones que se almacenan en forma de objetos de sonido dentro de las diapositivas:

1. Abra la presentación donde desea realizar la grabación de su nueva narración.

2. Haga clic sobre el botón **Grabar narración** del grupo Configurar de la ficha Presentación con diapositivas de la Cinta de opciones.

3. En el cuadro de diálogo Grabar narración, haga clic sobre el botón **Establecer nivel de micrófono** para realizar la verificación del nivel de sonido adecuado en su micrófono. Lea el texto que aparece en pantalla y, cuando esté satisfecho con los resultados, haga clic sobre el botón **Aceptar**.

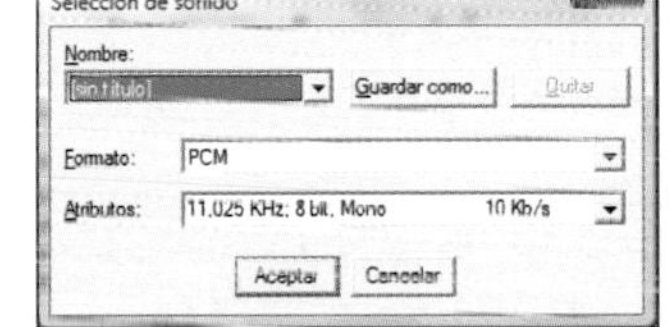

4. Haga clic sobre el botón **Cambiar calidad** para seleccionar la calidad de la grabación. En las listas desplegables Formato y Atributos, especifique la calidad de la grabación. Si lo desea, haga clic sobre el botón **Guardar como** para almacenar la nueva configuración en su sistema. Cuando haya finalizado, haga clic sobre **Aceptar**.

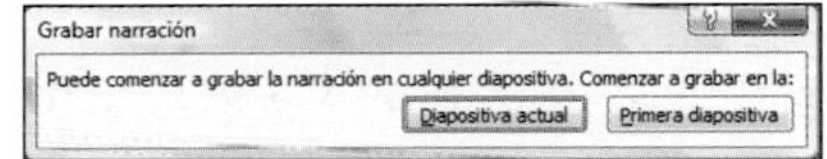

5. Si planea realizar una narración de gran tamaño, active la casilla de verificación Vincular narraciones en de la esquina inferior derecha del cuadro de diálogo y haga clic sobre el botón **Examinar** para definir la carpeta donde desea almacenar sus archivos de sonido.

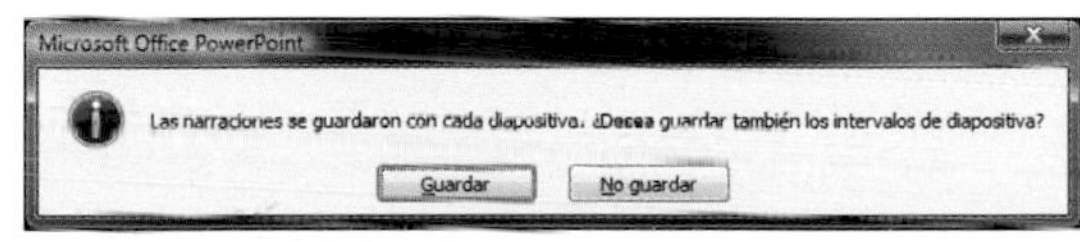

6. Cuando esté preparado para iniciar su narración, haga clic sobre el botón **Aceptar** en el cuadro de diálogo Grabar narración. Un nuevo cuadro de diálogo le permitirá elegir entre iniciar la grabación en la primera diapositiva de la presentación o empezar por la diapositiva actual. Elija la opción más adecuada.

7. Comience su narración y vaya recorriendo las distintas diapositivas. Cuando finalice la presentación, un nuevo cuadro de diálogo le preguntará si desea almacenar también los intervalos de tiempo utilizados para cada diapositiva. Haga clic sobre el botón **Guardar**.

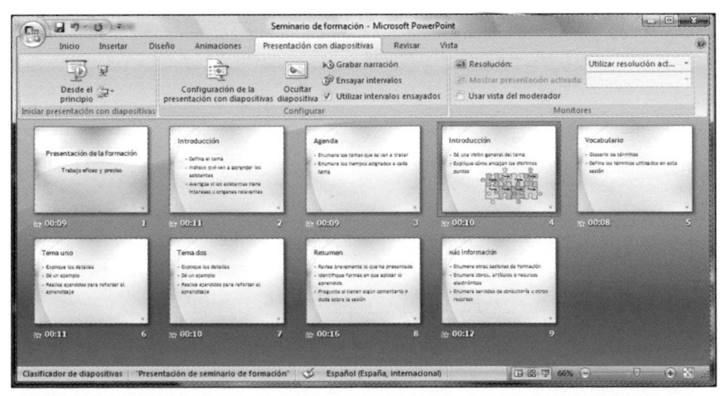

Ensayar intervalos

PowerPoint nos permite realizar ensayos de nuestras presentaciones para cronometrar los tiempos de duración de cada una de las diapositivas. Estos tiempos, nos permitirán ir recorriendo las distintas diapositivas de forma automática, sin tener que realizar ninguna intervención desde el teclado o utilizando el ratón. Para ensayar los intervalos de una presentación:

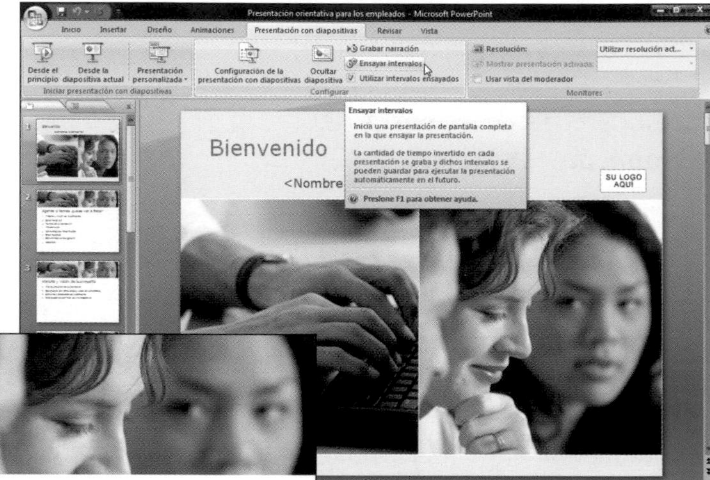

1. Abra la presentación cuyos intervalos desea ensayar.

2. Haga clic sobre el botón **Ensayar intervalos** del grupo Configurar de la ficha Presentación con diapositivas de la Cinta de opciones.

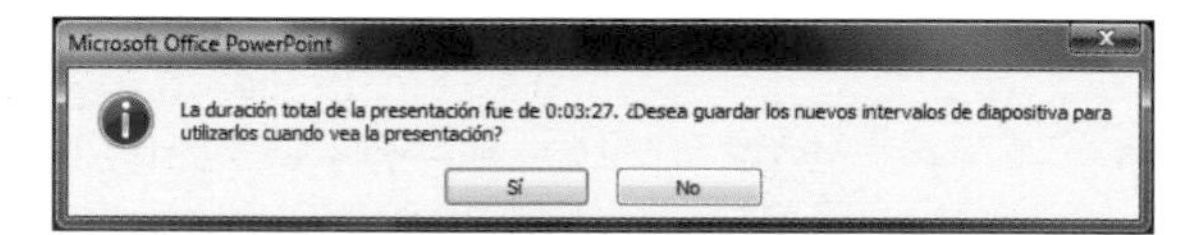

3. Se iniciará la reproducción de la presentación y, a través de la barra de herramientas Ensayo que aparecerá en la esquina superior izquierda de la pantalla, dispondremos de un cronómetro que irá midiendo el tiempo dedicado a cada presentación y podremos controlar su navegación. Haga clic sobre el botón **Siguiente** para acceder a la siguiente diapositiva. Haga clic sobre el botón **Pausa** para detener temporalmente el cronómetro. A continuación, un cuadro de texto nos muestra en tiempo dedicado hasta el momento a la diapositiva actual. Seguidamente, el botón **Repetir** nos permitirá reiniciar el cronómetro de la diapositiva actual para ensayar nuevamente su intervalo. Finalmente, en el lateral derecho de la barra de herramientas, podrá observar el tiempo total destinado hasta el momento a la presentación completa.

4. Cuando finalice la presentación, un cuadro de diálogo le preguntará si desea almacenar los intervalos ensayados en las distintas diapositivas. Haga clic sobre el botón **Sí** para finalizar.

Realizar anotaciones

Para realizar una anotación en una diapositiva:

1. Abra la presentación e inicie su reproducción utilizando cualquiera de las técnicas disponibles en el programa (pulsar la tecla **F5**, hacer clic sobre el botón **Presentación con diapositivas** de la barra de herramientas Vista, etc.).

2. Cuando se encuentre en una diapositiva en la que desee realizar anotaciones, acerque el puntero a la esquina inferior izquierda de la pantalla.

3. Junto a los botones que permiten navegar por las distintas diapositivas de la presentación, encontrará un icono para iniciar la creación de anotaciones en su diapositiva. Haga clic sobre el botón .

4. En el menú desplegable, seleccione la herramienta con la que desea trabajar: Bolígrafo (con un trazo más fino), Rotulador (con un trazo más grueso) o Marcador de resaltado (su funcionamiento es como el del típico rotulador fosforescente).

5. En el submenú Color de tinta, podrá seleccionar distintos colores para sus herramientas de dibujo. Simplemente, haga clic sobre el color deseado en la paleta.

6. Si se equivoca en algún trazado, ejecute el comando Borrador. Con el puntero en forma de borrador, haga clic sobre el trazo que desee eliminar. Para borrar todas las anotaciones manuscritas de la diapositiva, ejecute el comando Borrar todas las entradas manuscritas de la diapositiva.

7. Para recuperar el control de la presentación, haga clic sobre la opción Flecha del menú desplegable.

Capítulo 8 Otras operaciones especiales

Vista preliminar

Para realizar una vista preliminar de una presentación:

1. Abra la presentación y haga clic sobre el **Botón de Office** en la esquina superior izquierda de la ventana.

2. Despliegue el submenú Imprimir situando sobre su nombre el puntero del ratón.

3. Ejecute el comando Vista preliminar.

Se abrirá una nueva ventana que ilustrará el aspecto de la presentación cuando se imprima en papel. En la Cinta de opciones de la ventana, podrá realizar las siguientes labores de ajuste:

- Grupo Imprimir. Enviar el trabajo a la impresora, configurar encabezados y pies de página del documento, cambiar la presentación a color o escala de grises, ajustar la diapositiva al tamaño del papel y otras labores de configuración de impresión.

- Grupo Configurar página. Permite seleccionar el número de diapositivas que se desean incluir en cada página, seleccionar la impresión de diapositivas, documentos, páginas de notas o esquemas y definir la orientación de la página.

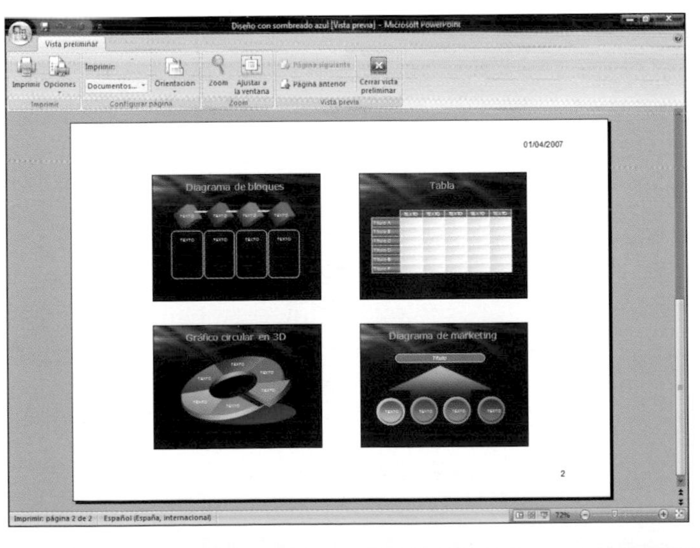

- Grupo Zoom. Permite acercar y alejar la vista de la presentación preliminar para acceder a todos los detalles.

- Grupo Vista previa. Mediante los botones **Página siguiente** y **Página anterior**, podrá recorrer las distintas páginas de documento y cerrar la ventana de vista preliminar haciendo clic sobre el botón **Cerrar vista preliminar**.

Imprimir una presentación

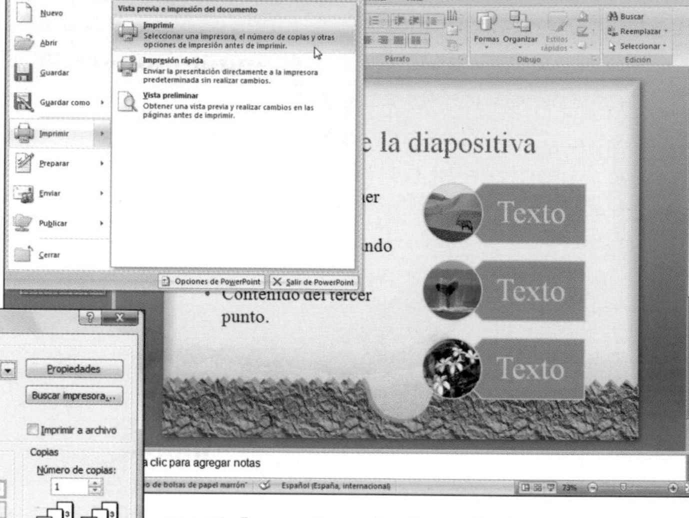

1. Abra la presentación y haga clic sobre el **Botón de Office** situado en la esquina superior izquierda de la ventana de la aplicación.

2. Despliegue el submenú Imprimir situando sobre su nombre el puntero del ratón.

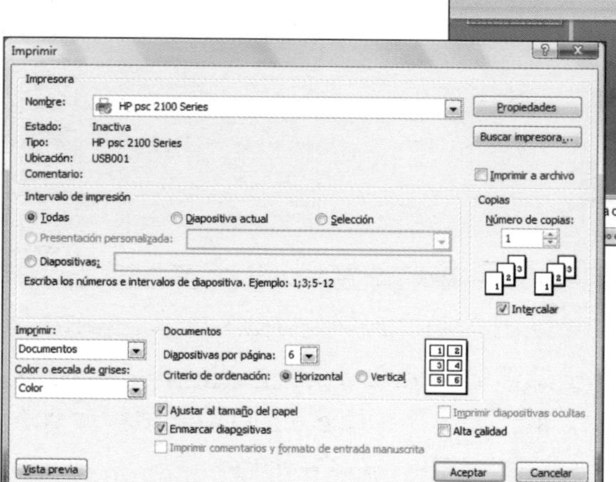

3. Si desea imprimir en la impresora predeterminada del sistema con la configuración predefinida, ejecute el comando Impresión rápida. Para configurar las características de la impresión, ejecute el comando Imprimir.

4. En la lista Nombre de la sección Impresora del cuadro de diálogo Imprimir, seleccione el nombre de la impresora a la que desea enviar el trabajo de impresión.

5. En la sección Intervalo de impresión, especifique el rango de páginas que desea imprimir: todas las diapositivas, sólo la diapositiva actual, las diapositivas seleccionadas, una presentación personalizada, etc.

6. En la sección Copias, defina el número de copias que desea obtener de su documento impreso y la colocación de las mismas al salir de la impresora, activando o desactivando la casilla de verificación Intercalar.

7. Finalmente, mediante los controles del borde inferior del cuadro de diálogo, podrá configurar aspectos tales como el tipo de documento que desea imprimir (diapositivas, documentos, páginas de notas o esquemas), si desea realizar una impresión en color o escala de grises, el número de diapositivas que desea incluir en cada página impresa, la orientación del papel, el ajuste de las diapositivas al tamaño del papel, etc. (las mismas opciones disponibles en la ventana de vista preliminar de la presentación).

8. Haga clic sobre el botón **Aceptar** para iniciar la impresión.

Enviar una presentación por correo electrónico

Si necesita compartir una presentación de diapositivas con otros usuarios, también puede enviarla adjunta en un mensaje de correo electrónico:

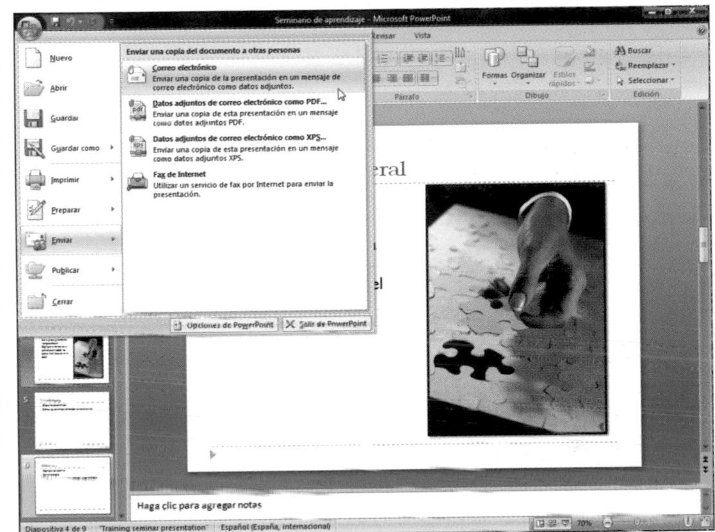

1. Abra la presentación y haga clic sobre el **Botón de Office** situado en la esquina superior izquierda de la ventana de la aplicación.

2. Despliegue el submenú Enviar situando sobre su nombre el puntero del ratón.

3. Ejecute el comando Correo electrónico haciendo clic sobre su nombre.

4. Se abrirá una ventana de mensaje de Microsoft Outlook o de su cliente de correo predeterminado. En el cuadro de texto Para, escriba o localice en su agenda de contactos la dirección de correo electrónico del destinatario del mensaje.

5. Si desea enviar una copia del mensaje a otro usuario, escriba su dirección en el cuadro de texto Para o haga clic sobre el botón del mismo nombre para localizarla en su lista de contactos.

6. Observe que el cuadro de texto Asunto tiene como contenido el nombre de la presentación y, en el campo Adjunto, hay una copia de la presentación que se desea enviar. Realice los cambios necesarios en estos campos.

7. Escriba el contenido del mensaje y cualquier información adicional en el área de texto de la ventana de mensaje.

8. Haga clic sobre el botón **Enviar** (a la izquierda de los campos de información de la ventana) para enviar el mensaje de correo.

Enviar una presentación como archivo PDF

No todos los usuarios con los que necesitemos compartir la información de nuestras presentaciones, dispondrán en sus sistemas de Microsoft PowerPoint. En tal caso, puede enviarles una presentación utilizando el formato PDF, al que podrá acceder fácilmente cualquier destinatario. Para enviar por correo electrónico una presentación en formato PDF:

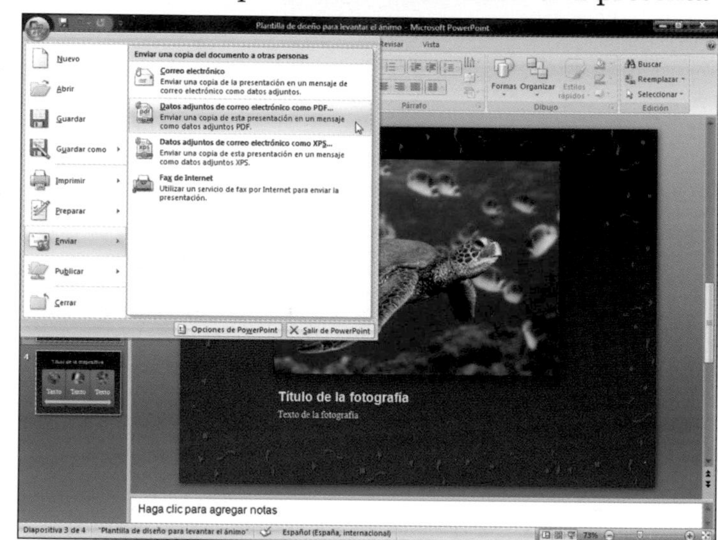

1. Abra la presentación y haga clic sobre el **Botón de Office** situado en la esquina superior izquierda de la ventana de la aplicación.

2. Despliegue el submenú Enviar situando sobre su nombre el puntero del ratón.

3. Ejecute el comando Datos adjuntos de correo electrónico como PDF haciendo clic sobre su nombre.

4. Se abrirá una ventana de mensaje de Microsoft Outlook o de su cliente de correo predeterminado. En el cuadro de texto Para, escriba o localice en su agenda de contactos la dirección de correo electrónico del destinatario del mensaje.

5. Si desea enviar una copia a otro usuario, escriba su dirección en el cuadro de texto CC o haga clic sobre su botón para localizarla en su lista de contactos.

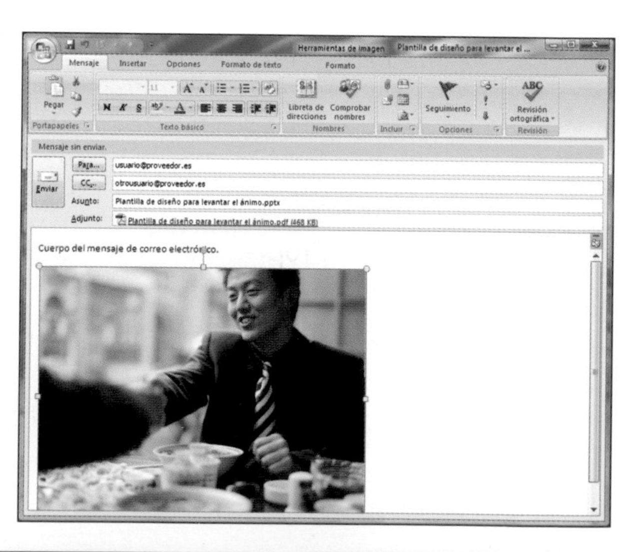

6. Observe que el cuadro de texto Asunto tiene como contenido el nombre de la presentación y, en el campo Adjunto, hay una copia del archivo PDF correspondiente. Realice los cambios necesarios en estos campos.

7. Escriba el contenido del mensaje y cualquier información adicional en el área de texto de la ventana.

8. Haga clic sobre el botón **Enviar** (a la izquierda de los campos de información de la ventana) para enviar el mensaje de correo electrónico.

Propiedades de una presentación

Para configurar las propiedades de una presentación de PowerPoint 2007.

1. Abra la presentación cuyas propiedades desee configurar.

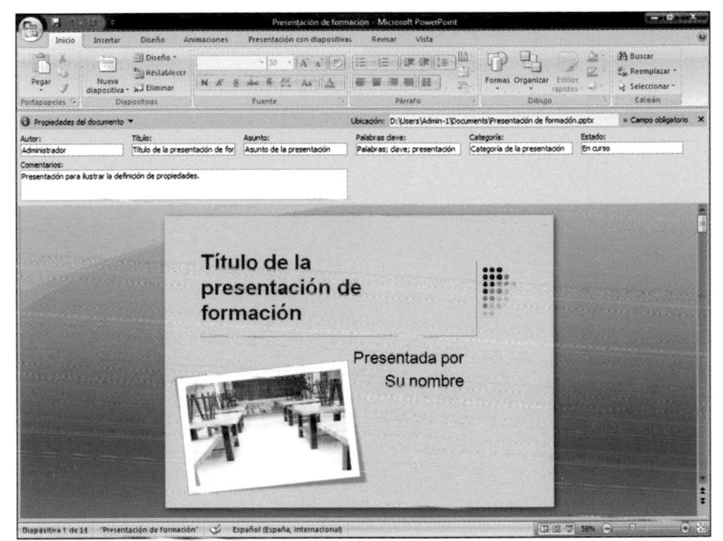

2. Haga clic sobre el **Botón de Office** situado en la esquina superior izquierda de la ventana de la aplicación.

3. Despliegue el submenú Preparar situando el puntero del ratón sobre su nombre.

4. Ejecute el comando Propiedades haciendo clic sobre su nombre.

5. En el borde superior de la presentación (bajo la Cinta de opciones), se abrirá un panel para configurar las propiedades de la presentación: Autor (creador de la presentación), Título (generalmente, el nombre del archivo de la presentación), Asunto (tema sobre el que trata la presentación), Palabras clave (palabras que servirán posteriormente para localizar la presentación entre un conjunto de archivos), Categoría (para organizar presentaciones), Estado (estado de evolución de la presentación) y Comentarios (cualquier comentario adicional relativo a la presentación). Escriba los valores que desee en los distintos cuadros de texto.

6. Para visualizar y configurar las propiedades adicionales de la presentación, haga clic sobre el icono en forma de punta de flecha situado a la derecha del epígrafe "Propiedades del documento", en la esquina superior izquierda del panel de propiedades.

7. Ejecute el comando Propiedades avanzadas haciendo clic sobre su nombre.

8. En el cuadro de diálogo Propiedades de Nombre de la presentación, active las diferentes fichas y configure las propiedades del archivo de presentación según sus necesidades.

9. Haga clic sobre el botón **Aceptar**.

Inspección de presentaciones

La inspección de presentaciones, permite detectar posibles defectos o carencias que ofrezcan nuestras presentaciones antes de proceder a su publicación definitiva. Para inspeccionar una presentación de PowerPoint 2007:

1. Abra la presentación que desee inspeccionar en el programa.

2. Haga clic sobre el **Botón de Office** situado en la esquina superior izquierda de la ventana de la aplicación.

3. Despliegue el submenú Preparar situando el puntero del ratón sobre su nombre.

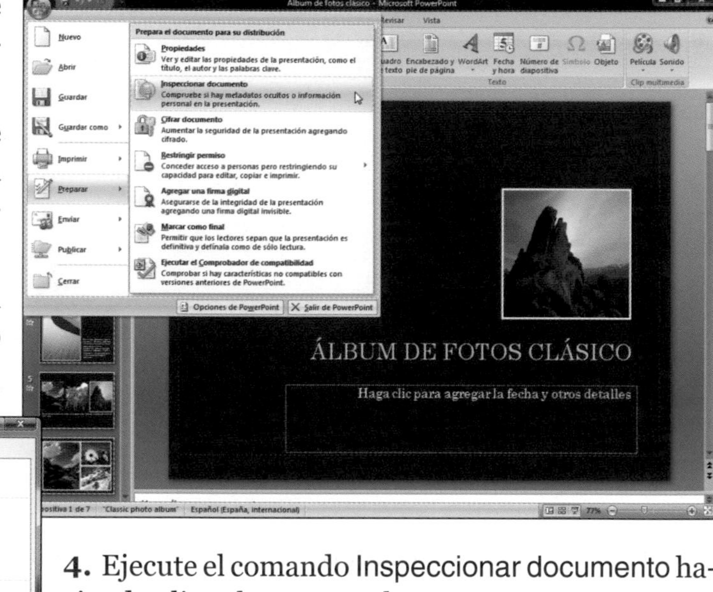

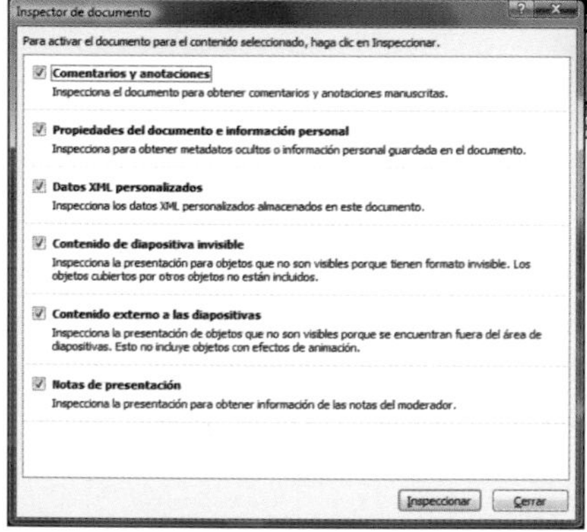

4. Ejecute el comando Inspeccionar documento haciendo clic sobre su nombre.

5. En el cuadro de diálogo Inspector de documento, active o desactive las distintas casillas de verificación según los elementos que desee examinar. Una breve descripción acompaña a cada casilla de verificación para proporcionarnos una idea de su cometido.

6. Haga clic sobre el botón **Inspeccionar**.

7. Una vez finalizado el análisis, el programa mostrará los posibles conflictos que haya localizado en el documento. Para resolver los problemas detectados, haga clic sobre el botón **Quitar todo** situado junto a cada categoría de información. Recuerde que al eliminar elementos de su presentación, es posible que borre datos que sean necesarios. Algunas operaciones de borrado no se pueden deshacer.

8. Haga clic sobre el botón **Cerrar** para dar por completado el proceso.

Cifrar una presentación

Si desea restringir el acceso a cualquiera de sus presentaciones, puede protegerla con una contraseña para evitar cualquier acceso no deseado a la misma. Para cifrar una presentación en PowerPoint 2007:

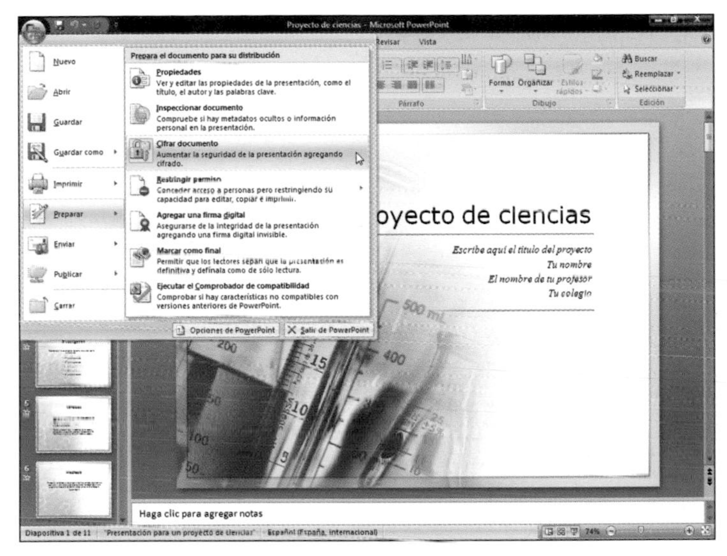

1. Abra la presentación que desee inspeccionar en el programa.

2. Haga clic sobre el **Botón de Office** situado en la esquina superior izquierda de la ventana de la aplicación.

3. Despliegue el submenú Preparar situando el puntero del ratón sobre su nombre.

4. Ejecute el comando Cifrar documento haciendo clic sobre su nombre.

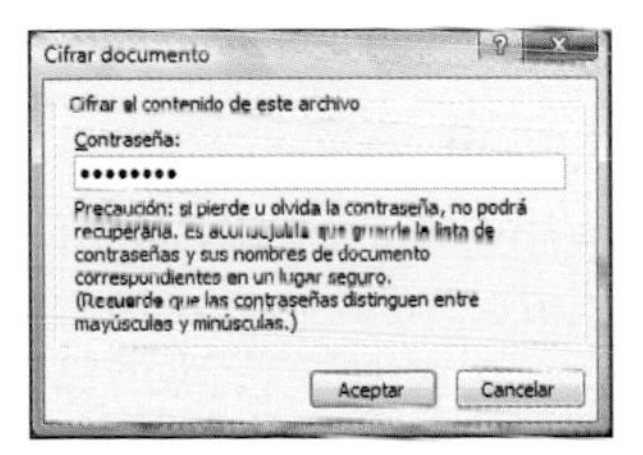

5. En el cuadro de texto Contraseña del cuadro de diálogo Cifrar documento, escriba la contraseña mediante la que desee proteger la presentación. Observe que PowerPoint reemplaza los caracteres por viñetas para asegurar su confidencialidad.

6. Haga clic sobre el botón **Aceptar**. El sistema le pedirá que repita la contraseña para asegurarse de que no ha existido ningún error al escribirla la primera vez.

7. Escriba nuevamente la contraseña y haga clic sobre el botón **Aceptar**.

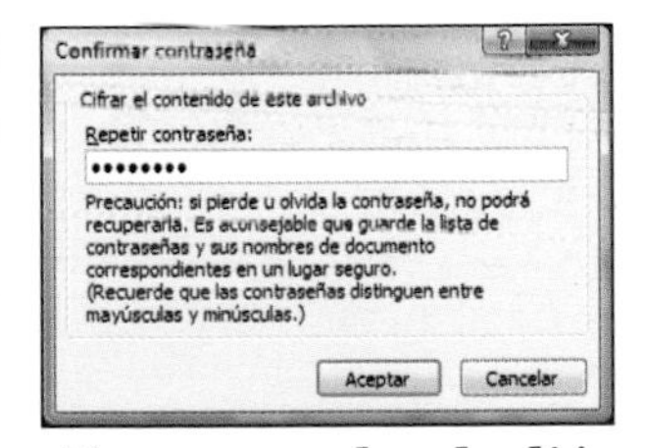

La próxima vez que cualquier usuario intente abrir la presentación, un cuadro de diálogo le pedirá que introduzca la contraseña. Una contraseña incorrecta, hará que el sistema impida la apertura de la presentación, mostrando un cuadro de diálogo de advertencia.

Otras operaciones de preparación

Entre otras operaciones básicas de comprobación de una presentación finalizada, PowerPoint 2007 nos ofrece la posibilidad de marcar una presentación como finalizada y de realizar una comprobación de compatibilidad con versiones anteriores del programa. Para marcar una presentación como finalizada:

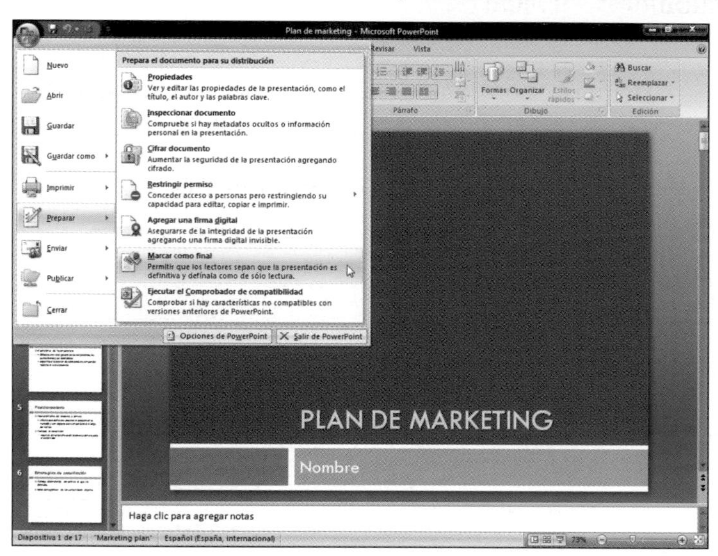

1. Abra la presentación y despliegue el menú del **Botón de Office**.

2. Ejecute el comando Marcar como final del submenú Preparar.

3. Un mensaje de advertencia le informará de que se va a marcar la presentación como definitiva. Haga clic sobre el botón **Aceptar**.

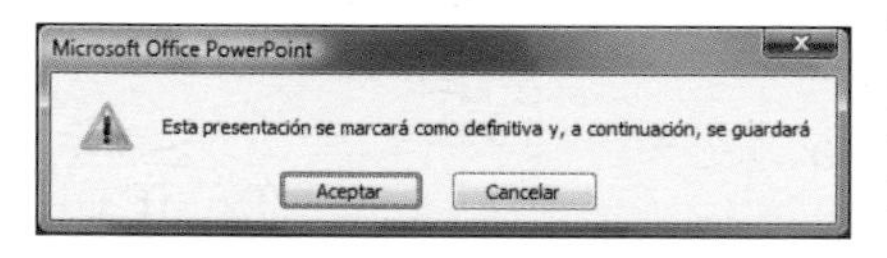

4. Después de marcar la presentación como finalizada, un nuevo cuadro de diálogo le informará de las consecuencias de esta operación. Haga clic sobre el botón **Aceptar** para completar el proceso.

Para comprobar la compatibilidad de sus presentaciones con versiones anteriores de PowerPoint:

1. Abra la presentación y despliegue el menú del **Botón de Office**.

2. Ejecute el comando Ejecutar el Comprobador de compatibilidad del submenú Preparar.

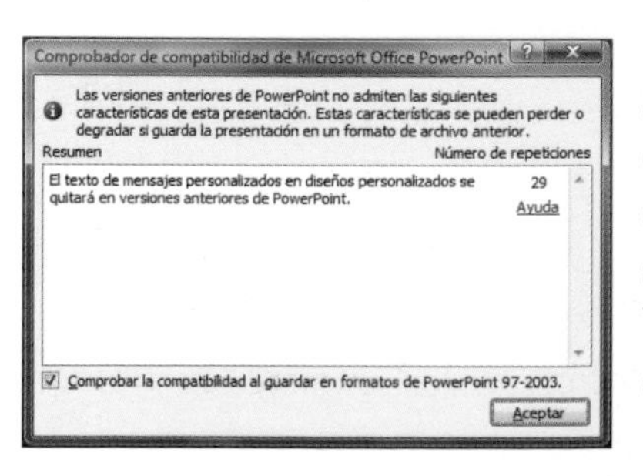

3. Si el programa detecta algún posible problema de compatibilidad con versiones anteriores de la aplicación, mostrará un cuadro de diálogo de advertencia con información de ayuda sobre cómo resolver el problema. Haga clic sobre el botón **Aceptar** para cerrar el cuadro de diálogo.

Empaquetar para CD

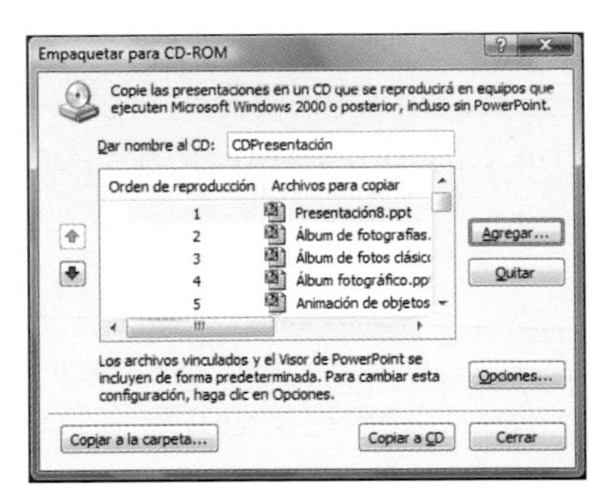

1. Abra cualquier presentación y despliegue el menú del **Botón de Office**.

2. Ejecute el comando Empaquetar para CD del submenú Publicar.

3. En el cuadro de texto Dar nombre al CD del cuadro de diálogo Empaquetar para CD-ROM, escriba el nombre que desea asignar al nuevo CD-ROM.

4. Para definir el conjunto de presentaciones que se copiarán en el CD-ROM, haga clic sobre el botón **Agregar archivos**. En el cuadro de diálogo del mismo nombre, localice la carpeta que contiene dichas presentaciones y seleccione sus nombres en la lista central. Finalmente, haga clic sobre el botón **Agregar**.

5. Haga clic sobre el botón **Opciones** para configurar el comportamiento del CD. En el cuadro de diálogo Opciones, escoja si desea crear un paquete de presentaciones para reproducir con el visor de PowerPoint o simplemente un paquete de archivos, el tipo de formato de reproducción y los archivos vinculados que desea o no incluir en el CD. Si lo desea, también puede proteger sus presentaciones con una contraseña e inspeccionarlas para comprobar si contienen información que no se deba hacer pública. Cuando haya terminado, haga clic sobre **Aceptar**.

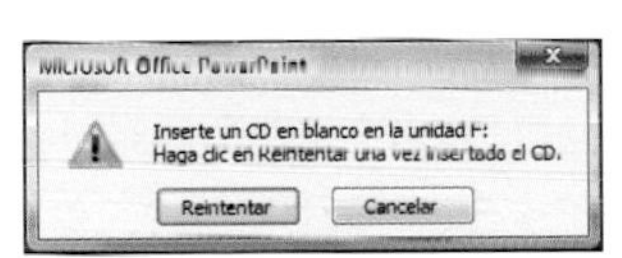

6. Para realizar una copia de las presentaciones en una carpeta, haga clic sobre el botón **Copiar a la carpeta**. En el cuadro de diálogo del mismo nombre, escriba el nombre de la carpeta y su ubicación y haga clic sobre **Aceptar**. Si el programa le pregunta si desea incluir los archivos vinculados de sus presentaciones, haga clic sobre el botón **Sí**.

O bien:

7. Para realizar una copia directa de las presentaciones en un CD-ROM, haga clic sobre el botón **Copiar a CD**. Inserte un disco en blanco en la unidad de grabación y haga clic sobre **Reintentar** (si no lo insertó previamente). Se iniciará la copia.

8. Cuando haya finalizado, haga clic sobre el botón **Cerrar** en el cuadro de diálogo Empaquetar para CD-ROM.

Publicar diapositivas

Para publicar un conjunto de diapositivas de forma que pueda acceder a ellas cualquier usuario:

1. Abra la presentación que contiene el conjunto de diapositivas que desea publicar.

2. Despliegue el menú del **Botón de Office** haciendo clic sobre su icono en la esquina superior izquierda de la ventana de la aplicación.

3. Despliegue el submenú Publicar situando el puntero del ratón sobre su nombre.

4. Ejecute el comando Publicar diapositivas haciendo clic sobre su nombre.

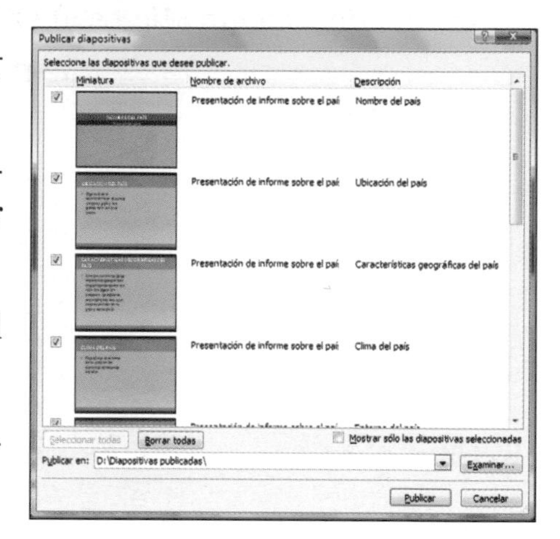

5. A continuación, en la lista del cuadro de diálogo Publicar diapositivas, seleccione las diapositivas que desea publicar activando sus casillas de verificación o haga clic sobre el botón **Seleccionar todas** para seleccionar todas las diapositivas de la presentación.

6. Si desea que la lista del cuadro de diálogo muestre solamente las diapositivas seleccionadas previamente, active la casilla de verificación Mostrar sólo las diapositivas seleccionadas.

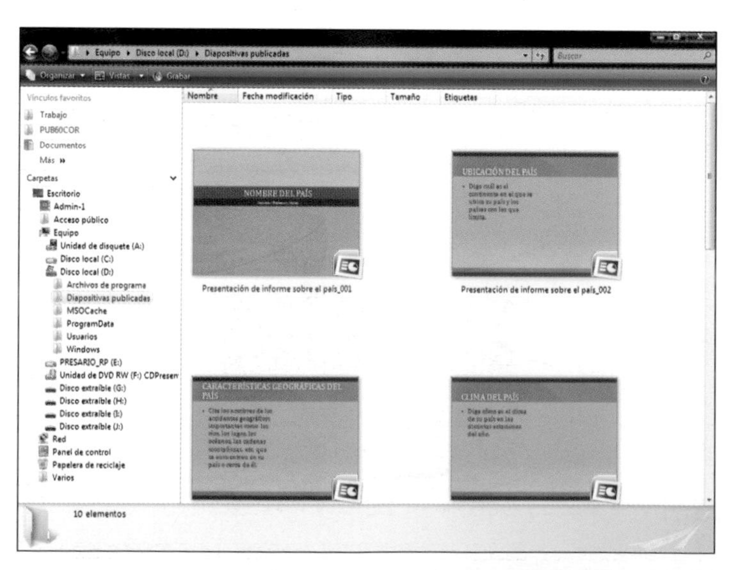

7. En el cuadro de texto Publicar en, escriba la ruta completa de la carpeta donde desea publicar sus diapositivas o haga clic sobre el botón **Examinar** para localizarla en el sistema.

8. Haga clic sobre el botón **Publicar**. Las diapositivas se copiarán en la carpeta seleccionada.

Crear documentos en Microsoft Office Word

Otra forma de distribuir sus diapositivas a otros usuarios puede consistir en generar un documento Microsoft Office Word para enviar a cualquier destinatario. Para generar un documento Microsoft Office Word con una presentación de PowerPoint:

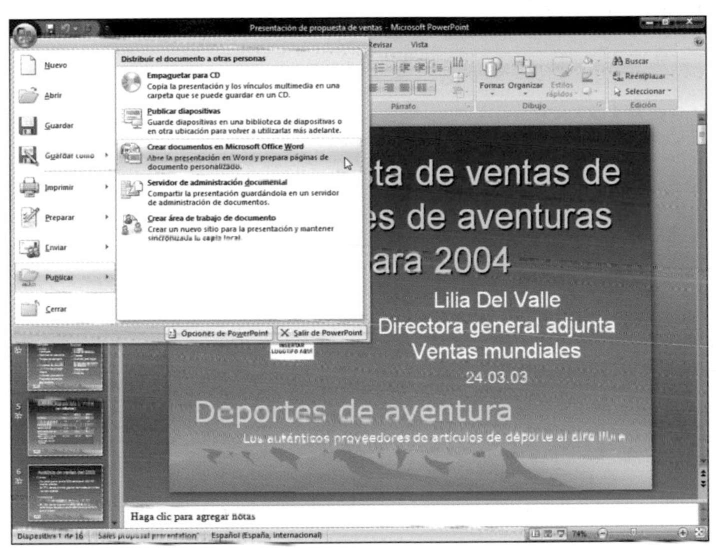

1. Abra la presentación y despliegue el menú del botón de Office haciendo clic sobre su icono en la esquina superior izquierda de la aplicación.

2. Despliegue el submenú Publicar situando el puntero del ratón sobre su nombre.

3. Ejecute el comando Crear documentos en Microsoft Office Word haciendo clic sobre su nombre.

4. En la sección Diseño de página en Microsoft Office Word del cuadro de diálogo Enviar a Microsoft Office Word, seleccione el tipo de esquema que desee para las páginas del nuevo documento Word.

5. En la sección Agregar diapositivas a un documento de Microsoft Office Word, especifique si desea simplemente incrustar las diapositivas en el documento Word (opción Pegar) o si prefiere vincularlas para que las diapositivas se actualicen al realizar algún cambio en la presentación.

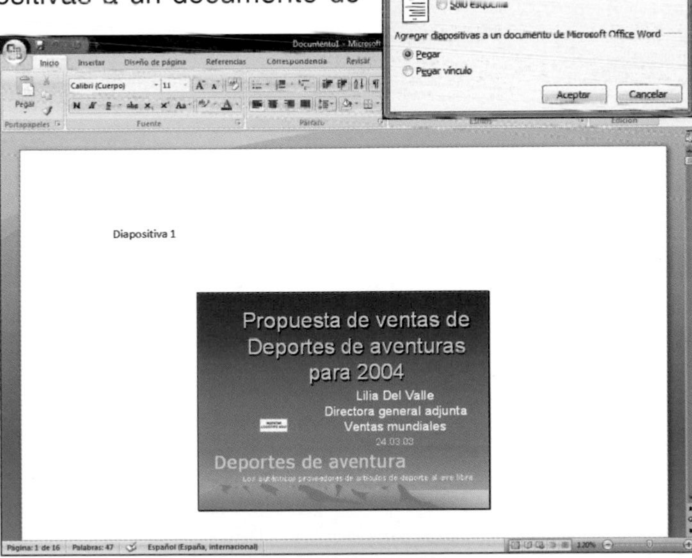

6. Haga clic sobre el botón **Aceptar**. Se creará de forma automática un documento Microsoft Word con las características especificadas.

Ortografía

La revisión ortográfica juega un papel de gran importancia a la hora de presentar material escrito ante una audiencia de público. Para revisar la ortografía de una presentación PowerPoint:

1. Abra la presentación cuya ortografía desea revisar.

2. Haga clic sobre el botón **Ortografía** del grupo Revisión de la ficha Revisar de la Cinta de opciones.

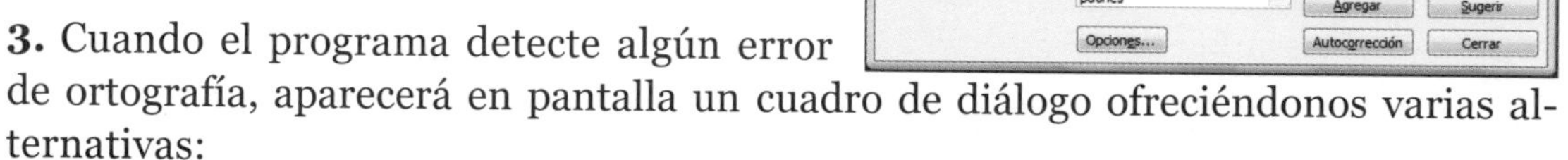

3. Cuando el programa detecte algún error de ortografía, aparecerá en pantalla un cuadro de diálogo ofreciéndonos varias alternativas:

Opción	Descripción
Cambiar por	En este cuadro de texto, puede escribir la palabra que debe sustituir al término erróneo. La lista Sugerencias, incluirá una serie de palabras similares que puede utilizar simplemente haciendo clic sobre ellas.
Omitir y **Omitir todas**	Si el término localizado es correcto (simplemente, no está recogido en el diccionario de PowerPoint), haga clic sobre **Omitir** para excluir la revisión de ese término en concreto o sobre **Omitir todas** para excluir la revisión de las restantes apariciones de la palabra en la presentación.
Cambiar y **Cambiar todas**	Sustituye la palabra actual por el término introducido en el cuadro de texto Cambiar por o todas las palabras de la presentación con el mismo error ortográfico por el nuevo término.
Agregar	Permite agregar la palabra al diccionario de PowerPoint 2007.
Sugerir	Nos indica la sugerencia de PowerPoint más apropiada para sustituir el término erróneo.
Autocorrección	Deja en manos de PowerPoint la corrección del término erróneo. El programa sustituirá dicha palabra por el término que considere más correcto.
Opciones	Abre la categoría de opciones de configuración de revisión de PowerPoint para especificar el comportamiento del programa para la corrección automática y la corrección ortográfica en Microsoft PowerPoint y Microsoft Office.
Cerrar	Cierra el cuadro de diálogo Ortografía y recupera el control de la aplicación.

Referencias

La herramienta de referencias de PowerPoint nos permite acceder a un gran número de herramientas de ayuda para localizar información sobre cualquier palabra incluida en nuestras presentaciones. Para trabajar con esta herramienta:

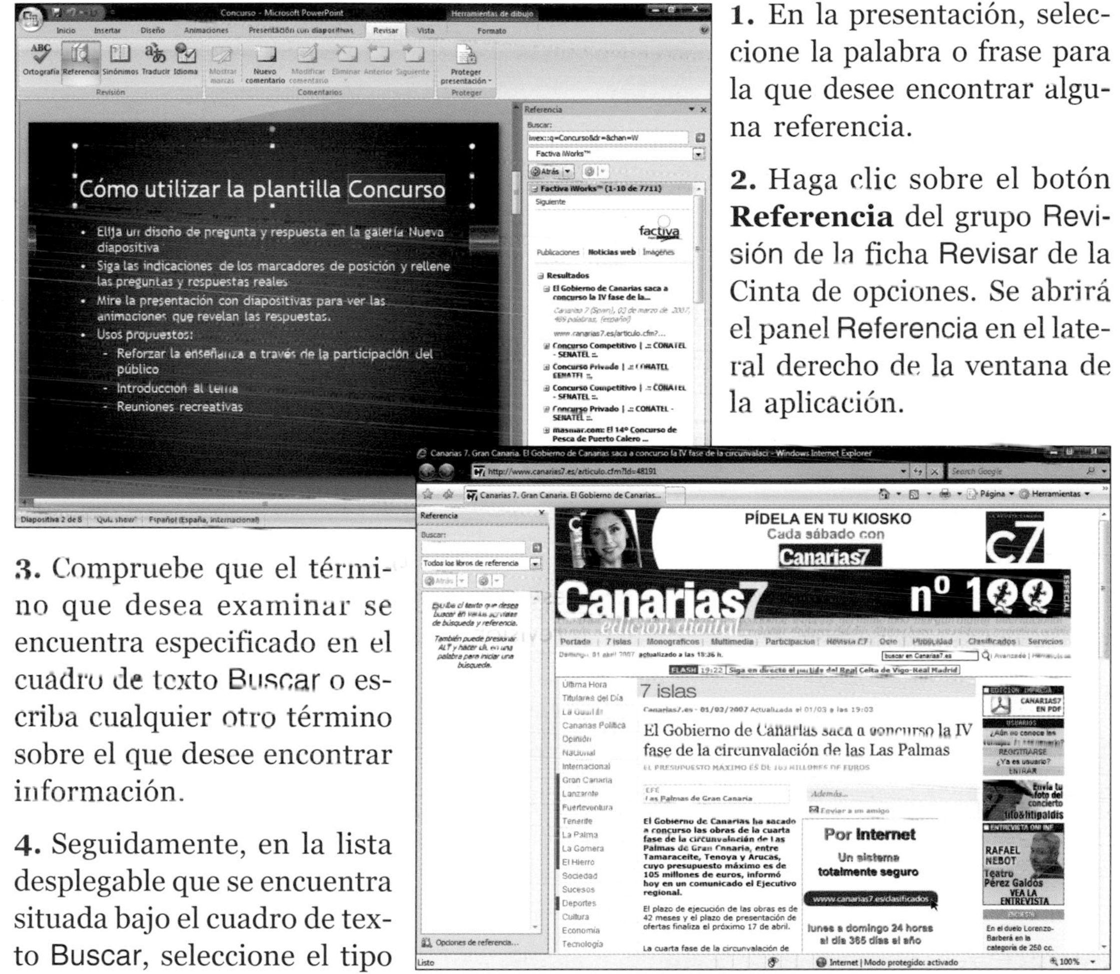

1. En la presentación, seleccione la palabra o frase para la que desee encontrar alguna referencia.

2. Haga clic sobre el botón **Referencia** del grupo Revisión de la ficha Revisar de la Cinta de opciones. Se abrirá el panel Referencia en el lateral derecho de la ventana de la aplicación.

3. Compruebe que el término que desea examinar se encuentra especificado en el cuadro de texto Buscar o escriba cualquier otro término sobre el que desee encontrar información.

4. Seguidamente, en la lista desplegable que se encuentra situada bajo el cuadro de texto Buscar, seleccione el tipo de referencia que desea localizar: sinónimos, traducciones, sitios Web de referencia, portales, etc. o escoja la opción Todos los libros de referencia para obtener toda la información posible.

5. Haga clic sobre el botón **Iniciar búsqueda** para iniciar la búsqueda de recursos. En la lista del panel, se mostrará toda la información de referencia disponible. Haga clic sobre el icono para desplegar una categoría de información. Si la referencia localizada incluye información Web, haga clic sobre el vínculo correspondiente para abrir su navegador.

Sinónimos

1. Con una presentación abierta, seleccione la palabra para la que desea encontrar algún sinónimo.

2. Haga clic sobre el botón **Sinónimos** del grupo Revisión de la ficha Revisar de la Cinta de opciones. Se abrirá el panel Referencia en el lateral derecho de la ventana de la aplicación.

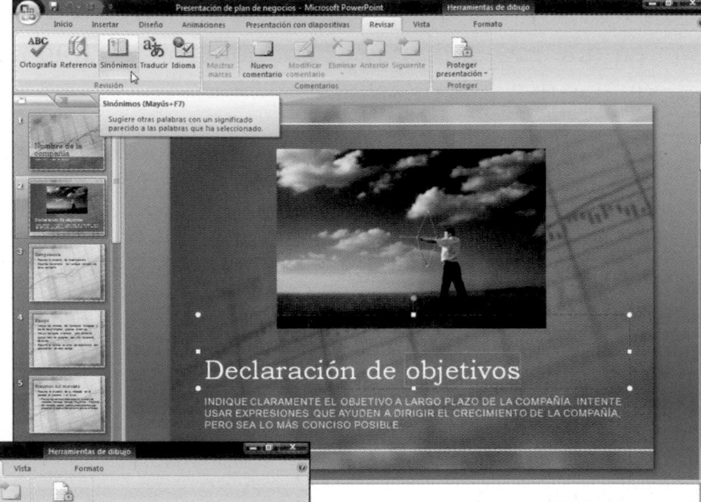

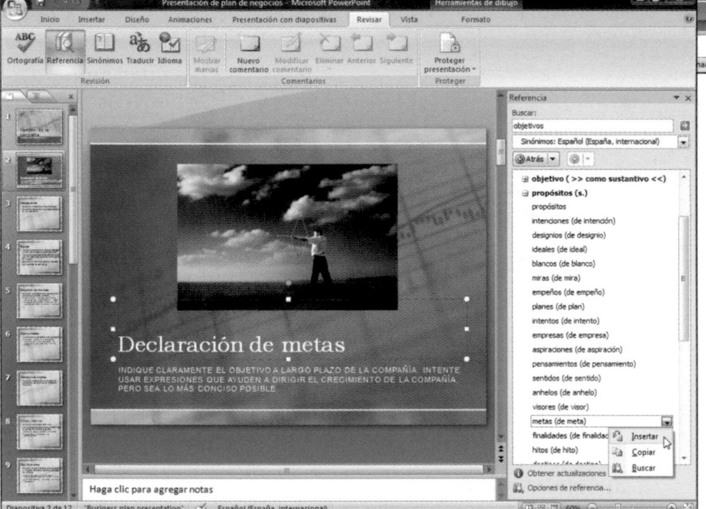

3. En la lista del panel, aparecerán todos los sinónimos y antónimos del término buscado. Puede ampliar o contraer las distintas ramas de sinónimos y antónimos haciendo clic respectivamente sobre los iconos [+] y [-].

4. Localice el sinónimo o antónimo con el que desee trabajar en la lista.

5. Sitúe sobre él el puntero del ratón y haga clic sobre el icono en forma de punta de flecha que aparece a su derecha.

6. En el menú desplegable, ejecute el comando correspondiente a la operación que desee realizar:

Comando	Descripción
Insertar	En la diapositiva, sustituye la palabra seleccionada por su sinónimo o antónimo.
Copiar	Copia el sinónimo o antónimo en el Portapapeles para utilizarlo en otras ubicaciones.
Buscar	Realiza una búsqueda de sinónimos o antónimos de la palabra.

Traducción

Microsoft Office dispone también de una completa gama de diccionarios de traducción en diferentes idiomas. Para obtener una traducción de cualquier término en una diapositiva de PowerPoint:

1. En la presentación, seleccione la palabra que desea traducir.

2. Haga clic sobre el botón **Traducir** del grupo Revisión de la ficha Revisar de la Cinta de opciones. Se abrirá el panel Referencia en el lateral derecho de la ventana de la aplicación.

3. PowerPoint utilizará los diccionarios predeterminados en el programa e intentará localizar una traducción.

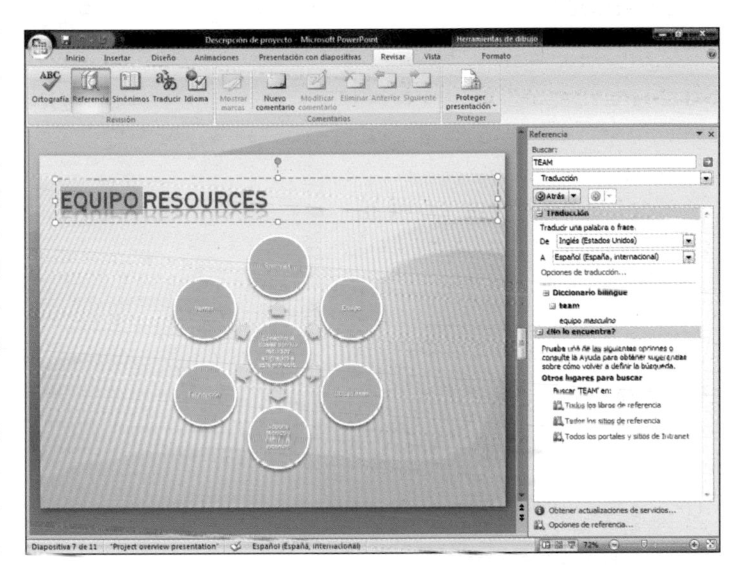

Para utilizar un conjunto de diccionarios diferente:

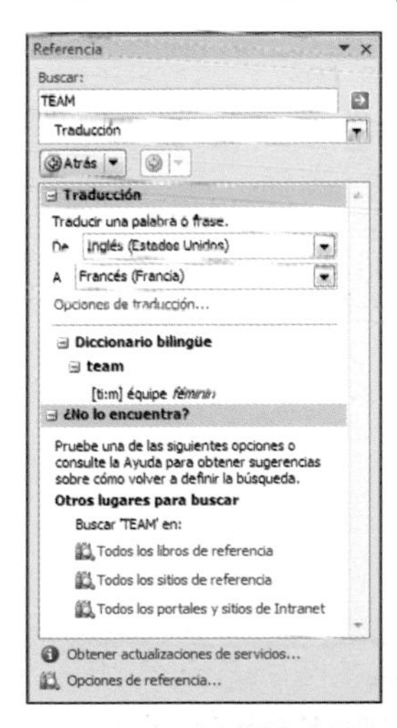

1. En la lista del panel Referencia, abra la lista desplegable De y seleccione el idioma de origen para la traducción.

2. Si es necesario, abra la lista desplegable A y seleccione el idioma de destino. PowerPoint localizará automáticamente las traducciones disponibles.

Recuerde que también puede escribir el término que desea traducir en el cuadro de texto Buscar del panel Referencia, elegir si es necesario la opción Traducción en la lista desplegable contigua y hacer clic sobre el botón ⊡.

Buscar y reemplazar texto

1. Active la diapositiva de la presentación en la que desee iniciar la búsqueda.

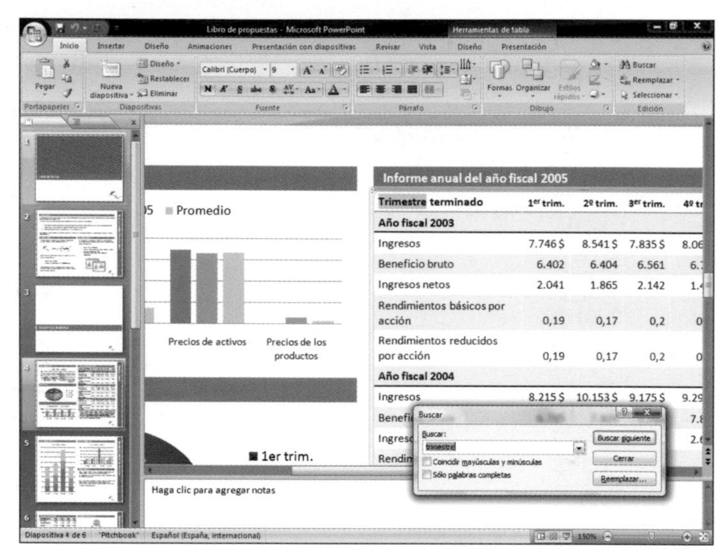

2. Haga clic sobre el botón **Buscar** del grupo Edición de la ficha Inicio de la Cinta de opciones.

3. En el cuadro de texto Buscar del cuadro de diálogo del mismo nombre, escriba la palabra o frase que desee localizar en la presentación.

4. Haga clic sobre el botón **Buscar siguiente**.

Para reemplazar un fragmento de texto por otro en una presentación PowerPoint:

1. Active la diapositiva de la presentación en la que desee iniciar la búsqueda.
2. Haga clic sobre el botón **Reemplazar** del grupo Edición de la ficha Inicio.
3. En el cuadro de texto Buscar, escriba el fragmento de texto que desee localizar.
4. En el cuadro de texto Reemplazar con, escriba el fragmento de texto que debe reemplazar al fragmento buscado.

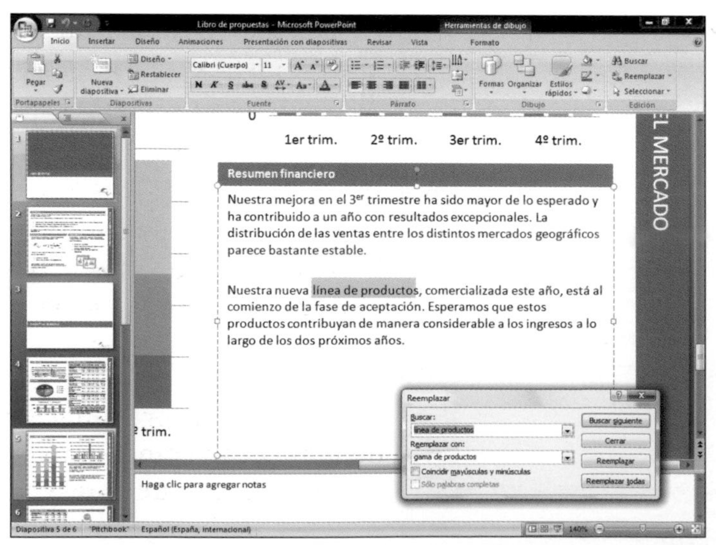

5. Haga clic sobre el botón **Buscar siguiente** para localizar la primera aparición del texto que desea buscar.

6. Para finalizar, haga clic sobre el botón **Reemplazar** para sustituir la selección actual de texto por el nuevo término o sobre **Reemplazar todas** para sustituir todas las apariciones del término buscado en la presentación por el nuevo término.

Insertar comentarios

Para insertar un comentario en cualquier elemento de una presentación PowerPoint:

1. Seleccione la diapositiva o el elemento de la diapositiva donde desee introducir el nuevo comentario.

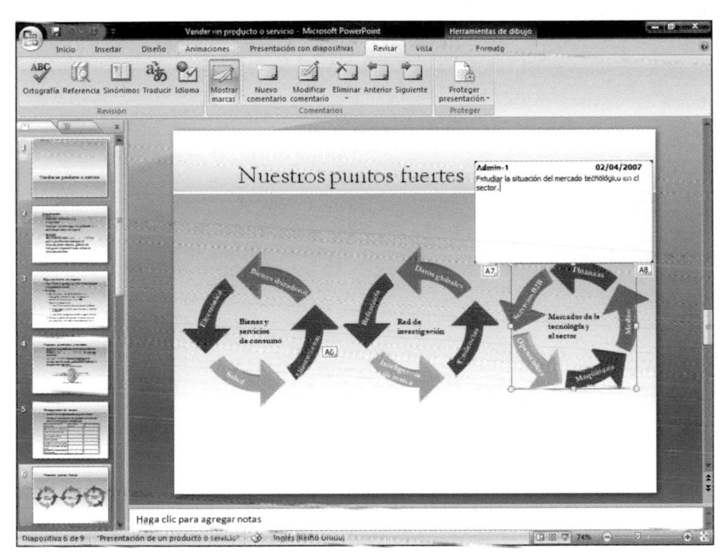

2. Seguidamente, haga clic en el botón **Nuevo comentario** del grupo Comentarios de la ficha Revisar de la Cinta de opciones de PowerPoint. Aparecerá una marca junto al elemento seleccionado (en la esquina superior izquierda si se ha seleccionado una diapositiva) junto a una pequeña etiqueta (similar a un post-it) donde introducir texto.

3. Escriba el texto que desee para su anotación. Puede utilizar las técnicas de edición habituales (utilizando las teclas **Retroceso** y **Supr** para eliminar caracteres, la tecla **Intro** para crear una nueva línea de texto, etc.)

4. Cuando haya finalizado la edición, haga clic en cualquier punto fuera de la nota para dar por concluido el proceso.

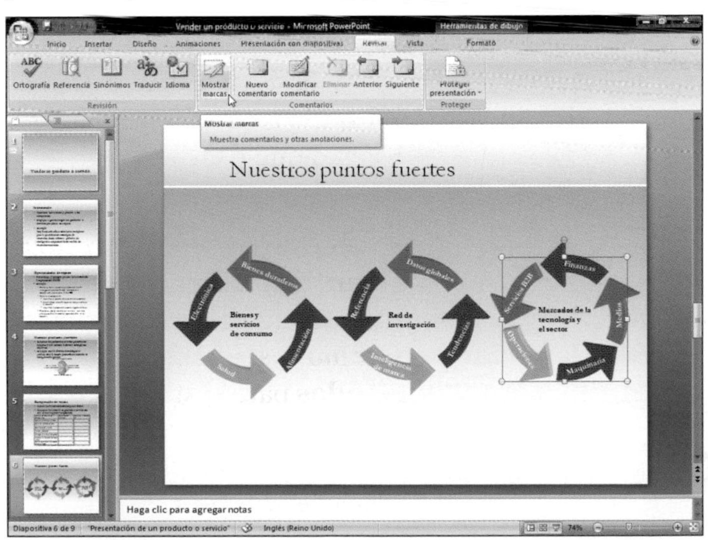

Para mostrar u ocultar las marcas de comentarios en las diapositivas de una presentación PowerPoint:

1. Haga clic sobre el botón **Mostrar marcas** del grupo Comentarios de la ficha Revisar de la Cinta de opciones. Este botón funciona como un interruptor, activando o desactivando la presentación de marcas de comentario en los elementos de nuestras diapositivas.

Revisar comentarios

Para recorrer los distintos comentarios introducidos en una presentación:

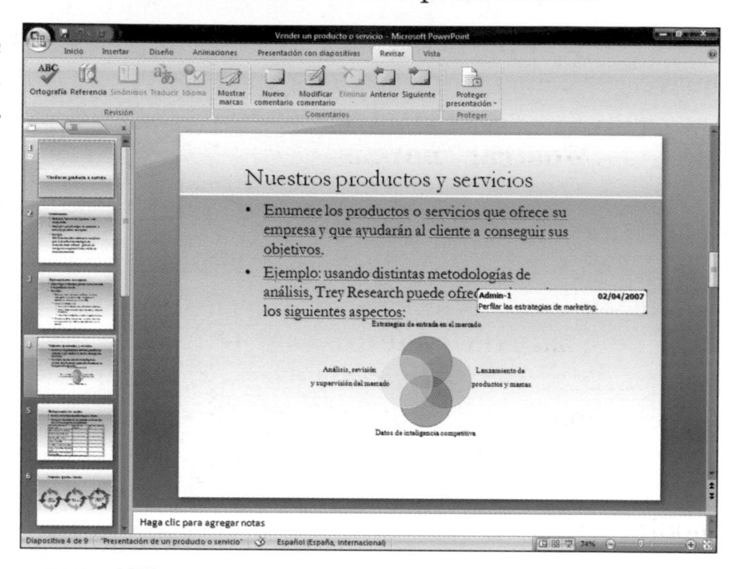

1. Localice el comentario que desea revisar y haga clic sobre su marca para desplegar su contenido (si las marcas no están visibles, haga clic sobre el botón **Mostrar marcas** del grupo Comentarios de la ficha Revisar de la Cinta de opciones).

O bien:

1. Abra la presentación donde desea iniciar la búsqueda de comentarios.

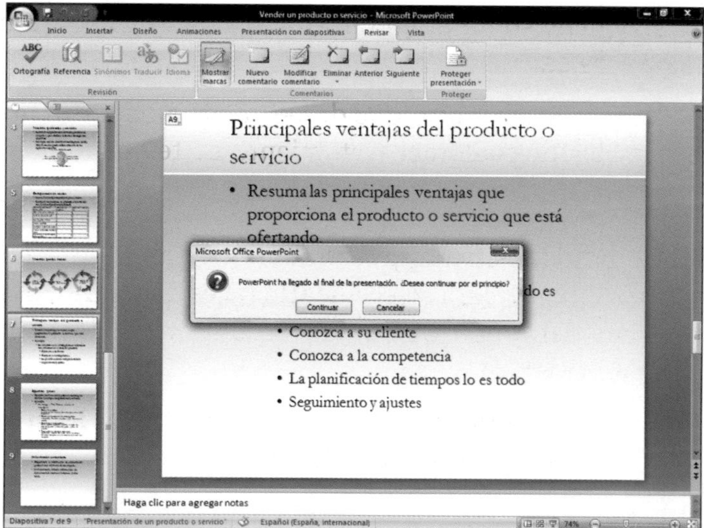

2. Haga clic sobre el botón **Siguiente** del grupo Comentarios de la ficha Revisar. El programa mostrará el primer comentario disponible en la presentación.

3. Repita el proceso para localizar los restantes comentarios de la presentación.

4. Para acceder al comentario anterior al comentario actualmente seleccionado, haga clic sobre el botón **Anterior**.

5. Una vez localizados todos los comentarios, el programa le informará de que ha llegado al final de la presentación. Haga clic sobre **Continuar** para iniciar de nuevo la búsqueda desde el principio o sobre **Cancelar** para seguir trabajando.

Observe que es posible recorrer los comentarios de una presentación independientemente de si tenemos activada o no la visualización de marcas en las diapositivas.

Editar y eliminar comentarios

Para editar un comentario en una diapositiva de PowerPoint:

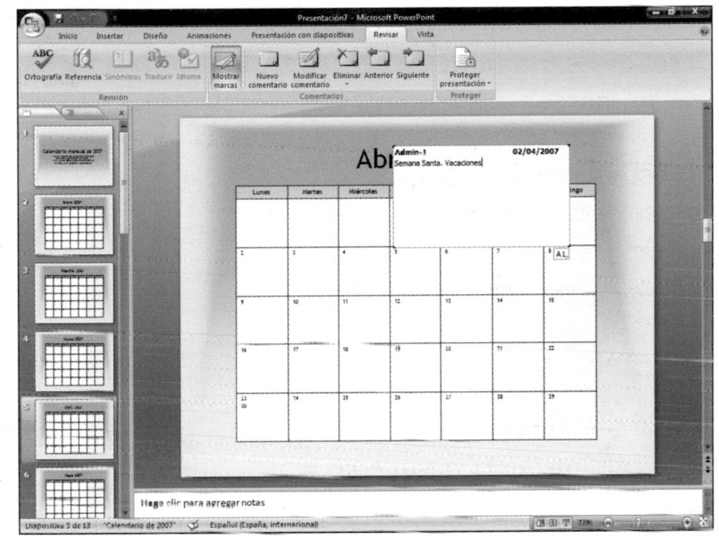

1. Si es necesario, active las marcas de comentarios en el programa haciendo clic sobre el botón **Mostrar marcas** del grupo Comentarios de la ficha Revisar y seleccione el comentario que desee editar haciendo clic sobre su etiqueta. O bien, haga clic sobre los botones **Anterior** o **Siguiente** del grupo Comentarios de la ficha Revisar para localizar el comentario que desea modificar.

2. Haga clic sobre el botón **Modificar comentario** del grupo Comentarios de la ficha Revisar.

3. Realice los cambios que desee en el comentario utilizando las técnicas de edición habituales de cualquier tratamiento de textos.

Para eliminar los comentarios de una presentación PowerPoint:

1. En la diapositiva que contiene el comentario que se desea eliminar, haga clic sobre su marca para seleccionarlo (si es necesario, haga clic sobre el botón **Mostrar marcas** del grupo Comentarios de la ficha Revisar para mostrar las etiquetas de comentarios).

2. Haga clic sobre la mitad superior del botón **Eliminar** del grupo Comentarios de la ficha Revisar de la Cinta de opciones.

O bien:

1. Haga clic sobre la mitad inferior del botón **Eliminar** del grupo Comentarios de la ficha Revisar de la Cinta de opciones.

2. En el menú desplegable correspondiente, ejecute el comando Eliminar para borrar el comentario actualmente seleccionado, el comando Eliminar todas las marcas de la diapositiva actual para borrar los comentarios de la diapositiva seleccionada o Eliminar todas las marcas de esta presentación para eliminar todos los comentarios de la presentación.